JN070730

何のための学校教育か
「反逆者」を育てるために

アルフィー・コーン
著

友野　清文
飯牟禮光里
根岸香衣弥
訳

丸善プラネット

Feel-Bad Education: And Other Contrarian Essays
on Children and Schooling
by Alfie Kohn

This Japanese edition has been published by Maruzen Planet Co., Ltd., Tokyo in 2023 by arrangement with Beacon Press through Tuttle-Mori Agency, Inc., Tokyo.

Printed in Japan

私たちの多くに影響を与えた思想家である
テッド・サイザー（1932 〜 2009 年）と
ジェリー・ブレイシー（1940 〜 2009 年）の
思い出と不朽の遺産に。

［原著註記］
　本書の各章の文章は、アルフィー・コーンが発表をした年に著作権を得ている。転載の申請は、https://www.alfiekohn.org/ を管理する著者まで提出すること。

［訳者による凡例］
1．本書は Alfie Kohn *Feel-Bad Education … And Other Contrarian Essays on Children and Schooling*（Beacon Press, 2011 年）の全訳である。
2．訳者による補足は〔　　　〕あるいは〔訳者補足〕で行った。
3．原著での強調のイタリック体は太字とした。
4．註記の部分で現在は有効でない URL が指定されている場合は、適宜閲覧可能なものに置き換えた。

訳者まえがき

　本書はアメリカの教育家アルフィー・コーンの評論集である。2004 ～ 2010 年に発表された雑誌論文をまとめたもので、コーンの単行本としては 12 冊目となる。

　コーンは 1980 年代から、教育問題について幅広く著作を発表してきた。主著は *No Contest: The Case Against Competition*（Boston: Houghton Mifflin, 1986 年 / 1992 年［邦訳『競争社会をこえて —— ノー・コンテストの時代』法政大学出版局　1994 年］）と *Punished by Rewards: The Trouble with Gold Stars, Incentive Plans, A's, Praise, and Other Bribes*（Boston: Houghton Mifflin, 1993 年 / 1999 年 / 2018 年［邦訳『報酬主義をこえて』法政大学出版局　2001 年］）であり、前者では競争主義、後者では「報酬と罰」について、各々批判的に検討している。

　その後の著作ではこの 2 冊での主張を踏まえて、学校教育での成績評価、「標準テスト」、宿題、「教育改革」などについて論じ、さらに家庭教育についても議論している。

　同時に著作以外にも、様々な雑誌での評論や自身のブログ記事を発表している。これらはコーンのサイト（https://www.alfiekohn.org/）で読むことができる。

　アメリカでも日本でも（あるいはその他の国でも）、近代社会になってから「教育改革」が語られなかった時代はないであろう。常に教育や学校は「変わらなければならない」ものとされ、様々なスローガンが創られた。最近の日本では「個別最適化」であるが、少し前は「主体的・対話的で深い学び」・「カリキュラムマネジメント」・「社会に開かれた教育課程」であった。その前をたどっていくと「生きる力」「新しい学力観」「個性化」「ゆとりと充実」「教育の現代化」などがある。もちろんこれらの言葉が使われるには、その背景や理由がある。しかしその目的やねらいが何であるのかは、少なくとも現場の教師や親にはよく分からないことが多い。それまでの教育の方向

や内容が何をもたらし、どこに課題や問題があったのかを検証した上で、新しい方針が出るのではなく、「時代や状況の変化」という非常に曖昧な言い方の元に、どこからか新しい言葉が登場するのである。

ひとたび新語が出されると、それを解説する本や雑誌特集が次々と出て、講演会やセミナーなども開催される。そしてそれに沿った実践も報告される。しかし次の言葉が登場すると関心はそちらに移ってしまい、これまでの振り返りや総括はほとんどなされない。

そのような状況の中では、同じような「改革」が繰り返されることも多い。「新しい」ものとして提示されるものが、実は100年以上前から主張されていたことも珍しくない。そして何より問題であるのは、その「改革」の目的がはっきりとしないことである。「21世紀型学力」「society 5.0に必要な資質能力」「AIとの共存」などと言われても、その中身は見えてこない。結局のところ、国のあり方や産業構造の変化に適応できる「人材」や、国の政策遂行に都合の良い「国民」を育成するものなのではないかと思える。

アメリカでも似たような状況があり、コーンは、新しいものとして打ち出される「教育改革・学校改革」が実は、古くからの考えを踏襲しているものであることを明らかにする。そしてその目的が、「使いやすい労働者」や「既存の体制を受け入れる市民」の育成であると指摘する。それに対して、教育の目的とは何かを捉え直し、「学びを通じてどのような人間を育てるのか」「教えること・学ぶことの真の意味は何であるのか」「学びを促すには何が大切であるのか」といったことを常に考えるよう呼びかけるのである。

さらに「おかしいと思ったら声を上げて、変えていく勇気」を持つことの大切さを説く。「教育改革」は、行政などの外部から押しつけられるものではなく、現場の教師や親によって成し遂げられるということがコーンの信念である。

以上のような観点から本書の内容は、日本の教育を考える上で大きな示唆を与えるものである。読者の方が、目先の動きだけに囚われるのではなく、教育や子育てを原理的に捉えるきっかけとなることを願うものである。

目　　次

序章 「あたりまえだ！」 私たちが無視してはいけない明白な真実

　教育の世界は様々な論争に満ちあふれている。善意を持った知的な人々が、学校で何をすべきかについて熱心に別々の意見を主張することも稀ではない。このような意見の不一致は、確認できる証拠をどのように解釈するかの違いによることもあれば、学校教育の目的や望ましい社会を生み出す要素についての見解の相違による場合もある。

　しかし実際には議論の余地のない原則もある。つまり誰であっても真実だと認めなければならないことである。そのような原則の多くは目新しいものではないが、いくつかは注意を払う価値があると私は主張したい。というのも学校で行われていることについては、それらの原則から導かれるはずの状況が無視される傾向があるためである。この矛盾について調べてみることは学問的に興味深いと同時に実際上も重要である。**ある原則が正しいとすべての人が同意しているときに、学校があたかもそれは正しくないかのように動き続けるのは一体なぜだろうか**。私は、この矛盾の 12 ほどの例を取り上げる。その際に、それらの矛盾と絡み合う具体的問題と、一層問題となる帰結についてすべてを考究することは不可能であることに留意しておく。そして当然のことながら、これらの問題の多くは、本書の中で議論するテーマとまさに直結する。

　同時に触れておきたいのは、私がその著作を高く評価する思索家の何人かが親切にも、私の「あたりまえ」リストに項目をつけ加えてくれたことだ。そのすべての提案を受け入れることはできなかったが、多くのものが、含めた項目についての私の思考を刺激し、項目の内容を見直すのに役に立った[1]。いずれにしても、このようなリストを作ることで困るのは、「あたりまえ」が必然的に「何てことだ！」になることである。リストを印刷しようとした直後に、もっと多くの事例を思いつくからである。他方で読者も間違い

なくもっと別の事例を思いつくであろうし、その中にはよりあたりまえと言えるものもあるかもしれない。

1. 生徒が記憶することを求められる教材の多くは、すぐに忘れられてしまう

　この言明が正しいことは、学校で過ごしたことがある人は誰でも ―― つまり私たちすべてが ―― （積極的にであれ消極的にであれ）認めることであろう。一連の事項や日付や定義を記憶しようと努力した数か月後、時には数日後には、どのようにしても、それらの大半を思い出すことができない。

　すべての人はそのことを知っているが、学校教育 ―― 特に伝統主義的学校のほとんど ―― のかなりの部分は、依然として生徒の短期記憶に事実を詰め込むことから成っている。授業と評価は主に「事項とデータの習得の強制」にねらいが定められている。しかし読解の専門家であるフランク・スミスによれば、これは「教育の目的からすれば無意味である。暗記しようとする無駄な努力で私たちが記憶するのは、必然的に発生するストレスと失敗の感覚である」[2]。

　このような形で教え、テストをすることについてより詳細に検討するほど、それが問題をはらむことがより明らかになる。第一に、生徒が学ぶことを強制される**内容**に関わる問題である。それは項目の羅列であることが多く、意味を深く理解するものではない（これについての詳細は第2章「権威に挑む生徒」を参照）。第二に、生徒が教えられる**方法**の問題である。それは能動的に意味づけをするよりも、受動的に吸収することが中心である。例えば、講義を聞く、教科書で前もって作成された要約を読む、習ったことを復唱することが求められる直前に練習するなどである。第三に、生徒があることを学ぶ**理由**である。知識は、テストで良い点を取ることを目標として得られる場合はあまり保持されない。そうではなく、課題を探究したり、生徒にとって意味を持つ問題を解決したりする中ではよく身につく。

　そして現状の中でこのような何層もの欠陥がないとしても、そして何かを

記憶することが有益であることを認めたとしても、根本的な問題は、学校の廊下に絶え間なく響く叫び声のように残るのである。つまり生徒が覚えられないと教師は分かっていることを、なぜいつまでも記憶させようとするのかという問題である。

補論1. a

　以上のことは大人にも当てはまるとすれば、教師向けの「職能開発」のプログラムのほとんどが、最もつまらない授業と似ているのはなぜだろうか。専門家が教え方についての知識を喋るだけである。

2．単に多くの事実を知っているからといって 　　賢いわけではない

　生徒が教えられた項目をいくつか記憶することができたとしても、その知識の断片を意味づけたり、相互の関係を理解したり、実生活の問題に独創的で人を納得させるように適用させたりすることができるとはかぎらない。昔からの格言（これはアルベルト・アインシュタインも好意的に引用しているが）を持ち出すならば、「教育とは、学校で学んだことをすべて忘れた後に残るものだ」[3]。「賢い」や「知的である」といった単語は通常、単に多くのことを知っている人を描写するために用いられるが、ほとんどの人は、そこに違いがあることを認めているであろう。

　それどころか認知心理学者のローレン・レスニックはさらに一歩進める。つまり、単に事実を知っている（あるいは教えられている）こと自体が賢さにつながるのではないと言うのである。実際には、知識に重点を置いた教育は、生徒が賢くなることを**妨げる**のである。「より多くの知識を教え込もうとする要求の絶え間ない高まりによって、教育の過程から思考能力は排除される傾向にある」[4]とレスニックは述べる。それでも学校は生徒を、知識を注ぎ込まなければならない空のグラスであるかのように見なし続ける。そして教育行政官は、どれだけ効率的に、断固たる姿勢で知識を生徒に注ぎ込む

4

かで学校を評価し続けるのである。

3．子どもの能力、関心、学び方が異なるのであれば、すべ ての子どもに同じことを、あるいは同じやり方で教え るのはおそらく理想的ではないであろう

　画一的な指導が残っているのは、クラスの人数が多すぎて、教師が教える 内容や方法を個別化できないことが唯一の理由であると私たちは考えがちで ある。しかしこの説明は現実とはまったく合致していない。

　第一に、クラスの規模が理想よりはるかに大きくても、教える内容を個々 の生徒の必要に極めて効果的に調整している教師がいるのである[5]。第二に、 教える場面での画一性や一貫性に価値を置き、生徒間の違いの大きさを見逃 す教師が多く、その結果として、固定した教育内容と特定の（通常は伝統主 義的な）教え方が、それを避けることができる場合でも用いられるのであ る。多くの教師は、今年とほぼ同じことを来年もするであろう。生徒は違う にもかかわらずである。多くの学校は教育内容を「揃える」ことにこだわ る。それによって、例えば5年生の授業で教えられることがほぼ同一になる （このように揃えることによって一定の予測ができるのは、6年生の担当教 師にとっては好都合である。しかしこのような考え方が、子ども自身にとっ て最善のものは何かを考えるよりも優先されるのはなぜであろうか）。第三 に、政策立案者は同一の基準と教育内容を、学校区、州、そして今では全国 の同じ年齢の子どもに対して義務づける（第15章「教育課程の国家的基準の 嘘を暴く」を参照）。ほとんどの人は、画一的であることは、すべての子ど もに合うというよりも、すべての子どもの障害となることをある程度理解し ているが、教育政策は、そうではないかのように進められているのである。

4．生徒は興味を抱くときに、より多くを学ぶ

　これについての証拠が必要だと言うのであれば、十分にある。多くの証拠

の中の1つの例は以下のようなものである。ある研究者グループが明らかにしたのは、子どもが読んでいる文章を後で思い出すことができるかどうかについては、子どもの文章への興味の程度が、文章自体の難易度よりも **30倍**意味を持つということである[6]。しかしこれは、大人が自分自身のことを考えてみれば当然のことであろう。人が取り組み続け、上達していくのは、関心を持ち、好奇心を高め、大切に考えている事柄と結びつくような課題である。それは子どもにとっても同様である。

　逆に、生徒が自分の嫌なことをして有益であることは少ない。薬であれば、それを飲むことをどう思うかには関係なく身体に効くであろうが、教育はそうではない[7]。心理学も、理論家がすべてのことを刺激と反応の単純な組み合わせに還元しようとした時代からは、大きく変わってきた。現在では、人間は機械ではないことが理解されている。あるインプット（講義を聞く、教科書を読む、ワークシートを埋める）が必ず一定のアウトプット（学習）をもたらすのではないのである。重要なのは、人が自分のしていることをどのようなものとして **経験する** のか、それにどのような意味を付与するのか、そして自分の価値観や目標は何なのかである。そのため生徒がある学業課題を精神的な負担である、あるいは退屈だと感じるならば、その内容を理解したり、記憶したりする程度が非常に低くなる。さらに生徒が学業課題というもの自体──例えば学校で丸一日過ごして帰宅した後でするように出された課題──に関心がないとしたら、それをすることのメリットはほとんどないであろう。研究では宿題の有効性が仮にあるとしても、わずかしか確認されていない──とりわけ小学校や中学校段階で──のは当然である[8]。

　もちろん、たいして面白くなくてもしなければならないことはある。しかし生活の質は、どのような年齢の人にとっても、自分が興味を持てることができる機会をより多く持つことで高まる。また人の生産性も同様である。自分のすることに対する生徒の興味のレベルが勉強の結果に結びついていることが明らかであるにもかかわらず、興味という側面が教育政策にほとんど影響を与えないのはどうしてであろうか。

補論 4. a

　仮に一定の教え方によって、**私たちの**ほとんどすべてが退屈し、十分に学ぶことができていないとすれば、次の世代を同じ方法で教えるべきではないであろう。大人はすべて、ある時点では自分自身が子どもであったことに間違いはない。そうであれば、教師は自らがほとんど耐えがたいと思ったことをどうして子どもに経験させるのか。また親は子どもにそのような経験をさせることをどうして許すのか。それがどのようなものであるのかを忘れてしまったのか。あるいは、子どもへの共感を持たず、講義・ワークシート・テスト・成績・宿題を大人になるための通過儀礼と見なしているのだろうか。

5. 生徒は強制されることにはあまり興味を持たず、 自らが決められることにより熱心に取り組む

　これもまた、あなたにも私にも当てはまり、教室や職場で過ごしたことのある人にも当てはまる。同時に研究も、すでに経験から知っていることを確認している（第 6 章「読書嫌いの育て方：動機づけ、学習そして力の共有を振り返る」を参照）。強制に対して否定的反応がほぼ普遍的に見られることは、選択への肯定的反応と同様に、人間の心の働きの産物である。

　そこでこの点を前項と結びつけてみよう。選択が興味に関係しており、興味が結果に関係しているならば、子どもが自分のしていることについての決定に参加できるような学習環境こそ、他の条件が同じだとすれば、最も効果的であると考えるのは、飛躍ではない。しかしこのような環境よりも、子どもが費やすほとんどの時間が指示に従うだけになってしまっている環境の方が、依然としてはるかに多いのである。

6．Xをすることが標準テストの得点を高めるからといって、Xをすべきであるということにならない

　少なくとも標準テストが、授業と学習の目標が達成されているかどうかについての有用な情報源であるという証拠が必要であろう。多くの教師は、学校で用いられているテストは不十分であると主張する。その根拠は次の3点である。（a）個々のテストの限界。（b）**ほとんどの**テストが持つ性格の問題。例えば時間制限（深く考えることよりも速さが重視される）、相対評価（誰が誰よりも優れているかを見分けるようにテストが作られており、生徒の学習や教師の指導の質は分からない）、大部分が多肢選択式（生徒が自分自身で解答を生み出したり、説明したりすることが許されない）。（c）標準化され、教室から遠く離れている人によって作成される**すべて**のテストに内在的な問題。教室で行われている実際の学習を即時的に評価することができない。

　ここでは標準テストが、最も意味のないものしか測定できない理由を詳細に述べることはできない[9]。ただ、より単純で、議論の余地がないと思われる点だけを指摘しておく。それは、テストの得点が高いことやそれを高めることが良いことだと見なす人は、テストそれ自体が良いものであることを証明する義務があるということである。「良いもの」というのは、標準テストが私たちにとって大切な能力を本当に測定していること、確かな根拠をもって高く評価されている生徒や学校がこのテストでも高得点を取ること、ある学校の得点が他の学校より高い場合に、その差が統計的・実際的に意味がある（そして生徒の社会経済的地位など他の変数によっては説明できない）ことを意味する。

　もしテストの結果が妥当であり、有意味であることを説得的に示すことが**できなければ**、その結果を得るためにしたことすべて —— 例えば新しい教育内容や授業の方法 —— にはまったく何の価値もないことになる。もしかしたら（テストの結果以外の）より優れた基準で評価したときには非常に悪いものであることが明らかになるかもしれない。実際にテストの得点が上がって

も、学校の質が悪くなることはあり得るのである。

　そうであれば、新聞や教育雑誌の記事や、教育行政官やシンクタンクの発言が、**どのような**テストであれその得点が上がることは常に良いことであって、得点を高めることであれば何であっても「効果的」と評価できるということを根拠もなく信じているのをどう考えればいいのか。*Education Week*誌のどの号でもいいのでページをめくってみると、たくさんの事例を見ることができる。この読解のプログラムは「期待の持てる」結果をもたらした。この州は「成績」が振るわない。ある学校区は他よりも「できが良い」。そして各々の事例で発言が引用される人（そして引用する人）は、そのような評価の基になっている標準テストの妥当性を信じており、妥当であることの意味を疑うことがないばかりか、あえて擁護したり、正しいと認めたりすることさえしないのである。

補論 6. a

　生徒に、ある特定のテストで良い点を取る方法を教える —— テストの内容と形式に慣れさせる —— 時間が長くなるにつれて、そのテストの結果の意味は失われる。結果から分かることは、主に**そのテスト**のために生徒がどれだけ十分に準備をしたかであって、汎用的な知識や技能をどのくらい持っているのかではない（その得点によって、生徒が別の同じような標準テストでどのくらいできるかは予測できないかもしれない）。教育評価の専門家であれば誰でもこのようなことは知っている。しかし教育行政官はテストに重点を置いた教育課程を、現場に義務づけないとしても、奨励し続けているのである。明敏な親や関係者は次のように問うだろう。「子どもが〔ここにテストの名前を入れる〕で高い点を取るために、本当の学びをする時間がどれだけ犠牲になるのだろうか」。

7.生徒は自分が理解され大切にされていると感じる場所で良い結果を出すことが多い

　子どもがどのように感じるかという話になると、衝動的にばかにしたような態度を取り、学業についても、古めかしい教え方以外のものは「甘い」とか「流行に乗っている」として否定する人がいることは分かっている。しかしそのような「強硬派」でも、問われれば、感情と思考との関係、子どもの安心感と学習能力との関係を否定することはできない。

　ここでもそれを支持する多くの証拠がある。ある研究グループが述べているように「教室での生徒の学習状況を向上させるためには、教師は生徒の社会的・情緒的安定度も高めるべきである」[10]。しかしやはり一般的には、そのようにはなっていない。教師と学校はもっぱら学業成績の指標で評価される（さらに悪いことには、その指標はほとんどの場合標準テストの得点である）。もし子どもが理解されたり、大切にされたりすることの必要性を真剣に考えるのであれば、「良い学校」を特徴づける要素が何かについての議論は、これまでのものとは大きく異なるはずであって、規律と学級経営についての教師の見解も 180 度転換するであろう。実際にはこれらに関するほとんどの方策の主な目的は、子どもの服従と教室の秩序であって、その結果子どもは教師からあまり大切にされて**いない**、それどころか教師からいじめられているように感じることが多いのである。

補論 7. a

　生徒は健康で良い食生活を送っているときに良く学べることが多い。アメリカでは 1,400 万人の子どもが、公的な貧困ライン以下の収入しか得られない家庭で生活しており、さらに 1,600 万人が低所得と分類される家庭で過ごしている[11]。空腹と不適切な医療が学業成績に影響を与えることを否定できる人はいないだろう[12]。私たちが知っていることと、私たちがしていることとの食い違いで、これ以上に顕著な例はあるだろうか。

8. 私たちは、学業面だけはなく、様々な面での子どもの成長を望んでいる

　主流派の教育団体は、指導と評価についての広く受け入れられている前提に疑いを差し挟むことはないが、それでも「全人教育（whole child）」という考え方は支持している。それは本当に安全な立場である。なぜなら、ほとんどすべての親や教師は、子どもの知的成長と同時に、身体的、情緒的、社会的、道徳的、芸術的成長を促すべきであると語っているからである[13]。さらに学校が子どもの多面的な発達を促進する際に中心的な役割を担うことができ、またそうするべきであるということは、ほとんどの人にとって自明のことである。例えば1,100人以上を対象とした調査では、71％の人が、学校は教科内容よりも価値観を教える方が重要であると回答している[14]。とはいえ当然ながら、その価値が何であるのかについて、皆が合意しているわけではない。

　学力は良い学校の1つの側面にすぎないことを認めるのに、学校教育を改善する議論が、学力以外の課題を扱うことがほとんどない —— またそのための予算も非常に少ない —— のはどうしてであろうか。そして学校での一日が終わった後で、学業に関係する課題をさらに課すのはどうしてか。そのような課題は、子どもが関心を持つことを行い、学力以外の面での発達が促される時間を奪ってしまうのである。

補論 8. a

　生徒は「満足しているときに最も良く学ぶ」[15]。しかし、学業面で優れているというだけで特に満足する（あるいは心理的に健全になる）ということにはならない。この認識を真剣に捉える場合、例えばアメリカの高校がどのように変わるべきなのかを想像してほしい。

9．授業（または本、教科内容、テスト）が難しいというだけで、より良いことにはならない

　第一に、生徒に易しすぎることをさせるのが無意味であるとすれば、生徒にとって難しすぎるものを与えるのも非生産的である。第二に、さらに重要なことは、この基準は、教育の質が評価されるはずの、難易度以外の多くの考慮すべき点を無視している。私たちはこのことを分かっているが、依然として「厳格さ」という祭壇を崇拝している。私は、生徒にとって難しすぎることはないが、非常に興味をそそり、知的な価値が高い授業をいくつも見たことがある。反対に文句なく厳格ではあるが、驚くほど質の低い授業 —— そして質の低い学校全体の取り組み —— も知っている[16]。

　もちろん難易度は1つの原因としてばかりでなく、結果としても捉えられる。それによって次のようなことになる。

補論9．a

　生徒は上手できなければならないという圧力を受けるほど、易しい課題を選ぶようになるだろう。当然ながら課題が簡単であるほど、それに成功する可能性はより高くなる。この矛盾は深刻である。「厳格さ」や「基準を上げる」ことを好んで語る教師が同時に、学校を（**学ぶ**ことではなくて）成功すること、成果を出すこと、目標を達成することがすべてであるような場にすることもあるのである。これらを重視することで、生徒は何であれ最も易しいものをしようとするようになる[17]。

10．子どもは単に小さな大人ではない

　過去100年にわたって発達心理学者は、子どもを特徴づけるものは何か、そして子どもが各々の年齢で何を理解できるのかを明らかにしようと努めてきた。早熟な幼児であれば理解できること（例えば「隠喩の機能」や「約束することの意味」）、あるいはできること（例えば「長い時間、静かにするこ

と」）であっても、それには限界があるのは確かである。同時に、最適な発達のために子どもが必要とすることもある。例えば、一人であるいは他の子と一緒に遊んだり探究したりする機会である。細かい点を補ったり微修正したりする研究は続いているが、研究から導かれる基本的な帰結を掴むことは難しくない。つまり、子どもを教育する方法は、子どもを子ども**たらしめるもの**に基づくべきだということである。

　しかしながらここでもまた、現実の学校教育や政策は、ほとんどの人が抽象的レベルでは正しいと認めることからは驚くほどかけ離れている。発達の面で不適切な教育が標準になっているのである。幼稚園（文字通り「子どもの庭」）は今や、小学校１年生か２年生の教室に似てきている。それも実際には**悪い**１年生か２年生の教室である。そこでは発見、創造性、相互関係が、狭く捉えられた勉強に重点を置く反復的な教育法に取って代わられている。

　もっと一般的に言うならば、座学による指導、宿題、成績評価、テスト、そして競争 —— これらは幼い子どもに明らかに相応しくないものであると同時に、どの年齢の子どもにとっても価値は疑わしいものである —— に低い年齢から慣れさせることが、私がBGUTIと呼ぶ考えによって正当化されているのである。これは「それに慣れた方がいい（Better Get Used To It：BGUTI）」である。この論理は、子どもが将来経験しなければならないような悪いことに、早くから備えさせなければならないというものである。その方法は、今子どもにそれを体験させることである（第３章「頭を叩かれる練習」を参照）。この原則を明示的に表明すれば、ばかげたものとして受け取られ、実際その通りである。それにもかかわらずこれは非常に多くの無意味なことを進める原動力であり続けている。

　子どもを子どもたらしめているものを尊重すべきであるという至極当然の前提を修正して、一部の人にはそれほど当然と思われない、関連した原則を追加することができる。それは何かをより早期に学ぶことが必ずしもより良いことではないという原則である。デボラ・マイヤーは、非常に優れた教育者として幼稚園から高校までで教えた経験を持っているが、直截に以下のよ

うに述べている。「いわゆる『学業』的な技能を早期から教え込もう〔と学校がする〕ほど、その悪影響は深刻になり、『学力』格差は永続的になる」[18]。これはまさに多くの大規模な研究プロジェクトが明らかにしてきたことでもある。幼い子ども —— 特に低所得層の子ども —— を教える際の伝統的な技能中心の方法は、永続的なメリットをもたらさないばかりか、有害であると思われるのである[19]。

　これとは別の証拠としてフィンランドからのものがある。フィンランドは、いくつかの教科での国際比較調査で目覚ましい結果を出し、近年非常に大きな注目を集めている。フィンランドの教育政策の目を引く点のほとんどすべては、アメリカの学校教育を形作っている常識に対して、正面から疑問を投げかけるものである。標準テストはまれにしか用いられず、異なった能力レベルの生徒を分けるのではなく一緒に教え、宿題は一般的ではない。このような特徴のいずれもが、フィンランドを成功に導いていると思われるのである[20]。しかしここでとりわけ興味深いのは、フィンランドの子どもは7歳になるまで小学校に入学せず、就学前教育は学校に上がる1年前にようやく始まることである。さらにその就学前の1年間に「子どもは言葉と数字で遊ぶよう促される」が「基礎的な学習技能を正式に教えられることはない」[21]。あらゆる指標から見て、フィンランドが成功しているのは、このような事実があるにもかかわらずではなくて、まさにこのような事実のためである。

補論 10. a

　子どもは単に**未来**の大人ではない。もちろんそうではあるが、それだけではない。なぜなら子どもの要求と視点は、それ自体として尊重されなければならないからである。大人が学校教育を経済的視点から議論し、子どもをもっぱら将来の労働者と見なすとき（第13章「『競争力』批判」を参照）、この原則を無視し、子どもに不利益を与えることになる。このことが、議論の余地のないまた別の事実につながる。

11．大企業を利する（あるいは大企業が魅力を感じる）教育政策が、必ずしも子どもにとって良いとは限らない

　私が「必ずしも（〜とは限らない）」と書いたのは、この項目が「あたりまえ」リストに含まれるようにするためである。これを「多くの場合（〜ものではない）」に置き換えても、この主張の正しさは変わらないと私は考える。もっとも議論の余地は残るかもしれないが。数年前私はある評論を書いた。それはあまりに自明の内容であったので「言うまでもないが」という前置きをつけるべきであったのかもしれない。しかし現在のアメリカの教育改革の流れから見ると、再度触れる必要があると思われる。

　　アメリカの経済制度の中で企業は、それを所有している人に金銭的報酬をもらすことを目的として存在している。つまり利益を得るために仕事をするのである。その会社で働く（あるいはその会社を経営する）人は、公共政策や教育その他のことに目を向けるとき、別の目的も持つかもしれない。しかし企業**それ自体**としては、もっぱら自らの最終損益に関心を持つ。そのため企業が学校のことを考える場合、その基本方針は、企業の収益性を最大にすることによって方向づけられるのであって、必ずしも生徒の最上の利益によってではない。この２つが重なり合うのは純然たる偶然であり、実際そのようになる場合は非常に少ない。企業の利益を最大化するものは子どもの利益にならないのが通例であり、逆もまたそうである。学ぶことそれ自体を愛すること、非常に困難な問いを立てるのを好むこと、意思決定の場面に民主的に参加しようとすることなどの資質は、望ましいかもしれないが、企業の目的に関係したものではないと見なされるだろう。あるいはその目的を効率的に実現するための障害になるとさえ見なされるかもしれない[22]。

　このように言うことは、それ自体としては、企業の目的を批判することを意味しない。ただ、企業の利益を追求する人は、教育政策の作成にあたっては特権的な立場に立つべきではないと述べているだけである。

12．レッテルよりも内実が重要である

　ザゼンソウ（skunk cabbage）は他の名前で呼んでも、やはり悪臭を放つ
だろう。しかし教育では、他の分野と同様に、本来は名前の背後に何がある
のかを正しく知らせることを求めるべきであるのに、魅力的な名前に惹かれ
ることが多い。例えば私たちは共同体意識を支持し、専門家による仕事を好
み、学習を促したいと考える。だからといって、「専門的学習共同体
（Professional Learning Communities：PLCs）」という名前で進められてい
る取り組みに参加すべきであろうか。PLCs が、子どもに重要な問題を深く
考えさせるための支援をするのではなく、標準テストの得点を高めるための
ものであると分かれば、参加すべきではない[23]。「積極的行動支援（Positive
Behavior Support）」についても同様の注意を払うのがよい。これは粗雑な
行動主義的操作のプログラムにつけられたしゃれた名前であるが、実は、生
徒が言われた通りに何でもするよう賞罰を与えることを基本としているので
ある。より広く見れば、「学校改革」という表現でさえも、改善を意味する
とは限らない。近年ではそれは、「習熟していて子どものことを考える教師
であれば、強制されるのでない限り行おうとは思わないこと」を意味するよ
うになっている、と教育者のブルース・マーロウは述べている[24]。

補論 12．a

　教育に関する取組は、それがどの時代に行われるか以上に、それが何かの
方が重要である。しかし人がたまたま気に入ったものであれば、それが何で
あっても「21 世紀型学校教育（あるいは技能）」とレッテルを貼り替えるこ
とができる。それは一種の「新発売」のようなものである。ただ売られてい
るものが、デザートのトッピングや床のワックスではなく、本や会合や発想
だということだけが違うのである。本当に価値があると考える教育上の要素
を挙げてみるとよい。例えば、生徒主体の学習、批判的思考、概念の完璧な
理解、思いやり、協働、民主主義、真正の評価などがあるだろう。そしてこ
の中で、別の世紀であればあまり重要でなかった（あるいは重要でなくなる

であろう）ものが１つでもあるかどうか考えてほしい。修飾語がもっぱら売るための戦略であることに気づくならば、その１つを風刺の材料にすれば十分であろう（第14章「『21世紀型学校教育』では物足りないと思うならば…… あるささやかな提案」を参照）。

　以上に挙げた12の項目のいずれをも正しいと認めるならば、私たちがすべきことは、巨視的な政策と微視的な実践の両方に与える意味合いを検討することである。この２つが重なり合うことは明らかである——州の法律で生徒を振り分けるテストを強制することは、翌朝デューイ先生が６年生のクラスでできることに影響を与える——が、一方の領域について、もう一つの領域と対比させて議論する方が、より理解しやすい人もいることに私は気づいている。

　例えば、子どもが学ぶのを助けるために、授業でできることを鋭く判断できる認知や教授学の専門家であって、州レベル（あるいは国レベル）での拘束力を持つ基準を定めることを熱心に支持する人がいる。そのような人の前提には、最も優れた理論家が、行政の力を借りて、個々の教室にまで介入して、指導をより思考力を高めるものに**すべき**であるという考えがあるのだろう。しかし私はこの発想は現場を知らず、同時に傲慢であって、倫理的理由と実際的理由から問題を引き起こすものと考える。これらの理論家の中には、学習の行動主義的モデルの限界——そして生徒が、受動的に知識を吸収するのではなくて、自ら知識を構築することの重要性——について、私たちの理解増進に大きな貢献をしてきた人もいる。しかしそのような人は、教師の振る舞いは上から統制可能であり、またそうすべきであって、公共政策は「ともにする」のではなく「一方的に行う」モデルに基づくべきだと見なしているのである。

　反対にダイアン・ラヴィッチの例を考えてみよう。ラヴィッチは著名な保守派の教育学者であるが、回心を体験して、私たちの多くが長年批判してきた企業主導の教育改革についての鋭い批判を発表し始めた。その対象は、（主にテストの得点に基づく）能力給、（公的資金を営利目的の企業に流し込

むことが多い）チャータースクールの拡大、教師の身分保障の縮小などである。しかし議論が教室の**中**のことになると、その議論は一貫して伝統主義的である。喩えてみれば、進歩主義を標榜する医療制度の批判者で、単一支払者制度を支持する素晴らしい議論を展開し、遅ればせながら保険会社を激しく攻撃するが、医師が検査室で何をすべきかと問われるときには、昔ながらの考えによって、吸血用のヒルの治療効果を述べるような人物である。

　本書に収めた論説は進歩主義的な考えの表明と言うことができ、マクロとミクロの両方の課題に対処するものである。私は画一的な国家基準に反対すると同時に、子どもの個別の課題の評価のためにルーブリックを用いることにも反対する。また教育政策の決定にあたって「世界経済の中での競争力」を基準とすることに反対するが、同時に、生徒のテストでの不正行為を取り締まる単純な試みや、非常に多くの学校で見られるような激励ポスターの背後にあるイデオロギーについても、同じように懸念を抱いている。

　読者がこれから読もうとしている各章で展開される、以上のような私の意見表明やそれ以外の人の見解に議論の余地があることは明らかである。しかしそれらの大半は、それが行政官に対するものであれ、教師に対するものであれ、ずっと根本的で広く受け入れられている思想から導かれるものであると、私は確信している。場合によってはあまりにも直截なので、思わず「あたりまえだ！」と言ってしまうような主張に基づいていることもある。

【原註】

1) Dick Allington、David Berliner、Marion Brad、Bruce Marlowe、Ed Miller、Nel Noddings、Susan Obanian、Richard Rothstein、Eric Schaps に感謝する。

2) Frank Smith, "Let's Declare Education a Disaster and Get on with Our Lives," *Phi Delta Kappan*, April 1995, p.589.

3) Albert Einstein, *Out of My Later Years* (Secaucus, NJ: Citadel Press, 2000, orig. published 1950), p.36.

4) Lauren B.Resnick, *Education and Learning to Think* (Washington, D.C.: National Academy Press, 1987), p.48. 精神分析家の Erich Fromm は次のように述べる。「神経症的な迷信とでも言えるが、より多くの事実を知れば、現実についての知識を得ることができると広く考えられている。そのため何百もの、断片的で相互に無関係な事実が学生の頭に叩き込まれる。学生の時間と労力はより多くの事実を身につけることに取られてしまい、考えるための時間と力はほとんど残っていない。(*Escape from Freedom* [New York: Avon Books, 1965 orig. published 1946], p.273.)

5) 「調整する (adjust)」ことは、一般的には「多様化 (differentiation)」と言われる。しかし両者を区別することが重要である。前者は、個別に生徒とともに行い、生徒の長所、欲求を反映する課題を設定することであるが、後者は、行動主義的な考えに基づく手続きで、前もって定められている技能中心の練習の難易度を、各生徒の習熟度に合わせて変えるものであって、習熟度は標準テストの得点によって判断される。

6) Richard C. Anderson et al., "Interestingness of Children's Reading Material" in *Aptitude Learning, and Instruction*, vol.3: *Creative and Affective Process Analysis*, eds. Richard E. Snow and Marshal J. Farr (Hillsdale, NJ: Erlbaum, 1987).

7) 心身関係の領域での興味深い発見はここでは触れない。本文で述べた想定さえも疑う結果になる可能性もある。

8) Alfie Kohn, *The Homework Myth* (Cambridge, MA: Da Capo, 2006)を参照。

特に第 2 章・第 3 章。

9)　本文で述べられなかった点に触れておく。Alfie Kohn, *The Case Against Standardized Testing Raising the Scores, Ruining the Schools*（Portsmouth, NH: Heinemann, 2000）．他の著者による文献の一覧は、https://www.alfiekohn.org/standards-and-testing/references-resources/ を参照。また https://fairtest.org/ の資料も参照。

10)　Lisa Flook, Rena I.Repetti, and Jodie B Ullman, "Classroom Social Experience as Predictors of Academic Performances," *Developmental Psychology* 41（2005）: 326．この注目すべき研究では、生徒が互いに受け入れ合うことや人間関係が学業成績に及ぼす影響に焦点をあてているが、他の研究は、教師から受け入れられることを含めて「教室に居場所がある」と感じることが学業に良い影響をもたらすことを示している（Carol Goodenow, "Classroom Belonging Among Early Adolescent Students: Relationships to Motivation and Achievement," *Journal of Early Adolescence* 13［1993］: 21-43)。また教室や学校が「共同体」のように感じられる程度や、生徒が人間関係面や情緒面でより広く求めていることに対応することも同様である。前者については Victor Battistich et al., "Schools as Communities, Poverty Levels of Student Populations, and Students' Attitudes, Motives, and Performance," *American Educational Research Journal* 32［1995］: 627-658、後者については Joseph E. Zinsrt et al., eds., *Building Academic Success on Social and Emotional Learning: What Does the Research Say?*［New York: Teachers College Press, 2004］と Catherine Gewertz, "Hand in Hand," *Education Week* September 3, 2003, pp.38-41 を参照。同時に銘記すべきことは、他者へ思いやりを持つことは、意思決定をする機会や興味深いことを行うことと同様に、それ自体が目的であって、単に学業成績を上げるための手段ではないということである。

11)　National Center for Children in Poverty（https://www.nccp.org/）の刊行物を参照。

12)　この点を要領よくまとめたものとして、Richard Rothstein "Equalizing

Opportunity," *American Educator,* Summer 2009, pp.4-7, 45-46 を参照。Rothstein は別のところでも、学校が成績をより高めるには、教え方を変えるよりも、子どもが歯科や眼科に掛かれるようにするのがよいと述べている（"Reforms That Could Help Narrow the Achievement Gap," *Policy Perspectives,* p.5; https://www2.wested.org/www-static/online_pubs/pp-06-02.pdf で閲覧可能）。

13) 　さらに言えば、**知的**な成長を促したいと思うことは、普通私たちが**学業的**課題と考えることに取り組ませることと同じではない。幼児教育の専門家である Lilian Katz は、多くの著作の中で、子どもの精神に働きかけで自己理解を深めるようにすることと、学業成績に焦点をあてて限定された技能を身につけさせることは、別のことだと考えている。

14) 　Jean Johnson, John Immerwahr, *First Things First: What Americans Expect from the Public Schools*（New York: Public Agenda, 1994）他方、ほぼ同じ規模で行われた Phi Delta Kappa/Gallup の調査では、「地元の公立学校が最優先すべきことは何か」という設問に対して、39％が「生徒の学業能力」であると答えたが、59％は「生徒が責任を引き受ける能力」と「生徒が他者と協働できる能力」を選んだ（Lowell C. Rose and Alec M. Gallup, "The 31st Annual Phi Delta Kappa/Gallup Poll of the Public's Attitudes Toward the Public Schools," *Phi Delta Kappan*, September 1999, p.51）。

15) 　教育哲学者の Nel Noddings のこの指摘は、本書第 12 章（「楽しくない教育　厳しさの崇拝と喜びの欠如」）で引用している。

16) 　この点についての詳細は、私の "Confusing Harder With Better" *Education Week,* September 15, 1999, pp.68, 52 を参照。これは *What Does It Mean To Be Well Educated?*（Boston: Beacon Press, 2004）の 1 つの章であり、https://www.alfiekohn.org/article/confusing-harder-better/ で閲覧できる。

17) 　詳細は、私の本 *The Schools Our Children Deserve*（Boston: Houghton Mifflin, 1999）第 2 章を参照。

18) 　Deborah Meier, "What I've learned," *Those Who Dared*, ed. Carl Glickman（New York: Teachers College Press, 2009）, p.12.

19)　例えばある研究では、「直接教授法（DI：Direct Instruction）」〔一斉授業
　　で教師が知識を伝える教え方〕を経験した幼い子どもは、発達の観点から見
　　てより適切な教え方をされた子どもに比べ、高校を卒業できる割合が少ない
　　ことが明らかにされている。別の研究でも、DI による教育を受けた子ども
　　は、後年社会的・心理的な問題の徴候を示すことが多く、読書はあまりしな
　　い傾向にあった。Kohn, *The Schools Our Children Deserve*, pp.213-17 を参
　　照。https://www.alfiekohn.org/article/reading/ でも閲覧可能。

20)　この他に関係する要因として、フィンランドが小規模で均質的な国家で
　　あって、平等主義の風土や教師に対する伝統的な尊敬心のあることが挙げら
　　れる。

21)　Kaisa Aunola and Jari-Erik Nurmi, "Maternal Affection Moderates the
　　Impact of Psychological Control on a Child's Mathematical Performance,"
　　Developmental Psychology 40（2004）: 968. また、Ellen Gamerman, "What
　　Makes Finnish Kids So Smart?" *Wall Street Journal*, February 29, 2008 を
　　参照（https://www.wsj.com/articles/SB120425355065601997 で閲覧可能）。

22)　Alfie Kohn, "The 500-Pound Gorilla," *Phi Delta Kappan,* October 2002,
　　p.118.（https://www.alfiekohn.org/article/500-pound-gorilla/ で閲覧可能）。

23)　詳細は、私の "Turning Children into Data:A Skeptic's Guide to
　　Assessment Programs," *Education Week,* August 25, 2010 を参照（https://
　　www.alfiekohn.org/article/turning-children-data/ で閲覧可能）。

24)　Bruce Marlowe, 私信。May 2000. また「学校改革」という言葉の用いられ
　　方についての私のコメントは、"Test Today, Privatize Tomorrow," *Phi
　　Delta Kappan,* April 2004, pp.569-77（https://www.alfiekohn.org/article/
　　beware-school-reformers/ で閲覧可能）。"Beware of School 'Reformers,'"
　　Nation, December 29, 2008 pp.7-8（https://www.alfiekohn.org/article/
　　beware-school-reformers/ で閲覧可能）も参照。

第1部

進歩主義を越えて

進歩主義的教育
貴重ではあるがあまり見られない理由

(Independent School　2008 年　春)

　進歩主義的教育に、単一の定まった定義がないとしたら、画一性と標準化に抵抗する存在として評価されている点から考えて、その名に相応しいことかもしれない。進歩主義的教育のこのような伝統に共感を表明している教育者のどの2人を取っても、違った見方をしているか、あるいは少なくとも、どの側面が最も重要であるかについて、意見は一致していない。

　実際に多くの進歩主義的教育者と話してみると、ある矛盾に気づくだろう。ある人は、個々の生徒に固有の必要に焦点をあてるが、別の人は学習者の**共同体**の重要性を指摘する。またある人は学習を1つの過程として、目的達成以上にそれに至る道のりとして考えるが、別の人は、課題は他者と共有できる具体的な成果にならなければならないと考える[1]。

進歩主義的教育とは何であるのか

　このような違いがあるにしても、多くの人が一致できる要素は十分にあって、進歩主義的教育の共通の核は、おぼろげながらではあるが見えてくる。そして、先に述べたようにそれを「伝統」と呼ぶことは、大いに理に適っている。皮肉なことに、通常、進歩主義と対比させて「伝統主義的教育」と呼ばれる立場は、自らはあまり「伝統的な」という修飾語を用いない。それは、それが展開してきた経緯に関係しており、実は比較的最近に登場したものであるためである。マサチューセッツ大学ローウェル校のジム・ネーリングが述べているように「進歩主義的学校は何世紀も前からの考え抜かれた教育実践が残した、長期にわたる名誉ある伝統の遺産である」。その要素は、直接体験による学習、異年齢の子どもからなる教室、親密な師弟関係などである。他方、一般的に伝統主義的学校教育と呼ばれるものは主に、「時代遅

れの方針転換が固定化して慣習となった結果」[2] としてできた（しかしながら、混同を避けるために本書では、この一般的な名称を用いる）。

　もちろん「あれかこれか」ではないことは確かである。型にはまった教え方、制服、床に固定された机の列が見られる学校であっても、まったく進歩主義の考え方の影響を受けていない学校を私は見たことがないと思う。逆にすべての面で進歩主義的な学校も知らない。それでも、以下のような価値をどの程度実現しようとしているかによって、学校を特徴づけることはできる。

全人教育への取り組み

　進歩主義的教師は、子どもが勉強ができるようになるだけでなく、善い人間になるための支援をすることに関心を持っている。学校教育を単に学業に関わるものとしてだけ見るのではなく、同時に知的な成長を言語面・数学面での習熟に限定されないものと考える。

共同体

　学習は個人のレベルで、別々の机で独立してなされるものではない。子どもは互いに思いやりのある共同体の中で学び合うのである。そしてこれは学業と同時に道徳的な学びについてもあてはまる。相互依存は、少なくとも独立と同程度に価値がある。そのため、生徒同士を何らかの形での競争的環境で対立させ、共同体の感覚を失わせることは意図的に避ける。

協働

　進歩主義的学校は、私の表現では「一方的にする」モデルではなく「ともにする」モデルを特徴とする。教師の要求に従うことへの報酬や、そうしないことへの罰則ではなく、協働的な問題解決に一層重点が置かれている。そしてまた、表面的な行動よりも、内面の動機、価値意識、考え方が重視され

る。

社会的な正義

　共同体の感覚や他者への責任感は教室内に留まるものではない。実際に生徒は、自らを拡大していく思いやりの輪の中の一員として認識するよう促される。その輪は、自己、友人、自分の民族集団、そして自分の国を超えていく。多様性を持つ社会の実現と他者の生活の改善へのとり組みについて学ぶとともに、行動するような様々な機会が与えられる。

内発的動機づけ

　教育政策と実践に関して考える（あるいは考え直す）際に、進歩主義的教師が真っ先に問う可能性が高いのは「生徒の学びへの**興味**や、読書をしたり、考えたり、問いを発したりすることを続けようとする意欲に対して、それがどのような影響を及ぼすか」であろう。この一見単純な問いによって、生徒が何をするように求められ、何をするようには求められないようにすべきかを決めることができる。そして、短期的な技能の伸長ではなく、長く持続する姿勢の育成を重要視する人にとっては、宿題や成績評価やテストといった一般的に行われていることを正当化することは困難である。

深い理解

　哲学者のアルフレッド・ノース・ホワイトヘッドがかつて述べたように、「単に物知りの人間は、神が創造した大地の上で、最も無用でつまらない存在である」。知識や技能は重要であるが、あくまでも**ある文脈の中で**、そして**ある目的にとって**である。そのため進歩主義的教育は、一連の知識や技能、個別の原則に沿ってではなく、問題、課題、問いを中心として組織される。教え方は多くの場合に教科横断的で、丸暗記を中心に評価をすることは

はとんどなく、優れていることが「厳格さ」と混同されることもない。その
ねらいは、単に生徒に難しい課題に取り組ませるだけではなく――すでに指
摘したように、難しいことが必ずしも良いことではない――、重要な問題に
ついて深く考えるよう生徒を促し、物事を完全に理解するのを助けることで
ある。

能動的な学び

　進歩主義的学校では生徒が参加して、授業の内容を構成する、課題を設定
する、答えを探す（あるいは創造する）、あらゆる可能性を追求する、そし
て生徒と教師がどのくらい成果を出したのかを評価するということが行われ
る。すべての過程で生徒が能動的に参加することは、学習を概念を構築して
いく過程であると見なし、受動的に知識を吸収したり技能を反復練習したり
することではないとする立場と一致するが、この立場は専門家の間で圧倒的
な支持を得ているものである。

子どもの尊重

　ジョン・デューイが述べたように、伝統主義的学校では「重力の中心は子
どもの外部にある」。つまり生徒は学校の方針や教育課程に適応することが
求められるのである。それに対して進歩主義的教師は、子どもを見て教え方
を決め、とりわけ子ども間の違いに注意を払う（子どもは一人一人異なるの
であるので、同一の方針、要求、あるいは課題を強制するのは非生産的であ
ると同時に、子どもを尊重していないことになる）。教育課程は、単に子ど
もが関心を持つことに基づくだけでなく、学校にいる**具体的な子ども**の各々
の関心事にも基づく。もちろん教師は様々なテーマやねらいを考えておかな
ければならないであろうが、生徒の**ために**学習の課程を計画するだけではな
く、生徒と**ともに**行うのである。そして予想しなかった進め方があれば、そ
れを歓迎する。そのため、ある 4 年生担当の教師の授業内容は、隣のクラス

の教師とは同じではなく、今年の内容は前年に教えた子どもが学んだの内容とも異なる。教師が前もって作っておいた、念入りなテーマ単元教材を提供するだけでは十分ではない。そして進歩主義的教師が自覚しているのは、生徒が教育課程の編成だけではなく、その授業に関わる到達目標やレベルの決定にも参加しなければならないということである。

　以上に列挙した進歩主義的教育の特徴の中には、伝統主義的学校の教師にとって、異論を唱えたいものや、懸念を抱くものもあるだろうが、他方で、意外となじみがあって自らが持っている感覚と響き合うものもあるだろう。しかし進歩主義的教師は単に「学ぶことが好きになること」や「共同体の感覚」という考え方を支持すると**言う**だけではない。同時に、それまでしてきたことを逆転させることになっても、それらの価値を実現させようとするのである。例えば、子どもが放課後の課題を一刻も早く片づけてしまわなければならないものと考えることが分かったら、宿題を全廃するだろう。優秀な生徒を集めたクラスや優等生を表彰する儀式のようなものは、共同体の感覚を損なうとして疑問視するだろう。一言で言えば、進歩主義的学校は、どのような帰結になろうと、研究と経験によって支えられている自らの中心的価値観に従うのである。

進 歩 主 義 的 教 育 と は 何 で な い の か

　進歩主義的教育についての誤解は、主に 2 つの形を取る。1 つは進歩主義的教育を非常に限定的に捉えて、それが表明する変革の意義を過小評価するもの、もう 1 つは誇張し戯画化して捉え、進歩主義的教育全体を否定することを正当化しようとするものである。順番に見ていこう。

　子どものことを思いやり尊重する教師が、個別に子どもに対応することは非常に重要である。しかしこれは進歩主義的学校が考え出したことではない。個別の対応が進歩主義的教育の産物であると考えることは、進歩主義の意義を弱めるだけではなく、伝統主義的教師に対しても不公正となる。伝統

主義的教師のほとんどは、冷酷な人間でも、規則を振りかざす尼僧でもない。それどころか、子どもに知識の断片を詰め込む過程として教育を捉えること —— そしてその目的を達成するために、ワークシート、講義、小テスト、宿題、成績評価その他の方法を用いること —— と、個々の子どもの進捗状況を本当に配慮することとは両立するのである。一人一人の生徒を個別に理解しているような、熱心で鋭敏な教師がいる学校は、そのことを誇りに思う価値がある。しかしこれをもって進歩主義的であるとは言えないだろう。

　また、伝統主義的学校は、年号や定義を暗記することだけをさせているのではなく、生徒が事象を理解するのを支援することにも取り組むことがある。ある教師が指摘したように「思慮深い伝統主義者にとって、思考は知識を掴み、統合し、応用するという観点から捉えられる」。しかし、そのような教室で生徒が行うことは「**教師が**どのように考えを統合し応用するのかを理解し……そして教師の思考を再構成することである」[3]。別の言い方をすれば、伝統主義的学校でも興味深い概念が議論されるかもしれないが、進歩主義的学校がそれと異なるのは、生徒が事象についての自分自身の見解を**構築**しなければならない点である。

　さらに、進歩主義的教育を狭く考えることによる別の誤解もあるが、私はそれを理解するのに少し時間がかかった。つまり文化面で進歩主義的であっても、教育面で進歩主義的であるとは限らないということである。ある学校が左派的な政治志向を持ち様々な価値を認め、多様性、平和、地球環境問題に取り組んでいても、教え方の面では非常に伝統主義的であり得るのである。実際、寛容の精神や急進的な政治を扱う授業で、古めかしい注入的な方法が用いられる場面を想像できよう[4]。

　それに対して後者のように、より悪意を持ち意図的なのは、進歩主義的教育を、自由気ままで、いいかげんで、意味がなく、正体不明で、子どもに甘い教育であって、ヒッピーの理想主義、あるいはルソー的ロマン主義の残滓であると捉える傾向である。進歩主義的教育についてのこのような漫画的な見方においては、子どもはしたいことは何をしてもよく、面白ければ何でも教えることができる（そして面白くないものは教えられない）。学習は、教

師が脇に立って微笑みながら傍観している間に自動的に進行すると見なされる。ここでは、このような誤解の具体的を挙げたり、それがどうして根本的に誤った見方であるかを説明したりする余裕はないが、私を信じてほしい。人は、進歩主義的教育とはほとんど無関係のイメージに基づいて、進歩主義的教育という考え方をばかにすることがあるのだ。

進歩主義的教育はなぜ意味を持つのか

　多くの人にとって、進歩主義的教育を選択し、それを行おうとする根本的な理由は、その人たちの基本的価値観である。つまりジョセフ・フェザーストーンの言葉では「民主主義への揺るぎない献身」である。これは、子どもの現在の必要を満たすことが、将来の労働者を育てること以上に優先されるべきであるという考えであり、好奇心、創造性、共感力、懐疑的態度その他の資質を培おうとする意欲である。

　幸いなことに、最初は価値観（歴史的に見れば個人としての人間にとって、そして教育それ自体にとっての価値）の問題として始まったことが、具体的なデータによって根拠づけられることが分かってきた。例えば実に多くの研究が示しているのは、生徒が事実を暗記したり技能を練習したりする以上に、事象について考えるのに時間をかけるとき、そして自らの学習を方向づけるように促されるとき、より学ぶことを楽しむだけではなく、より良く学ぶことができるということである。進歩主義的教育は単に魅力的であるだけではなく、実際に成果を挙げるのである。

　私は 1990 年代後半に、それまでの数十年の間に行われた研究について調査した。対象は、就学前教育や高校教育に関する研究、読み・書き・計算・理科の指導法についての研究、「開かれた教室」・「子ども中心的」教育・構築主義の学習理論を踏まえた指導法などについての幅広い研究、また民主的教室、異年齢集団での指導、教師の持ちあがり、協同学習、（評定の廃止などの）真正の評価といった個別の試みについての研究である。結果はすべての分野で進歩主義的教育の方が優れていた。換言すれば、個人の価値観とは

別に、進歩主義的教育は純粋に効果の面から推奨できるのである。そして判断基準がより高い場合——例えば、教えられたことを長期的に記憶すること、考え方を理解した上で新しい種類の問題にそれを適応する能力、学び続けようとする意欲——進歩主義的教育の相対的メリットはより大きくなる[5]。この結論は、標準テスト、宿題、（報酬と罰に基づく）従来からの訓育、競争などによる伝統的教育を支持するデータが**存在しない**という事実によって、さらに確固たるものになる[6]。

　私がこの研究の調査を刊行してからも、同様の結果が蓄積され続けている。何件かの最新の研究では、非常に幼い子どもに対する伝統的な学習指導法は非生産的であることが確認された[7]。また、小中学生が理科をより良く学ぶのは、「自分たちが大きな主導権を持って課題を遂行する方法で学ぶときであって、ワークシートを完成させたり、もっぱら教科書を読み取ったりするような伝統的活動は、ほとんどプラスの影響を持たない」[8]。また別の最近の研究は、低所得層や人種的少数派の子どもにとって、「探究型」学習が、通常の方法よりもより有益であることを示している[9]。このような結果は次々と出ているのである[10]。

進歩主義的教育はなぜあまり見られないのか

　すべての学校は、完全に進歩主義的な極と完全に伝統主義的の極との間にわたるスペクトル上、あるいは実際にはこの2つのモデルの様々な要素を反映した複数のスペクトル上のどこかに位置づくはずであるにもかかわらず、ある学校を訪れて、主に進歩主義的であると言えるかどうかについて、かなりはっきりとした感覚を持つことができる場合が多い。またアメリカの学校——そして個々の教室——の中で、進歩主義的という名前に相応しいものがいくつあるのかについて、1つの結論を出すことも可能である。その結論は「ほとんどない」である。学年が上がるにつれて、進歩主義的な教え方は稀になる傾向にあり、低学年でもそれほど優勢ではない[11]。（同時に、ほとんどの進歩主義的学校は私立学校であるというのは正しいであろうが、多くの私

立学校は進歩主義的ではない）。

　進歩主義的教育が稀であることにがっかりする人もいるだろうが、教育についてのより一般的な論争の面からも重要である。もし進歩主義的教育が本当に非常に稀なものであれば、（実際のものであれ、そのように言われているだけのものであれ）アメリカの教育問題を進歩主義的教育のせいにすることは難しくなる。それどころか、その事実は議論を逆転させる結果になる。もし生徒が効果的に学んでいないのであれば、それはアメリカの学校の中で**伝統的**な考え方と実践が依然として続いているからである、ということになるだろう。

　しかし同時に1つの疑問が残る。もし進歩主義的教育がそれほど素晴らしいものであれば、それが主流ではなく例外に留まっているのはどうしてなのだろうか。私のセミナーではしばしば、参加者にそれを考えてもらうのであるが、その答えは多様で、同時に考えさせられるものである。先ず出てくるのは、進歩主義的教育はあまり知られていないだけでなく、実践すること、とりわけ結果が出るように実践することがずっと難しいという答えである。進歩主義的教育は生徒に多くのことを求め、それが最初は、一部の教師にとっては負担であるように思われるのである。そのような教師は、伝統的な授業をどのようにするかを考えてきて、本当の思考をあまりすることがなくても、通常の基準から見ればうまくやってきたのである。同時に教師にもより多くのことを要求することになる。つまり生徒に「単に蛙の内臓の仕組みや文の構造を記憶させる」のではなく、「生物学や文学を理解」させようと思うならば、教師は教科の内容を完璧に掴んでいなければならないのである[12]。しかし、進歩主義的教師は同時に、教授法についても学ばなければならない。どれだけ教科内容について知っていても（例えば科学や英語についての専門的知識があっても）、学習を促す方法は分からないからである。数学について十分理解している人であれば、誰でもそれを教えられるという考えは、学習は受動的吸収であるという考えから直接的に導かれるものであるが、これは認知科学がはっきりと否定している考えである。

　さらに進歩主義的教師は、不確かさも受け入れなければならない。「正解」

に向かっての予測可能な前進を諦めるだけではなく、それに代わる「意味」の追求において、生徒に積極的な役割を果たさせるようにするのである。つまり教師の統制を部分的になくして、生徒に一定の主導権を与えることを厭わないことであるが、これを行うには能力と同時に勇気が必要である。これらの資質は、私たちが思っているほど、多くの人が持っているわけではないようである。10年近く前になるが、私は若干の後悔の念を持って、ある高校の授業での私の経験を次のように回想した。「私は自分自身のことを、生徒を楽しませる教師で、大変物知りで、愉快で、カリスマ性があるなどと自慢に思っていました。しかし学級の中心は私であって、生徒ではなかったことに気づくのに数年かかりました。生徒の学習ではなく、私が教えることがすべてでした」[13]。進歩主義的教育の洞察から影響を受けるほど、良い教師であるとは何を意味するかを考え直さなければならなくなる。そうすることは、私自身を含めて、どうしても不安をかき立てるものになる。

　そして、不安をかき立てることについて言えば、進歩主義的教育は私たちの生きている文化的環境のために、厳しい状況に置かれているということを聞かされる場面が多い。進歩主義的教育はある点からみれば、体制に反抗する考えである。ヴィト・ペローネが述べているように、「進歩主義の諸価値——例えば懐疑主義、問題提起、反抗性、開放性、そして別の可能性の追求など——はアメリカ社会に受け入れられようとして、長年困難に直面してきた。それらの諸価値がアメリカの学校で優勢にならないことは、驚くことではない」[14]。

　標準テストの得点を上げようとする圧力があるが、これは進歩主義的教育が、限られた場合に、そして偶然にしか達成できないことである。それが進歩主義的教育の目的ではないと同時に、そのようなテストは重要度が最も低いものしか測れないからである（この事実を認識しているため、進歩主義的学校は入学者選抜で標準テストを利用しようとは夢にも考えないのである）。しかしもっと見えない形で、学校教育全体を標準化しようとする圧力に、私たちはさらされている。考えることは無秩序であって、深く考えることは本当の混乱状態である。この事実は、秩序への要求と共存することは難しい。

学校では、教育課程は学年段階に応じて念入りに組み立てられ、前もって十分に計画されることが求められるのであり、これは社会全体でも同様である。

　さらに（私のセミナーの参加者が必ず指摘するのであるが）、教育についての自らの考え方を見直す機会を持ったことのない親がいる。結果としてそのような親は、間違ったことが素晴らしいと思い、伝統主義的教育が見られることに安心するのである。例えば文字による評価、綴字の小テスト、重い教科書、学級を強く統制している教師であり、それらがなければ不安に感じるのである。子どもが満足できないことが明らかであっても、親は学校の現状を人生で受け入れなければならない事実であると捉える。子どもの世代が自分たちの経験したものよりも、より良いものを受け取ることを願うのではなく、「いいですか、親である私にとって悪い教育であったとすれば、同じように子どもにとっても悪いものになるのは仕方ないことです」とでも言うような立場を取る。もし子どもが幸運にも、生徒が計画を立てて、研究課題に基づく探究活動を特色とするような授業に参加しているとしたら、親は「本当に何か**学んでいる**のだろうか。ワークシートはどこにあるのか」と疑問に思うのである。そのため教師は、授業を悪いものにするような親の圧力を感じる。

　進歩主義的学校はいずれも、目には見えない逆流を常に経験するのである。進歩主義的学校に求められるのは、何らかの成績評価を復活させること、「特異な才能を持つ」親の子どもに特別な発展的学習機会を与えること、競争を行うスポーツプログラムを始めること（アメリカの子どもは明らかに、学校外で勝ったり負けたりする経験を十分に持っていないから）、私の子どもに悪いことをした子どもを罰すること、一種類か二種類の標準テストを課すこと（「子どもがどのくらいできるのかをちょっと確かめるため」）、そして何よりも、次に来るものに子どもを備えさせるようにすることである。たとえ子どもが将来経験すると思われる悪い教え方に備えるために、今から悪い方法で教えることになったとしても、そうである[15]。

　進歩主義的教育が稀である理由は、以上に挙げたものだけではない。しかし、それに先だって述べた、進歩主義的教育の優れている点についても、こ

れがすべてではない。このことから、進歩主義的教育を少しでも一般的なものにしていくことは、価値のある取り組みであると言える。少なくとも今年の終わりまでには、1つの学校全体、あるいは1つの学級であっても、進歩主義的教育のメリットを活かすように変容させることはできないかもしれない。しかし実現可能な進歩はどのようなものであっても、生徒にとって有益なものになるだろう。そして、生徒にとっての最善の教育を実現するということが、そもそもこの企てに私たちが参加する理由なのである。

追記　進歩主義的学校にとっての12の問い

　ここまで述べたように、進歩主義的教師は必然的に逆流を経験することになるため、そのような教師がある朝目覚めて、自分の学校が伝統主義の侵入に屈して、創設者の精神から外れていることに気づいて、不安な思いをすることもあるかもしれない。以下は、教師集団での振り返りを促し、おそらくは正しい状態への行動のきっかけとなることを目指した問いである。

1．私たちの学校の取り組みは、**教育的に**進歩主義的であろうか。それとも政治的・文化的な意味においてだけ進歩主義的であるという雰囲気に満足しているだけではないのか。

2．進歩主義的な理念の実現が首尾一貫して目指されているか。それとも、入学志望者を失うことを恐れ、理念を曲げて万人向けにしようとしてはいないか（本校は生徒を育成する環境を提供します……**厳しい**大学入試に備えるために）。

3．最も上の学年の生徒の教育が、最も下の学年の生徒と同様に進歩主義的であろうか。それとも、外部からの訪問者が上級生はまったく別の学校に在籍しているように感じるだろうか。

4．教えることが、問題、課題、問いを中心として編成されているだろうか。授業内容の多くが本当に教科横断的であろうか、文学が常に社会科から、あるいは綴り字からも切り離されていないか。（計算や語彙などの）技

能の習得が、考え方を理解したり共有したりするという目的のための手段と
見なされてはおらず、それ自体として強調されすぎてはいないか。

5．教育課程を編成する際に、生徒がどの程度関わっているだろうか。学習
者中心の環境であろうか、それとも授業が出来合いのものとして子どもに提
示されているか。また、教室の飾りつけ、学級経営、評価方法その他などを
決める際にも生徒が参加しているか。そして教師は、細かい点を含めて子ど
もを統制して、教室があるべき姿に比べて非民主的になってはいないだろう
か。

6．評価は進歩主義的な理念と合っているだろうか。それとも生徒は手の込
んだルーブリック[16]や成績に代わるものによって評価、評定がされている
か。そして生徒は、他の伝統主義的な学校と同じように、どのくらい良い成
績を取ることができるかばかり考えていて、学んでいる**事柄**に身を入れない
ようになってしまってはいないだろうか。

7．学校経営者は教師の専門性と自律の必要性を尊重しているだろうか。そ
れとも上意下達の管理方式であろうか。上意下達は、教師に求められている
生徒への対応の仕方とは一致しないであろう。反対に、自分の思うようにし
たいと主張する教師が、真に進歩主義的な実践から離れて、別のことをして
しまう可能性はないだろうか。

8．教師自身が生涯学び続ける存在として振る舞い、慣れ親しんだやり方を
常に疑うことを厭わないであろうか。それとも伝統に安住し、今しているこ
とを、単に「［学校名を入れよ］の方式」として正当化していないか。また
教師は日常的に互いの授業を参観し合い、教え方について意見を交わす機会
が与えられているだろうか。

9．学校の教育活動全体を通して協力することが強調されているだろうか。
それとも競争の名残があるだろうか。多くの場合生徒が意思決定をするとき
に、意見の一致を得ようと努力するだろうか。それとも単に多数決で決める
だけであろうか。また競争的なゲームが体育の中で多くあったり、それ以外
の授業でもあったりするだろうか。大部分の学習がペアやグループで行われ
るか、それとも生徒が自分自身で学ぶことが普段のやり方だろうか。

10. 宿題が課されるのは、授業の内容の応用や深化のためにどうしても必要な場合にだけであろうか。それとも（伝統主義的学校と同じように）日常的に出されているだろうか。宿題が普段から出される場合、教えられたことを子どもが憶えるための「強化」という行動主義的モデルに基づくのか、それとも、課題をより深く理解し、より積極的に取り組むようにするためであろうか。そして宿題について何かを決める際に、生徒にどの程度の発言権があるのだろうか。

11. 「これが生徒の学習（そして今行っている課題）への**関心**にどのような影響を与えるか」という問いが、学習内容、教え方、予定などについてのあらゆる選択を行う際の要素になっているだろうか。それとも正解と「厳格さ」を強調することで、生徒が今学んでいることへの関心や熱意を失わせることになっていないだろうか。

12. 学校は、学業に関する領域だけではなく、非学業的（社会的・行動的）側面でも、進歩主義的で協働的であろうか。それとも、「行動の結果に責任を取らせる」という形での統制の残滓があるために、道徳的判断、対人関係能力、民主的人格を培うよりも、秩序と服従が強調される場合がないだろうか。

【原註】

1）　後者の見解は、Reggio Emilia の幼児教育の方法〔同名のイタリアの都市で行われている子どもの主体的を重視する方法〕と Foxfire〔伝統的な技術・知恵を伝承しているから聞き取ってまとめる学習活動〕によるものが代表的である。

2）　James H. Nehring, "Progressive vs. Traditional: Reframing an Old Debate," *Education Week*, February 1, 2006, p. 32.

3）　Mark Windschitl, "Why We Can't Talk to One Another About Science Education Reform," *Phi Delta Kappan*, January 2006, p. 352.

4）　この記事の準備をしていたとき、知り合いの中学生の子どもが、自分の受けている授業についてたまたま話してくれたのである。その授業ではアメリカ帝国主義を痛烈に断罪するのであるが、同時に、知識を問うテストや、「正しく行動している」「課題に取り組んでいる」生徒を高く評価する成績表もあるという。

5）　Alfie Kohn, *The Schools Our Children Deserve: Moving Beyond Traditional Classrooms and "Tougher Standards"*（Boston: Houghton Mifflin, 1999）, 特に、Appendix A を参照。

6）　私はこれらのテーマについて、それぞれ別の本で検討した。そこで挙げている資料を参照。標準テストについては *The Case Against Standardized Testing*（Portsmouth, NH: Heinemann, 2000）、宿題については *The Homework Myth*（Cambridge, MA: Da Capo Press, 2006）、訓育については *Beyond Discipline*, rev. ed.（Alexandria, VA: Association for Supervision and Curriculum Development, 2006）、そして競争については *No Contest: The Case Against Competition*, rev. ed.（Boston: Houghton Mifflin, 1992）である。なお、これ以外にも効果的であると考えられている特定の方針について疑問を投げかける研究も行われている。例えば制服を指定する規則や明示的文法指導〔文法規則を意識的に教えること〕についてである。

7）　"Early-Childhood Education: The Case Against Direct Instruction of Academic Skills"（https://www.alfiekohn.org/article/early-childhoodeducation/）の付録を参照。

8)　Harold Wenglinsky, "Facts or Critical Thinking Skills?" *Educational Leadership*, September 2004, p. 33.

9)　Michael Klentschy, Leslie Garrison, and Olga Ameral' による、生徒の成績についての 4 年間の研究のレビューは、Olaf Jorgenson and Rick Vanosdall, "The Death of Science?" *Phi Delta Kappan*, April 2002, p. 604 に要約されている。

10)　本書 p.87 で触れている、進歩主義的学校と伝統主義的学校との間の不正行為の発生率も参照。

11)　教育史家の Larry Cuban が調べた「7,000 件の、授業記録や様々な状況についての研究の結果が明らかにしたのは、20 世紀になって以来、教師主導の教え方が絶えず見られることであった。(*How Teachers Taught: Constancy and Change in American Classrooms, 1890-1980* [New York: Longman, 1984])。また *A Place Called School* (1984) という第一級の研究を行った John Goodlad は、1999 年にこのテーマに立ち戻り、次のように結論づけた。「進歩主義的な考え方は大いに認められるようになり、教師主導的な教え方やその信奉者に対して、否定的な言葉を浴びせているにもかかわらず、自らの考えはごく一部でしか実践できていない。……ほとんどの教師は、自分が生徒として経験したときの学校観を抱き続けており、伝統的な方法は変わらないままである」("Flow, Eros, and Ethos in Educational Renewal," *Phi Delta Kappan*, April 1999, p. 573)。Goodlad の見解は、2007 年の全国的な調査で裏づけられた。その調査は 1,000 校以上の学校の 1 年生・3 年生・5 年生を対象としていた。「子どもはほとんどの時間（91.2%）を、クラス全体で学ぶことや個別に自習を行うことに費やしている。5 年生は平均して、問題を解決したり筋道を立てて考えたりするための指導よりも、基本的な知識技能を習得するための指導を 5 倍多く受けている。この割合は 1 年生と 3 年生では 1 対 10 である(Robert C. Pianta et al., "Opportunities to Learn in America's Elementary Classrooms," *Science* 315 [2007]: p. 1795)。他方、ワシントン州での 669 の学級を対象とした研究では、「〔知識

を注入するのではなく、生徒自らが知識を作り上げる〕構成主義的な性格を
強く持つ授業は、全体の約 17％しかない」ことが明らかになった（Martin
L. Abbott and Jeffrey T. Fouts, "Constructivist Teaching and Student
Achievement," Washington School Research Center, Technical Report #5,
February 2003, p. 1）。より多くのデータについては、Kohn, *The Schools
Our Children Deserve*, pp.5-9 を参照。

12)　David K. Cohen and Carol A. Barnes, "Conclusion: A New Pedagogy for
Policy?" in *Teaching for Understanding*, eds. David K. Cohen et al. （San
Francisco: Jossey-Bass, 1993）, p. 245. 長年にわたって進歩主義教育を確固と
したものにしようとする努力のほとんどが失敗したことに関して、John
Dewey, Lawrence Cremin, そして Linda Darling-Hammond などの多くの思
想家が、この点の問題を指摘してきた。

13)　Kitty Thuermer, "In Defense of the Progressive School: An Interview
with Alfie Kohn," *Independent School*, Fall 1999, p. 96. （https://www.
alfiekohn.org/article/defense-progressive-school/ で閲覧可能）。

14)　Vito Perrone, "Why Do We Need a Pedagogy of Understanding?" in
Teaching for Understanding, ed. Martha Stone Wiske （San Francisco:
Jossey-Bass, 1998）, p. 23.

15)　この現象についての詳細は、本書第 3 章「頭を叩かれる練習」を参照。

16)　Maja Wilson, *Rethinking Rubrics in Writing Assessment* （Portsmouth, NH:
Heinemann, 2006）. そして本書第 7 章「ルーブリックの問題点」を参照。

2 権威に挑む生徒 そしてそのような生徒の増やし方

(Phi Delta Kappan　2004 年　秋)

　「行うことによって学ぶ」は、能動的に学習に参加することで、生徒はより良く事象を理解したり技能を獲得したりできるとする理念の簡潔な表現であるが、これは進歩主義的教育の原理として確立されている。しかしながら、この原理を補足する可能性としてあまり注目されていないのは、教師が単に話すだけよりも、見せることで非常に効果的に教えられるということである。ここでは「行うことによって教える（TBD：teaching by doing)」と呼ぼう。

子どもを舞台裏に連れて行く

　TBD の 1 つの形は、書くことの指導の分野で支持を得ている[1]。教師が自分の文章の草稿を見せるよう、そしてできれば生徒の前で書くように奨励されるのである。完成作品として、ある物語や随筆の技法を分析することは 1 つの方法であるが、書く経過を観察することはまた別のやり方である。とりわけ教師が著者として語り、1 つの単語やある文章構造を選ぶ根拠を説明する場合、生徒は、誤った第一歩を目撃し、間違いをしてそれを正す方法を知る。つまり一編の文章が形成されていくのを見るのである。

　進歩主義的教育以外では（どのように呼ばれようとも）TBD について語られることはあまりないようである。いずれにしても、書くことを教える教師の指導法を、他の分野で行われていることと結びつけようとする人はいないのである。しかし数学教育のある研究グループは、「教師が数学に取り組んでいる姿を見る機会を持つ生徒はほとんどいない」ということに触れている。そしてカリフォルニア大学バークレイ校のアラン・シェーンフェルド教授を取り上げて、教授と学生がともに取り組むことのできる問題を教室に持

ち込むように促す、非常に稀で例外的な存在であるとした[2]。本当に、このような知恵は他の分野でも当てはまり、同時に大学院生のゼミに限定されるべきでもない。例えばどの年齢の生徒であっても、教師が意味のある科学の問題と取り組んでいるのを見てはいけない理由はないだろう。

　もちろん、教師が方程式の x を求めるステップを一通り説明したり、理科の教師が様々な法則や原理を説明するために演示実験をしたりするのは珍しくない。しかしこれは前もって定められた形で教えることである。つまり問題に取り組む姿を見せ、一定の行動を行えば予想通りの結果が導かれることを示すことが目的である。そしてその後生徒は、自分が見たとおりに行動するよう指示される。

　私が関心を抱くのは、このような方法とは対照的なものであって、例えば理科の教師が本当に生徒の前で実験をすることである。それは生徒も実験の計画作成に参加でき、結果が決まってはいないものである。そのような授業で教師は次のようなことを言うだろう。「この実験でどうなるかははっきりとは分からないが、とにかくやってみよう」。実際に科学的探究を行うことによって理科を教える教師は、アイディアを消したり修正したりすることに多くの時間を費やす。それは自らが書いてみて、書くことを教える教師と同様である。

　言語教育で行われることと、理科や数学で行われることに類似点があるのはそれほど意外なことではない。しかし、もしかしたら教科の内容を教えることと、道徳を教えることにも同様の共通点があると言えるのかもしれないと私は考える。子どもが善い人になるには、良い振る舞い方を実際に**見るべき**であるということは広く認められている。特に親は、自分が他者へ示す態度を子どもに見本として示すようにしているだろう。そして実際に、ある研究によれば、他の人が慈善事業に献金をするのを見た子どもは、自分もそのようにするようになる。他方で、手本を示すことが、それだけでいつも効果的であるわけではない。「他者支援の模範的存在に触れると、自分が助けようという内発的動機づけが損なわれる」というデータもある[3]。熱心に他人の手助けをしている人の姿を見た若者は、自分がそれほどまでには愛他的に

はなれないと思うようになったのである。

　問題の 1 つは、見本を示すことは行動主義に基づく考え方であるということである。それはオペラント条件づけと古典的条件づけの原理を精緻化するところから始まった。人は自分の見たものから学ぶことがあって、何の「強化」もされていない方向に動くこともあるという事実を、条件づけの原理は説明できない。しかし、見本を示すことは、人を特定の形で行動させようとするための、強化と並ぶ別の技法である。しかしその行動に主体的に関わったり、その行動の意味を理解したりすることには、必ずしもならないのである。単に真似ることでは、そのようなずっと意味のある目標を達成することはできないため、見せることの補足として説明をしなければならない。これは授業での教科内容の指導について私が提案したことと、ちょうど正反対になる。

　説明を見本提示とともに別々の方策として活用するだけではなく、両方を結びつけて「深い見本提示」とでも呼べるものにすることは意味がある。そこでは、子どもに見本を示すだけではなく、教師がしていることとその理由を、子どもが分かるようにするのである。言語化は多くの教師にとって身近な方法で、「自己対話療法」から、生徒が読んでいるものを一層深く理解するのを助ける「思考発話」まで様々な形がある。深い見本提示は、その言語化が他者から与えられる点で異なる。

　現実の社会での倫理的難局という問題を考えてみよう。親が子どもに対して、正直であり、同時に共感的であることの見本を示そうとするのは良いが、この 2 つが対立するとき、例えば、本当のことを言えば相手の気持ちを害するような場合には、どうすればいいだろうか。同様に、子どもは他人の利益に注意を払うべきであると言うのは簡単であるが、他の人の利益のために、自分の持っているものをどの程度放棄しなければならないであろうか。

　大人が、同様のジレンマをどのように考え（そしてどのような思いで）切り抜けるのかを子どもに見せるためには、自分の言動を決める時に考慮する要素を説明しなければならない。その要素とは、自分のそれまでの体験で関係のあるもの、自分の行動の原則、考慮に入れるすべての考え方と感じ方な

どである。子どもは大人の姿を見ると同時に話を聴くことで、大人がどのようにして道徳的な人生を送ろうとしているかを学ぶと同時に、道徳が明確に定義されることはほとんどないことを理解するのである。

　見本を示すことは、子どもを「楽屋裏」に連れて行く1つの方法であると考えられる。その意味で、子どもの前で文章を書くこと、あるいは本物の科学実験をすることと非常によく似ている。子どもは、大人が道徳的決定を行ったり、文章を書いたり、科学的原理を発見したりする前に（あるいは行う背後で、または行う前提として）何をするのかを体験できる。これらすべてのことは通常、子どもに対して既定事実として示されるものなのである。

　このようにすることにはいくつかのメリットがある。その中で一番分かりやすいのは、大人の行動過程を体験することで、物事を行う力が高まるということである。教師が文章を書くのを見る機会を生徒は持つべきだと、言語教育の専門家が考える主な理由は、それによって生徒が書く技能をより多く学び、より熟達できるということである。それと同じように子どもは、大人がするのを見ることによって、算数の問題を解くことに一層習熟したり、より良い道徳判断ができたりすると考えられる。

　見本を示すことの第二のメリットは、生徒が自分の見たことを自分でも**したい**とより強く思うようになることである。多くの場合、教育の研究や理論は、子どもの志向よりも結果に焦点が当てられている。生徒の姿勢、目標、興味関心などの動機に関わる問題についての研究が1件あれば、もっぱら習得した技能や結果を扱うものが数十件ある。このことから分かるのは、生徒に学ぶことは苦行であると考えさせるような形の教え方や評価が、どうしてもてはやされているかということである。皮肉なことに、これは長期的に見た場合、非常に悪い学業成績に結びつくことがある。生徒が自分のしていることをどう感じているのかにもっと着目することは、教え方と教育内容の目覚ましい改善につながるだろう。その1つの方策が、TBDである。他の条件が同じであれば生徒は、誰かが行うのを直接見ることで、それに対してより関心を抱くようになる。

霧 を 晴 ら す こ と

　技能や動機づけを高めることが、素晴らしい成果であることは間違いないが、他にも、子どもを楽屋裏に連れて行くことで得られることがある。実は私はこちらの方により関心を持っているのである。しかしその第三のメリットは、ほとんど論じられることがない。それはおそらくより論争を引き起こす性格を持つからであろう。つまり、TBD は、今行っている活動、その活動をしている人間、そして権威というもの自体についての考え方を変えるということである。一言で言えば、権威を覆す機能を持つのである。

　私は教師時代、生徒が 1 冊の本のことについて話すときに、（「87 ページで彼らは次のように言っている」のように）複数代名詞を使ったら、話を止めさせるようにしていた。私が問題だと思っていたのは、（その本を書いたのが一人の著者である場合の）文法的な誤りではなくて、著者が不定形の「彼ら」の中に消えてしまうことであった。私はクラスの生徒に、著者も間違えることがあり、また独自の観点を持っていると話していた。文章の背後にあるその個人を見ないと、文章の内容に疑問を呈することができるのを忘れてしまうのである。

　これとまったく同じことは、本であれ、科学的法則であれ、倫理的原則であれ、生徒が様々な完成した制作物と出会うときにも起こる。そのため 1 つの解決策は、生徒に、文章が書かれたり、法則が証明されたり、原則が打ち立てられたりする過程を見せて、そのような活動をより身近に感じ、それほど恐れるべきものではないと考えるようにすることである。優れた著作や思考は、手の届かない遠くにあり、他人が行い、生徒はそれを受けとるだけというものではない。そうではなくて、生徒自身も自ら行うことができる —— たとえそれほどうまくすることはできなくても —— と気づくことができるものである。

　同様に重要なのは、見本として設定された解決策、結論、文章、決定も生徒からの批判的検討を受ける余地があることである。そして活動を脱神話化（demystify）することで、その活動を行った人をも脱神話化できる。むしろ

ここでは「霧を晴らす（demistify）」と言うべきかもしれない。教師は生徒
が、教師や親などの大人が帯びている権威という霧を晴らすように促すから
である。しかしこのことができるのは、（別の場所にいる他の大人たちだけで
はなく）教師自身が間違える可能性があることを進んで認めるときだけであ
ろう。そのため私は、前もって作られたものを示すだけでは不十分であると
考える。子どもは、大人が袋小路に入り込んだり、方向を180度転換したり
するのを目にする必要がある。ジョン・ホルトは次のように嘆いている。私
たち大人はしばしば「子どもに対して、自分のことを神のようなもので、全
知全能で、常に合理的で、常に公正で、常に正しいかのように見せる。自分
自身についての嘘でこれ以上のものはない」。そしてこのような傾向を弱め
るために「私は、自分がまったく得意でないことに挑戦するとき……〔生徒
の〕前でそれをして、私が苦労するのを見られるようにしている」[4]と続ける。

　TBDが生徒にとって非常に価値のあるものになるのは、それがまさに多
くの大人に抵抗を感じさせるものであるためである。テキパキと有能で、常
に権威を持っている正真正銘の教師という役割を演じることは、ほとんどの
教師にとって心地良いことであって、その役割を放棄したくはない。もし子
どもを楽屋裏に連れて行けば、そしてもし生徒の前で解決できないかもしれ
ない問題に取り組むとしたら、教師は自分の立場が弱くなると感じる。そし
て生徒を統率する力を失うことを不安に思うのである。

　実のところ、生徒もこのような本物の教育に抵抗を感じるかもしれない。
少なくとも最初は。1つには生徒が、より能動的で探究的な学習には付きもの
の、不必要な知的な負荷を避けたいと思うことがあるためである。伝統主
義的ではない理科の授業を体験した10年生の生徒は「この授業がどういう
ものかすっかり分かった。先生は私たちに自分自身で考え、学ぶようにさせ
ようとしている」と声を上げた。「その通り」と教師は答えて、自分の意図
が通じたことに安心し、ありがたく思った。しかし「でも」と、その生徒は
続けた。「自分たちはそんなことはしたくないのです」[5]。

　問題は教師の側がどのくらい多くの努力をすればよいかということだけで
はない。生徒も、進行についての決定権を持つことが求められて（あるいは

許されて）いない授業に慣れているのである[6]。そして生徒が馴染んでいるのは、書物は批判の余地のない神聖なテキストであるという考え、科学的な発見を定められた手順に従うことへと矮小化する姿勢、どのような道徳的問題にも唯一の正解があって、それを見つけることができるという前提、さらに大人を疑う余地のない知恵を配給してくれる存在であると見る態度である[7]。

　このような志向や想定に疑問を投げかけ、生徒に、本当に批判的に考えられる人間になることの意味を納得させることには、勇気は言うまでもないが、かなりの努力が必要である。何と言っても生徒は、学校生活の初日から、よく知られているようにフィリップ・ジャクソンが「隠れたカリキュラム」と呼んだものの中で教育を受けてきているのである。それが教えるのは、言われた通りにして、面倒を避ける方法である。適切に振る舞う子どもには、実物の報酬と象徴的な報酬がともに与えられ、そうしない子どもは罰を受ける。生徒は静かに座って、教師の言うことを書き写し、教科書の中で記憶するように指示されると思われる部分にマーカーで線を引く。すぐに子どもたちは「これは本当に意味があるのですか」と質問する（あるいは疑問に思う）ことをしなくなる。そして「これはテストに出ますか」と尋ねるようになる。

　かつて新米の高校教師であった私は、生徒に、そのような受け身の姿勢は自分が望んでいるものではないと生徒に伝える決心をした。教師としての最初の日に私は、誇らしげに——そして私の学校の文化を考えればいくぶん挑戦的に——「権威を疑え（QUESTION AUTHORITY）」と書かれた黄色いバッジをシャツに付けた。しかし残念なことに、このような考えは生徒にはまったくなじみがないものであったので、これを激励の言葉ではなくて、何かの肩書きだと思った生徒もいた。ある女子生徒は、誰が私を学校の「質問受付係」に任命したのかを知りたがった。

　これは、オレゴン州の教師で労働運動家であったノーム・ダイアモンドが明らかにしようとした状況と基本的に同じである。ダイアモンドは「従順黙認症（CAD：Compliance Acquiescent Disorder）」と呼ぶ症候群を見出した

のである。これは非常に多くの子どもが治療のために医師の診断を受けている「反抗挑発症（ODD：Oppositional Defiance Disorder）」のパロディーとして作られたものであった。ある地方紙が広告を出して、ODD の症状を箇条書きにして（「大人と言い争う」「わざと規則を無視する」）、そのような子どもを持つ親に対して、子どもに試験的投薬を受けさせることを認めるよう促した。ダイアモンドはその新聞に反対意見の広告を出し、その中で CAD を紹介したのである。その説明によると、CAD を持つ個人は「権威に従う」「積極的に規則を守る」「反論をしない」「自分の行動に対する他人の支持を引き出すよりも屈服する」「怒りを抱くことが正当なときでも我慢したままでいる」などの症状を見せる[8]。もし度を超してきまりを守ったり黙って従ったりすることが、本当に1つの障害として定義されるならば、何百万人の子どもがその治療を受けることになるであろう。しかし実際には、これを問題と見なす人がほとんどいないばかりでなく、これこそが子どもの受けるべき訓練のねらいであるように考えられているのである。

　しかし受け身であることだけが、そのような訓練の結果ではない。同時に知的活動への関心の低下が見られるかもしれないのである。学校の決まり事に上手く従い、反抗的な質問をしたいという衝動をコントロールできる生徒であっても、何らかのレベルで自分のしていることが非常につまらないと感じるだろう。もっと能動的で、批判的な学習スタイルを経験しなければ、あらゆる知的な探究活動から離れていくのも無理はない。受け身であることが強制されることの結果としてもう1つ考えられることは、皮肉なことではあるが、後になってからの反抗である。大人は一定期間子どもに対して、自らを絶対的な権威として見せても、自分の問題にはならない。しかし子どもはいつかは、自分の指導者が、本当はどれほど欠点を持ち、間違いをしていたか（むしろ今でもそうであるか）に気づくようになる。その結果、大人への幻滅、欺かれたと気づくことによる反感、そして場合によっては、大げさで、怒りに満ちた破壊的な形での反抗が見られる。このようなことは青年期やもっと後で起こりうる。たとえ起こらなかったとしても、もっぱら受動性を生み出すことを目的とした教育の結果として、どれほど大きく傷つけら

れ、どれほど多くの機会が失われるのかについて、言い過ぎるということはないであろう。

求む：質問者と挑戦者

　子どもが大人に対してより挑戦的になり、権威に対して一層進んで反抗することを促すべきであるという考えは、子どもがすでに、粗野でうるさく、反抗的であると思っている人には、奇妙で受け入れられないと思われるであろう。学級経営の多くの本（そしてワークショップ）の中心的テーマは、教師が自分の計画を実現するための、より効率的な環境を作ることであって、生徒からの都合の悪い異議申し立ては何であれ、避けるようにすることである。言うまでもなくこのことは、このような本を書いたり読んだりする人が生徒に服従を求める姿勢を示しており、子どものあり方についてではない。

　子どもが言われたことに対して挑戦的な態度を示すことを望む人と、子どもはすでに過度に挑戦的であると考える人との間の意見の不一致があるのは、相容れない価値観の対立によるのではなく、**挑戦的である**（challenging）といった言葉が曖昧であるためであろう。生徒の中には粗野で攻撃的な学生がいることを私は否定せず、そのような生徒が多くなってほしいとも思わない。そして、不快を与えるような態度や、言われることに逐一反発するような姿勢が良いと言うわけではない。私が主張したいのは、十分に考えられた反論や原則に基づく懐疑的態度の意義である。そのように考えれば、不快感を与える生徒がいると同時に、権威を疑おうとしない生徒も非常に多いということを矛盾なく主張することができる。

　子ども期が、疑問を提示したり自分の思うことを言ったりする態度を形成し始めるのに理想的な時期であるとしても、それを実際にしていないのが、子どもだけであることはないだろう。事実はまったく反対であって、私たちの周りには、ロバート・フロストの作品に登場する隣人のようなことを言う人がいる。その隣人は「父親から言われた以上のことはしようとしない」のである。また、自分の習慣や考えについて尋ねられたときに、「まあ、自分

はそのようにして育てられたからね」と答える人も多くいる。あたかもその
答えで話を終え、自分が教えられた価値観を批判的に見直すことは不可能で
あるかのように考えているのである。

　さらに、間違っていることにも敢えて反対しようとしないばかりか、それ
が間違いであると**理解**していないような人も多い。そのような人は自宅の玄
関を少し開け、苦しみや不正の風景を見るが、再び静かにドアを閉めて、す
べては上手く行っていると満足げに宣言するのである。教育界を含めて、怒
るべきことに怒りを感じる能力を失って、ばかげて有害な命令を受けとって
も、従順な姿勢でそれをどう実行すればよいのかについての指示を求めるよ
うな人に出会う。もし（これは本当に子どもの最善の利益になるのかと）そ
れを分析したり、（もし利益にならないと言える場合には）反論したりする
勇気があれば、間違っていることはずっと前にこの世から消えていたはずで
ある。

　たとえ私たちの目標が、世界をより正確に理解することであるとしても、
疑問を投げかける姿勢を保ち続けることが必要である。知的な進歩のために
は、物事を額面通り受け取らないこと、言われたことをすべては受け入れな
いこと、そして社会の通念が正しいに違いないと思わないことが必要であ
る。科学者のリチャード・ファインマンが述べたように、科学は、「権威の
ある人が何も分かっていないという信念」と定義できる[9]。この言い方はファ
インマンの科学者としての名声がなければ、単なる誇張として片付けられた
であろうが。

　もちろん、このような疑問を投げかける姿勢が求められるのは、理解しよ
うとするときだけではなく行動しようとするとき、何が真実なのかを考える
ときだけではなく、何が正しいのかを考えるときでもある。しかし社会や政
治の現状は、道徳的に受け入れられる最低限の基準でさえも満たしていない
ことがある。子どもを、ある事柄をありのままに受け入れる ── あるいは、
それを望ましいもの、もしくは悪いもの、あるいは避けられないものとして
受け入れる ── ように社会化するのではなく、子どもが現状を批判的に分析
して、制度や伝統の中で残すべきものはなにか、そして変革しなければなら

ないものは何かを考えるよう教育することが必要である。一言で言えば子ども
が「世界に対して口答えをする」ことができるようにすべきなのである[10]。

　子どもがまさにそのようになることを望む人の何人かは、批判的思考
（CT：Critical Thinking）として知られる運動がそれに当たると考えるであ
ろうし、それは十分に理由がある。CT は 1980 年代の教育界で大流行し
た[11]。ただ残念なことに、CT は以下のようにいくつかの点で伝統主義的な
性格を持つのである。

- ある考えや出来事を批判的に捉えるためには、考えるだけではなく、感
  じ、関心を持ち、行動しなければならない。しかし CT は、その名前の
  通り、もっぱら考えるだけである。
- CT についてのカリキュラムは、一組の異なった分析手法を使いこなせ
  るように生徒を訓練する。生徒はある論理的な誤りを見つけ、次に別の
  ものを見つけるのである。ここで見られるのは、全体を部分に還元す
  る、お馴染みの行動主義的傾向である。
- これらの手法は教師から生徒に伝えられるが、教師と生徒の関係が見直
  されることはない。CT は議論を分析するためのもので、権威の役割を
  疑ってみるものではない。
- 多くの指導と同じように、CT は個々の生徒の習熟度を高めることを目
  的とする。他方で、意味のある批判は社会的な過程であり、論理的であ
  ると同時に対話的である。そして私たちを取り巻く問題状況の構造的原
  因を追求するものである。
- 最後に、上のような点からも分かることであるが、CT は、生徒のでき
  ることだけに注目しており、生徒が何をしようとするかには留意してい
  ない。生徒は "post hoc, ergo propter hoc"〔「この後に、従って、これ
  故に」前後関係と因果関係の混同は誤りであること〕の意味を学び、含
  みを持つこの表現に出会ったときに、その使い方が分かるかもしれな
  い。しかし生徒はそれらの手法を自ら使うだろうか。そしてもし使うと
  したら、いつ、どのような目的のためにであろうか。CT は批判的な感
  覚を養うことから非常にかけ離れており、「批判的」という単語には、

実は別の意味 ── 例えば「重要な」と同じような意味 ── が込められているのではないかと疑いたくなる。CT は適切に活用されれば、有用な思考の手法を実際に生徒に習得させることができるだろう。しかし生徒自身が批判的に**なり**、世界に口答えをさせるようにはできない[12]。そのようにするためには、他の方法が必要であり、その1つが子どもを舞台裏に連れていくことである。しかし教師ができることは、他にも数多くある。

反 逆 者 を 育 て る

　子どもは5歳くらいから公正という概念をつかみ、その理想を侵害すると思われるものは何でも非難するようになる。教師はこの原則を基として、公正さを自分の利害を超えたものとして、いかなる人（あるいは集団）に対しても不正が行われるのを受け入れることはできないと子どもに認識させることができる。同時に、実際に起きている不正を気づき、道徳的な憤りの感覚を高め、鋭いものにすることが重要である。その目的は、不正を認識するために必要な洞察力と、それに立ち向かうための勇気を子どもが獲得するようにすることである。言うまでもないが、ここでは一定の価値観を持ち込むことになる。しかしそれは道徳教育の主流である「人格教育」の方向とはまったく異なる ── おそらく真正面から対立する ── 方法によってである。「人格教育」は、既存の価値観に異議を唱えるのではなく、それを受け入れるように子どもを社会化することを目指しているのである[13]。

　ただし、批判的な感性を培うために、社会的・倫理的問題に焦点を当てた授業を特別に行う必要はない。最も重要なのは、通常の授業がどのように教えられるかである。多くの場合、普通の授業の仕方が、受け身の姿勢を教え込む効果を持つことに教師は気づくようになっている。生徒は授業時間の大半を使って、正解を飲み込み、指示に応じてそれを吐き出すのである。このような様子は、前もって計画された通りに進められる場合によく見られるが、より一般的には教科書・テスト・講義という「邪悪な三位一体」による

授業で観察できるものである。

　しかし私は、自らを非伝統主義的であったり、批判的思考の旗手であったりと考えている教師の多くが、おそらく本人も意識しないやり方で、受け身の姿勢を生徒に植えつけてしまうのを見て驚くことがある。最近、進歩主義的とされている小学校の 3 年生と 4 年生の合同クラスで、2 人の教師が別々に算数の授業をするのを参観した。両方のグループの課題は主に、位取りについてのワークシートの問題に対する子どもの答えを見直すことであった。1 人の男の子が、ある問題を解くために考案した上手い方法があると話した。それを聞いた教師は、あまり気のない様子で「そうか、それを知りたいね」と言った。しかし、その口調から、そしてすぐ次の問題に移っていった事実から、その子の考えをより深く検討するつもりのないことは明らかであった。その男の子とクラスの子どもたちは、授業では独創的な思考は求められていないことを悟ったのではないか。他方で、教室の反対にいたもう 1 人の教師は、「彼ら」―― ワークシートを作った名前の分からない人々 ―― が、ある 1 つの指示で何を伝えようとしているのかを子どもに考えさせようとしていた。そのねらいは、遠くにいる権威者の意図を推測して、それらの人々が期待するように行うことであった[14]。

　ある授業 ―― そして授業の積み重ねとしての教室の文化 ―― が、正しい反応をするように子どもを訓練することを目的としているか、あるいは深く理解させることを目的としているかで、非常に大きな違いがある。例えば、正しい答えがあることは明らかである数学でも、確立された解法を敢えて提示しない（あるいは少なくともそれを強調しない）教師がいる。そのような教師は子どもに、自分自身の解き方を見つけ、各々の方法が異なった答えを導き出す理由について話し合うように促す。そのような教師は子どもが正解に到達したときであっても、「他の解き方を考えることはできるかな？」と問うのが通例である。

　これとは対照的に伝統的な方法は、エレノア・ダックワースが述べたように、子どもの考えを読み取って「教師が望むものと合致している」程度を知ることである。ダックワースは「正解を知ることは、何も自分で決めなくて

よく、危険もなく、何かを要求されることもない。機械的であって、何も考えないのである」と言う。そして、子どもに正解を出させようとすることだけに関心を持つことは、「子どもの好奇心と問題解決能力は、子どもが成長したときにどうなるか」という、繰り返し提示される問いに対しての1つの回答である、とつけ加える[15]。しかしながら、このような教え方によって失われるのは、好奇心と問題解決能力だけではない。異議を申し立て、抵抗し、権威に屈することを拒否するような性向にも悪い影響が出るのである。言い換えれば、正しい答えと従来の解法だけを考える姿勢を拒絶しなければならないのは、それが浅い学びだけではなく、無抵抗の受容にもつながるためなのである。

　受け身の姿勢を生み出すような方法を避けることは、単に序の口にすぎないことは言うまでもない。教師はさらに、批判的に考えることのできる学級集団を創り、生徒が授業で習うことについて疑問を持つことのできる機会を日常的に設けなければならない。例えば読み物の選択が1つの役割を果たす。教師がわざと、間違いや著者独自の見解がはっきりと分かる内容を含む資料を提示したならば、生徒は、印刷されているものでも額面通りに受け取ってはいけないと、驚きをもって知るだろう。そうすれば教師は、表面的には誤りや偏りがありそうにない資料にも、それらを含む可能性に気づくことができる姿勢と能力を、生徒が持てるように指導することができる。

　以上のような方針の中には、教師の側の絶妙な技術が必要なものもあるが、いたって単純なものもある。生徒が自分で調べたい疑問を出すよう、積極的に促すことで十分である。もし必要があれば問いの見本を示せばよい。このような機会を普段の授業に組み入れて、どの授業でも、教師が話すことに対して疑問を抱いたり、反論したり、批判したりできるようにすればよい。少なくとも最初は、子どもが小グループでこれを行うようにするのが良いかもしれない。そのことで、イラ・ショーが指摘するように「自信をつけ、協力して自分の考えを作り上げることができ……、課題についての教師の発言によって子どもが黙ってしまうことが少なくなる」[16]。

　また教え方と同様に、何を教えるかによっても大きな違いが出る。ある特

定の教科の授業内容を、異議申し立ての実例を強調するように組み立てることができる。それによって生徒は、絵画や政治や自然科学などで確立されていた様式に挑んだ人々について学ぶ。また別の例としては、単に「隠喩」という単語の意味を示し、文学作品の中でそれを探すように生徒に指示するのではなく、隠喩を現状に対するある種の反抗として紹介することができる。私たちが出会う世界に、異質で深い意味を与えるという作業は、暗黙のうちに現状破壊的な面を持つことになる。

　あるいは、社会科学者のハーバート・サイモンによる、「構造が明確な」問題と「構造が不明確な」問題との区別を考えてみよう。前者は、はっきりと定義され、定められた手順を適用することで解決できるものであるのに対して、後者は複雑で、解くために必要な情報がすべて与えられているとは限らず、解かれたかどうかを判断する基準さえはっきりしないものである。実際の社会では後者の方がずっと現実的である。「今日の世界で本当に重要な社会的、政治的、そして科学的な問題は……すべて構造が不明確」[17] であり、だからこそ、教えられたことに対して疑問を投げかけるよう、生徒により大きな刺激を与えられるのである。

　さらに、批判的な視点を持つようにするための、もう１つ別の具体的提案がある。教師がある分野で、自分自身理解しようと苦しんでいる事柄を強調することである。教師がその問題に対して抱いているであろう情熱によって、生徒もその問題に取り組もうとする気持ちになるであろう。そして同じくらい重要な２つのことを生徒に伝える。１つは、人はどの年齢であっても本当に好奇心を持ち続けられるということ、もう１つは、教師を含めた大人にも、はっきりしないことや、まったく理解できないことがあるということである。後者については、ある特定の領域で、専門家であってもまだ十分に理解できていないこと —— つまり、解明されて**いない**こと —— を話し合うことを中心とした授業をすることでも、示すことができる。あるいは、教師は「同等の立場にある専門家が、重要な学問的課題で、真っ向から対立した見解を持っているもの」を示すこともできる。そして生徒に「専門家たちがそれほど異なる結論を導くことがどうしてあり得るのか」[18]、世界の中で絶対的

に確実であると思われている非常に多くのことが、どうして疑われたり覆されたりするのかを尋ねるとよい。

　そのような問題ではなく、基礎的な事実や技能を扱う場合でも、教師は、当然のこととして受け入れられている多くのことが、そうではなくなることもあると強調できる。1 ポンドが何オンスかを知ることは役に立つが、それ以上に大切なのは、1 ポンドを 16 オンスとすること、あるいはそもそもポンドを重さの単位として用いることに、必然的な根拠は何もないと理解することである。同様に単語の「正しい」――つまり慣習的であるにすぎない――つづりがどれほど恣意的であるかを知ることも重要であろう。そのために、複数のつづり方が認められている単語や、つづり方が時代とともに変化してきた単語を含む分を示すことができる（"My *loveable advisor* cancelled our meeting about the *esthetic* features of the new *catalog*."）〔訳註　イタリック体の各単語の別のつづりは lovable、adviser、aesthetic、catalogue である〕。言い換えれば、生徒が身につけなければならない基礎的な知識に対しても、その意味を考えたり、批判的に捉えたりする姿勢を取ることができるのである。

　読解については、十分に考えられた課題を提示することでとりわけ、文章の筆者へのより鋭く、より積極的な反応を促すことができる。子どもが読んだものについて同意するかしないかを尋ねるという、つまらないことは止めてもよい。「同意する、あるいは同意しないのは**どうして**ですか？」という問いは、子どもに振り返りの機会を与える点で幾分良いであろう。しかしこの問いも理想的ではない。何よりも、ここでは答えの可能性は 2 つしか示されていない（議論となっている問題について「賛成」・「反対」の対立する文章を収めている論文集のように、ある主張を支持するかしないかで議論させる課題も、単純化され、間違った方向に導く二元的思考を生徒にさせることになる）。生徒には重要な問いについて、賛成か反対かを決めるだけではなく、多様な側面を考える視点を築くようにさせるのがよい[19]。

　生徒が読んだものについて、それに賛成か反対かではなくて、それについてどう考えるのかを尋ねることは、この問題の 1 つの解決法であるように見

える。しかしここでも注意が必要である。どちらの問いも、生徒の意見が物事を評価するための固定した参照点であるという前提を持っている。それは、文章を読むなどして新しい見方に触れた結果、自分の意見が変わることもあるという可能性を排除している。そのため、「これを読む前には持っていなかったが、今は持っている疑問は何か」と尋ねることが、**学び**が行われた可能性を認めることにより強く結びつく。

　ここで示唆されているのは、生徒は読んだものに疑問を投げかけ、教えられたことに異議を唱えると同時に、自分自身の考えについても疑い、反駁してみるべきであるということである。これが知識構成主義の第一歩である。学習が成立するのは、新しい体験から自分自身の考えを再構成すること余儀なくされたり、それまでの自分の考えと新しく触れた考えが簡単には両立しないことに気づいたりするときである。とはいえ、様々な考え方を知って、より効果的に活用できるようにする学習が、同時に異議申し立ての姿勢を強めるとは限らない。他人の考えだけを批判的に捉えることは、傲慢さと知的停滞を招くが、自分の考えだけに批判的であれば、臆病さと優柔不断となる。

　もちろん、生徒が正しくバランスを取れるようになるのには時間がかかる（ここで私が述べていることのどれについても同様であるが）。深い探究や批判的評価は、教育内容が詰め込まれすぎていたり、学習が厳密な予定に合わせて進められたりする場合には、たいして実現されない。最悪のケースは、工場の流れ作業のような高校で、短時間の授業が続くときであるが、小学校教師の多くも、それと同じくらい悪いことを、自ら子どもに強制しているのである。例えば、教師自身が決めた時間割が黒板に掲示されていて、それが「理科の教科書を出す時間だ」と告げているために、大統領選挙についての議論を打ち切る場合である。

　これまで述べてきた提案に共通する内容は、生徒がより良く学べるようにする教え方と、生徒が体験する社会に対して異議を唱えることを促すような教え方が、良い形で共存することである。これは、ここで議論しているような特定のテーマや方法についてだけではなく、知的発達を促進するために提唱されている包括的な目標についても当てはまる。デボラ・マイヤーらに

よって提唱された、5つの「心の習慣」を考えてみよう。ほとんどどんな
テーマであっても、それを学ぶときには、次の5つについての問いを発する
ことが有益であるとマイヤーらは主張する。すなわち、**根拠**（「私たちの知
識はどのようにして得られるのか」）、**視点**（「これは誰から見たものなの
か」）、**関連**（「これとこれはどう関係するのか」）、**仮定**（「これ以外にどのよ
うな可能性があるだろうか」）、そして**妥当性**（「これはなぜ重要なのか」）で
ある[20]。考えて見ると、これらは「心の使い方」、つまり反論したり、否定し
たり、意見を述べたりする場合の習慣でもある。（例えば標準テストの得点
を基準にしてではなく）マイヤーが提案する問いによって授業を進める教師
は、生徒が権威に対して懐疑的になり、さらに勇気を持つまでになるよう促
すであろう。

　そうであれば、非常に多くの生徒が、非常に多くの時間を費やして技能の
反復練習をしたり正解を暗記したりすることを強いられるのはどうしてであ
ろうか。それはおそらく、現状を維持することを考えている人は、子どもが
（あるいは大人も）自信や有能感を持つことを好まないためであろう。パウ
ロ・フレイレは、「知識を貯蔵庫である生徒の中に預け入れるという『貯蓄
型』教育の考え方」が、人間を「適応可能で、管理できる存在」と見なすこ
とは不思議ではないと指摘している。そして「生徒が自らに託された預金を
貯めることに励むほど」──これはほとんどの宿題についての巧みな要約に
なっているのであるが──「批判的な意識を発展させることはできなくな
る」と述べるのである[21]。換言すれば、保守的な人が、構築主義、学習者中
心の指導、〔つづりや発音よりも、文脈の中での意味理解を強調する〕ホー
ル・ランゲージなどに反対する理由は十分にあるのであって、逆にそのよう
な指導法を推進する人々の多くが、社会的・政治的な進歩主義者であること
にも十分な理由があるのだ[22]。

　多くの思想家や政治家は、教育は基本的に、子どもに対して一組の文化的
な信条を伝達し、次の世代に諸制度と諸価値を再生産することであると考え
ている。保守派はその定義から、この立場を取ることが多い。しかしアメリ
カでは、多くの論点についての議論の幅が狭められて、主流派の論者の間で

は、意見の相違より一致の方がずっと多くなっているが、社会が敬意を払って意見を聞こうとするのは、このような主流派の論者だけなのである。基本的な前提は、政治的立場の違いを越えて広く受け入れられている。そのため例えば、クリントン大統領や民主党議員の顧問を務めた政治理論家であるウィリアム・ガルストンが述べたように、国家は「生徒が自分の生き方について懐疑的あるいは批判的に考えられるように要求するような、あるいはそれを強く推奨するような教育課程や教授法を提供」しないであろう。ネル・ノディングズは、この注目すべき発言を引用した後に、次のようにつけ加えている。「そのような言葉を聞いて、ソクラテスは嘆くだろう。しかし彼の時代において批判的思考を警戒していた人は、ソクラテスをどうすればよいか分かっていたのである」[23]〔訳註　ソクラテスを裁判にかけ処刑したことを指す〕

教室の雰囲気と文化

　異議を申し立てることは、未知の領域に乗り出すことであって、そのような危険を冒すためには、先ず安全の感覚を身につけなければならない。生徒も、自分自身と周囲の人にとって、意味はあるが受け入れがたいことを推し進めようとするときには、先ず安心感を持つ必要がある。これは注目を集める異議申し立てにも、高度な思考にも当てはまる。ある教育家は、「認知の感情的側面」を考究することの必要性を主張する中で、生徒が「異議を申し立てるような性格を持ち、曖昧さを伴い、反省的な行動も必要である思索を行うためには、問題をはらむ状況を理解できる能力が自分にはあるのだという自信を持っていなければならない」と強調した[24]。これは、生徒が実際に状況を、問題をはらむものに**しようとする**場面でもあてはまることである。
　気質の違いによって、他人よりも自信や安心感を持ちやすい生徒もいるが、教師はすべての生徒と協力して、思いやりのある学級の共同体を作り出すべきである。そこでは、皆が尊重され、助けられていると感じ、質問をしたり新しい考えを提案したりすることでばかにされる心配はしない。

　異議申し立てを行いやすい学級を創ることは、教師が何をするかの問題であると同時に、何をしないかの問題でもある。また教師の性格（暖かく受容的か、冷たく威嚇的か）の問題であるとともに、教えることと学ぶことがどのような形で進められるかの問題でもある。私の関心は、教師が微笑んだり、頷いたり、抱きしめたりするかどうかだけではなく、教師が、嫌がらせをなくし、引っ込み思案の子どもが安心して発言できる方法を話し合うという目的を明確にした学級会を設定するかどうかにもある。また子どもの評価が公開されるかどうか、課題に成績がつけられるかどうか、子どもが学んでいる**内容**以上に、学校でどのくらい**良い結果**を出しているかを意識するようになっているかどうかにも関心がある。子どもを支える姿勢を見せる教師（「「ああ、もう少し！」「今度はもっとうまくできるよ！」」）の授業でも、何を学ぶかよりも、どのくらい良くできるかが大きな関心事であることが多い。そして生徒は、自分の出した結果を判定する相手に異議を申し立てることには躊躇するであろう。人類学者のジュールス・ヘンリーはかつて、「大半の学生は落第しないために、教わったことをすべて信じて、それが正しいか誤りかなどは考えない」[25]と述べた。そのような教室の隠れたカリキュラムが伝えるのは、権威である教師の気に入るように振る舞うにはどうすればよいかであって、自分の考えを展開し教師に立ち向かうにはどうすべきかではない。

　ここで補足しておくべきは、相互批判や反抗が奨励されてはいても、同時に安心でき支え合う学級であり得るということである。数年前に、協同学習の泰斗であるデービッド・ジョンソンとロジャー・ジョンソンと、数人の教え子（現在では経営理論家となったディーン・ジョスヴォルドなど）は、「協同的対立（cooperative conflict）」あるいは「建設的論争（constructive controversies）」という概念を定式化した[26]。その前提は、ある人が成功するためには他の人が失敗しなければならないような敵対的な環境と、意見の違いを認めず対立を回避する環境とは、二者択一ではないということである。どちらの環境も望ましくない。私が以前述べたように、競争、言い争い、他者に打ち勝たなければならないという義務感に満ちた環境は常に不安を感じ

させるものである。しかし同調性の強制を特徴とするような環境も、勇気や効果的な問題解決を生み出すものにはならない。1920年代にゼネラルモーターズを経営していたアルフレッド・スローンが役員会で話したとされる言葉はそれを示している。「この決定に皆が完全に同意していると考えていいのか。もしそうであれば、この件についての議論は次の会議まで延ばして、意見の不一致を見出し、できればこの決定が一体何についてのものなのかを理解するための時間を確保しよう」。

　協同的対立は、協力と不一致の各々の良い部分を示している。つまり意見を対立させる情熱が、思いやりのある共同体の中に存在するのである。授業はこの組み合わせを念頭に置いて組み立てることができる。そして両方の要素が教室の中に存在すること自体によって生徒は、礼儀にかなった意見の不一致、競わない形の言い争い、あるいはジョンソン兄弟がかつて「不安定な状態へ安心して挑戦すること」と呼んだものが可能であることに気づく。

　理想的には教師は、生徒が互いに反駁し合うだけではなく、生徒が**自分に**対しても異議を唱えることを受け入れるのがよい。これは先に述べたように、生徒を舞台裏に連れて行き、教師自らの権威を「脱神話化」することの論理的帰結である。しかし多くの教師にとっては到達するのが難しい帰結でもある。誤解しないでほしいのであるが、教師は子どもに自ら考え、意見を主張して、道徳的な勇気をもってほしいと願っていると私は確信している。しかし、その場合の相手は友人である。教師は皆、生徒が周囲からの同調圧力に屈しないことを願っているが、心理学者のロバート・デラティが指摘したように、「特定の文脈の中でしか、子どもが受動的であることを心配しない」。教師は子どもがいじめられることは望まないが、大人からの指示には無批判に従うことを求めるのである[27]。

　教師はどっしりと構えて生徒からの異議申し立てを歓迎し、自己弁護をしたり、基本的に教師がすべてを決めるようなやり方に戻ったりしないようにすべきである。そして自覚しておく必要があるのは、教室を教師の管理下に置き、その状態を維持しようとすれば、生徒の社会的、道徳的、知的成長は損なわれるということである（非常に多くの学級経営のマニュアル本では、

厚かましくも教師に反駁してくる子どもに打ち勝つにはどうすればよいか、子どもの異議をかわしたり、できれば事前に押さえ込んだりするにはどうすればよいのかについての助言が述べられている。このような本は、何をすべきではないか、そしてどのようにすべきではないかの最上の見本となる[28]）。

　私の助言を受け入れるために特別な専門性は必要ではない。自分の生徒からの挑戦を進んで受け入れるには、技能よりも意思が必要である。しかし2人の専門家は、生徒からの挑戦を受け入れることについて、さらに一歩進めるための興味深い方法を提案している。フランク・スミスが提唱するのは、教師と議論する能力を持ち、進んでそのようにするもう1人の大人を教室に入れることである。これによって生徒も同様にするよう力づけられるであろう。少なくとも、教師を絶対的な権威と見なして、その考えを受け入れなければならないとは考えなくなるだろう[29]。

　他方、児童の発達の専門家であるマリリン・ワトソンは、子どもの意見が重要であることを（注意深く耳を傾け、子どもの見方を尊重することで）はっきりと分かるようにすると同時に、「大人の立場を正当化するための議論に力を入れ、大人の論理で子どもを圧倒してしまう」ことをしないようにと提案する。そして、むしろ「子どもが自らの意見の根拠を示すことができるよう促すべきである。たとえ子どもの意見に同意できないとしてでも、そうである。また子どもが自らの意見をきちんと説明できるようにしたり、さらには子どもの視点からの最良の議論をまとめたりすべきである」と述べている。つまり最終的な目標は、教師の立場を押し通すことではなくて、子どもが教師（あるいは他の大人）に異議を申し立てるよう強く促し、子どもがより説得力をもって議論を構築する方法を身につけるのを支援することなのである。子どもが礼儀に適った形で行う限り、言い返すことができるようになってほしい。またその方法に上達してほしいと私は考える[30]。

　教師が生徒に対して持つ権威ある地位という居心地の良い場所を放棄するように提案するのは、教師に多くのことを求めることになる。それはとりわけ、**教師自身**が、幼稚園から大学院まで、とりたてて素晴らしい見本となるような指導者と出会っていない場合に当てはまる。また、教師・生徒関係や

学校教育の目的についての基本的な考え方を見直すことによって、実際に学校が変わることが可能になるためには、政策上の問題として、教師が専門職として扱われ、自らの判断で事を行えるように信頼されることが必要である。教師が安心して危険を冒すことができてこそ、生徒も同じように感じられるクラスを創ることが可能になる。自分自身が持っていないものを他者に与えることは難しいのである。多くの指示を受け、命令に従うよう脅かされている教師が、生徒に対して反抗する勇気を持つよう促すことは稀である。

　教員養成学校は、ここで根本的な選択をしなければならない[31]。教師を養成する教育者は、学生が出会う教育の現実に対処し、与えられた条件の中で成功するように、学生を適応させることもできるが、他方で学生に根本的な問いを発するよう勇気づけることも可能である。後者を自分の使命であると考える教育者は、未来の教師に対して、仕事を十分に遂行するために必要なものだけではなく、これまで規定されてきた教師のあり方を考え直し、実際に変えていくために必要なものも与えることになる。新しく教員養成学校の教員となった人は、様々な教育理論を知っていることが有益かもしれないが、同時にヘミングウェイが「優れたゴミ検知器」と呼んだもの〔正しいことと間違っていることを区別する能力・方法〕も必要である。大学を卒業した時点で、人は間違っているものと闘うことができ、またそうしなければならないという信念を抱いていなければならず、視線を下にして、間違っているものがそのうち消えることを望むような態度は取るべきではない。

　教員養成に当たる教育者は、自分の教室で何が進行しているのかを細かく点検することが必要であろう。自らを批判的に考える人間であり、進歩主義者であり、さらに現状を根源的に否定する存在であると考えている大学の教員が、正統的ではない考え方を伝えるために、正統的な教授法に頼ることは珍しくない。そのような教育者の授業は、学生と**ともに**進めるのではなく、学生に**対して**一方的に行われる。授業開始前にすべてのシラバスが書かれる。教員の中には、もっぱら講義形式で授業を進め、話し合いで正解だけを探り出し、それによって成績評価を行う人もいる。そしてこれが、主に学生が学んでしまうものである。つまり、教室とは扱う内容について考える場で

はなく、生徒が黙って聞き事実を暗記し、そして良い得点の取り方を探す場
であるという考えである。理想を言えば、教員養成の教育者は、伝統的な方
法に頼っていることを考え直すとともに、自らの授業で、私がここで述べて
いるようなことを行ってみようとすべきである。その手始めとして、学生を
楽屋裏に連れて行き、(「教えることについて教える」ことを含んで) 教える
過程をありのままに伝えることができる。

　誰を教えるか、何を教えるかにかかわらず、学習者が能動的で批判的な姿
勢を持つように促すための方法がある。本章で述べた方策がすべてではない
ことは明らかである。それどころか、この同じ目的を実現するために有益
だった方法について、多くの教師から自らの経験を伝えてもらえればありが
たく思う[32]。私たちはお互いの考え方から学び合い、そして適切な形で批判
し合うべきである。しかし最も重要なのは私たちの基本的な姿勢であって、
それは私たちの学生 —— 未来の教師、親、市民 —— が、確実に自らの立場を
主張する能力を持つとともに、進んでそうすることを目指すことである。

【原註】

1)　例えば、Donald Graves, Nancie Atwell, Regie Routman, and Donald Murray の研究を参照。

2)　John Seely Brown, Allan Collins, and Paul Duguid, "Situated Cognition and the Culture of Learning," *Educational Researcher*, January/February 1989, pp. 32-42. Schoenfeld 自身は、生徒は教師が問題を解くのを見ていないだけではなく、自らも問題を解くようになっていないと主張する。「丸一年間私たちが観察した〔非常に評判の良い郊外の高校の〕10 あまりの教室のいずれでも、生徒は、本当に難問と言えるほどの数学の課題に取り組んではいなかった。生徒がしていたのは、練習問題であった。つまり比較的狭い範囲の学習内容の寄せ集めを習得したことを示すための、短時間で終えられる課題である。そこで目指されているのは、数学的思考ではなく、知識と手順の丸暗記であった（Alan H. Schoenfeld, "When Good Teaching Leads to Bad Results: The Disasters of 'Well-Taught' Mahematics Courses," *Educational Psychologist*, vol. 23, 1988, pp. 159, 164）。

3)　私は見本を示すことや寛容さについての研究について、*The Brighter Side of Human Nature*（New York: Basic Books, 1990）で検討した。見本を示すことについての問題を提起した研究は以下のものである。"Do Good Samaritans Discourage Helpfulness?", *Journal of Personality and Social Psychology* 40 [1981]: pp. 194-200.

4)　John Holt, *How Children Fail*, rev. ed.（New York: Delta, 1982）, pp. 282-83. 私が推測するに、これと同じ理由によって、Deborah Meier が設立した Boston の Mission Hill School では、正面事務室を生徒がパソコンを使ったり、立ち寄ったりする広い部屋の中に置いているのであろう、職員の話し合いや通話に隠すことはない。ほとんどの点で、学校経営に関わる内部の仕事を、意図的に外部から見えるようにしているのである。

5)　このやり取りは、Richard T. White, "Raising the Quality of Learning: Principles from Long-Term Action Research," in Fritz K. Oser et al., eds., *Effective and Responsible Teaching: The New Synthesis*（San Francisco:

Jossey-Bass, 1992), p. 55 で述べられている。

6)　他人の決めたことに従うよう長年教えられていれば、自分で決めるように促されると困惑するかもしれない。この点は私が 10 年以上前に指摘した問題であって、ある記事の最後で、もっと生徒の意見を取り入れることが重要であると強調した。その時に私は、生徒の側の抵抗感は 3 つの形で現れることを指摘した。つまり、選択をすることを**拒む**（「先生なのだから、決めるのも先生の仕事！」）、教師を**試す**（とんでもない提案や答えを出して、教師がともに決めることにどのくらい真剣なのかを見る）、**オウム返しをする**（教師が言いそうなことを繰り返したり、教師が望むことを推測したりする）。"Choices for Children," *Phi Delta Kappan*, September 1993, pp. 8-20.（https://www.alfiekohn.org/article/choices-children/ で閲覧可能）を参照。

7)　さらに、常識に疑問を投げかける機会を嬉しく思い、教師をともに学ぶ仲間と考えるような生徒にさえも、大人が本人の言うとおりの人間であることを納得させることが必要である。Carl Rogers がかつて述べたように「生徒はとても長い間 "騙されて" きたので、生徒に自分の生の姿を見せる教師は、しばらくの間は、単に新しい形の虚像を示しているだけだと思われる。*A Way of Being* (Boston: Houghton Mifflin, 1980), p. 273 を参照。

8)　Norm Diamond, "Defiance Is Not a Disease," *Rethinking Schools*, Summer 2003, p. 13.

9)　Feynman のこの言葉は、その著書である *The Pleasure of Finding Things Out,* で紹介されている。これが David Berliner の論文に引用され、さらに Gerald Bracey のコラム（*Phi Delta Kappan*, April 2004）で引用された。

10)　権威に「口答えをする」ことは、雑誌 *Rethinking Schools* の編集者が、作家の bell hooks の言葉として、2003 年に刊行した *Rethinking School Reform* という本の中で使っている。このような考え方は、学術的理論家によって述べられることもある。しかしながら従来の教育を批判するためには、複雑に絡み合った、人を拒絶するような尊大な言い方を 1 つ 1 つ理解していくことが要求されるのである。例えば「解放的実践」「問題提起的議論」「言語的覇権」「重要性の葛藤領域」などである。このような問題を扱った多

くの文献には、確かに有益な考え方が潜んでいるが、それらを読むと、何百人の学者と大学院生が、互いに話し合っていて、少しの言葉で十分であるのに、多くの言葉が使われている（その多くは理解不能である）という印象を持つ。他方で 10 歳の子どもは依然として、教師は何でも知っていて、教科書は常に正しく、間違えるのは子どもだけで、教育とは正解を憶えることだと考えるよう訓練されているのである。

11)　これは本当に流行していたが、やがて「総合的品質管理（Total Quality Management)」に取って代わられた。その後も、「成果に基づく教育（Outcome-Based Education)」、「脳科学に基づく教育（Brain-Based Education)」、「個別化された指導（Differentiated Instruction)」が続いた。他にもあったかもしれない。

12)　これらの CT 批判のいくつかは、それ以外のものも含めて、*Perspectives in Critical Thinking: Essays by Teachers in Theory and Practice*, Danny Weil and Holly Kathleen Anderson, eds., *Perspectives in Critical Thinking: Essays by Teachers in Theory and Practice*（New York: Peter Lang, 2000) の寄稿者が提起している。

13)　私の "How Not to Teach Values: A Critical Look at Character Education," *Phi Delta Kappan*, February 1997, pp. 429-39.（https://www.alfiekohn.org/article/teach-values/ で閲覧可能）を参照。これは、先に挙げた "Choices for Children" とともに、*What to Look for in a Classroom . . . and Other Essays*（San Francisco: Jossey-Bass, 1998) に収められている。

14)　「数学的知識について限定的にしか理解していない教師は……数学の教科書を……秘密ではあるが権威ある資料として扱う。教師と生徒は "**教科書が何を求めているか**" を解き明かそうとともに取り組むのである（Magdalene Lampert, "Knowing, Doing, and Teaching Multiplication," *Cognition and Instruction* 3［1986］: p. 340)。Lampert が正しいのは、この現象が、教師の数学分野での専門性の欠如の結果であると指摘している点だけだと、私は考える。権威への態度 —— 教師自身の態度と、教師が生徒に教え込みたいと思っている態度 —— も影響していると思われるのである。

15)　Eleanor Duckworth, *"The Having of Wonderful Ideas" and Other Essays on Teaching and Learning* (New York: Teachers College Press, 1987), pp. 131, 64, 6.

16)　Ira Shor, *Empowering Education* (Chicago: University of Chicago Press, 1992), p. 71.

17)　Herbert Simon の論文 "The Structure of Ill-Structured Problems," *Artificial Intelligence* 4 [1973]: pp. 181-201 は、Norman Frederiksen, "The Real Test Bias," *American Psychologist*, March 1984, p. 199 に引用されている。Frederiksen はこの区別を指摘して、標準テストには構造の明確な問題しか含まれておらず、それが標準テストが最も意味のない能力しか測定できない1つの理由であると主張する。

18)　Chet Meyers, *Teaching Students to Think Critically* (San Francisco: Jossey-Bass, 1986), p. 47. Meyers は続ける。「各々の学問は、何らかの形で探究に関わっている。精神病について正反対の理論があり、歴史の解釈で対立し、経営に関して異なった理論がある。そして、『本物の』芸術を構成するものは何かについての意見の不一致がある」。

19)　この種の討論について読み、それに加わることの別の弊害は、考えたり、議論したりすることに対して敵対的な姿勢を生徒に受け入れるよう促すことである。生徒が自分の意見を主張することは望ましいが、学ぶために主張することと、相手に勝つために主張することは違う。競争という要素が一度入ってくれば、学ぶこと――そして最終的には真理を探究すること――が行われなくなるのである。

20)　Meier は、これらの心の習慣について、その著書 *The Power of Their Ideas* (Boston: Beacon, 1995) や、その他の著作の多くの中で論じている。

21)　Paulo Freire, *Pedagogy of the Oppressed*, trans. Myra Bergman Ramos (1970; reprint, New York: Continuum, 1993), p. 54. Ira Shor は次のように述べる。「すべての形の教育は政治的である。なぜなら、生徒が疑問を持つ習慣を伸ばすことも抑えることもでき、それによって、知識、学校教育、そして社会全体について生徒が批判的に捉えることを、可能にも不可能にもする

からである」。そのため「伝統的な授業での丸暗記や技能習熟の練習は、単に生徒を退屈にさせ、間違った教育をするだけではなく、同時に、生徒の公民としての成長や情緒的発達を妨げるのである」(Shor, pp. 12-13, 18)。

22）ホール・ランゲージが、批判を受けるようになるずっと以前に、ある調査では、教師がこの方法に取り組むことと、その教師が社会・経済的問題にリベラルな見解を持っていることとの間には、.86 という高い相関関係が示されていた。この事実は、D. H. Creek が 1993 年の the American Educational Research Association の会合で報告し、Steven A. Stahl, "Why Innovations Come and Go (and Mostly Go): The Case of Whole Language," *Educational Researcher*, November 1999, p. 18 で引用されている。

23）Nel Noddings, *Happiness and Education* (Cambridge: Cambridge University Press, 2003), pp. 223-24.

24）Terry Wood, "Events in Learning Mathematics: Insights from Research in Classrooms," *Educational Studies in Mathematics* 30 (1996): 86

25）Jules Henry, *Culture Against Man* (New York: Vintage, 1963), p. 297.

26）例えば、David W. Johnson, Roger T. Johnson, and Karl A. Smith, "Academic Conflict Among Students: Controversy and Learning," in Robert S. Feldman, ed., *The Social Psychology of Education* (Cambridge: Cambridge University Press, 1986); そして、Dean Tjosvold, "Making Conflict Productive," *Personnel Administration*, June 1984, pp. 121-30 を参照。

27）University of Maryland の心理学者である Robert Deluty との 1989 年の私信。

28）私はこの問題について、*Beyond Discipline*, rev. ed. (Alexandria, Va.: Association for Supervision and Curriculum Development, 1996)、特に "The Value of Conflict," pp. 74-77 の部分で論じている。

29）Frank Smith, *Insult to Intelligence* (Portsmouth, N.H.: Heinemann, 1986), p. 201.

30）Marilyn Watson は、*Learning to Trust: Transforming Difficult Elementary Classrooms Through Developmental Discipline* (San Francisco: Jossey-Bass,

2003）の著者である。 ここで引用したのは、1989 年と 1990 年の私信から
である。

31）　この段落と次段落は私の "Professors Who Profess," *Kappa Delta Pi Record*,
Spring 2003, pp. 108-13 を基にしている。

32）　私への連絡は、https://www.alfiekohn.org からお願いしたい。

3 頭を叩かれる練習

（Education Week　2005 年 9 月 7 日）

　ある教育上の取り組みに対して否定的な見解を持っているが、自分の反対意見を説明できる良い理由を思いつかないとしよう。それでも方法はあるのだ。つまりいつでも「人間の本性」という議論を持ち出すことができるのである。例えば、子どもが思いやりや共感力を持つようにするのが良いことかどうかは、考えなくてよい。あるいは人種隔離を撤廃するために取り組むことの善悪も関係ない。単に、誰でも結局は自己利益によって動かされている、あるいは人は本来的に自分と同じ人間と一緒にいることを好むのだと主張するだけでよい。これで終わり！　変革をもたらそうとする試みはすべて、善意に基づいてはいるが非現実的なのである。

　反対に、賛成するものを見つけた場合には、それを支持するための論理やデータは必要ではない。自分が気に入るものは人類の生まれ持った性向に根ざしていると言えばよいのである。*Education Week* 誌のアーカイブを調べると、様々な論者がこの方法を用いて、多くの異なる政策への支持を表明していることが分かる。例えば、標準テスト（「成果が測定される場合に、その成果が高まるのはまさに人間の本性である」）、外発的動機づけ（「人間の本性が……常に求めるのは、成果を最大にするための、なされた努力に見合うだけの報酬が与えられる可能性である」）である。また、親が学校に関する政策に関心を持たないこと、教師の側が「改革」に抵抗すること、さらに大学生の男子を 1 年留め置いて、競技の機会を増やすこと（「レッドシャーティング」）までもすべて、簡単に人間の本性によるものであるとされている。

　このような主張には、決して証拠が伴っていない（おそらくそもそも存在しないからである）が、議論を封じるには非常に効果的であることは間違いない。このような言語による策略が用いられると、それにどう対抗してよいか分からなくなる。非現実的なことを擁護したり、不可避なことを否定した

りするのは難しいからである。

　そして、自分の見解について実質的な根拠を示すことをしたくない人にとって、また別の方法がある。そのような人は、人間的で子どもを尊重する教育的な取り組みに対して次のように言える。「それは確かに素晴らしいが、子どもが大きくなって人生とはそんなものではないと分かったとき、どうなるのだろうか」と。人間の本性と同じように、暗い将来を持ち出すことは、2つの方向に働く。つまり、自分が反対する方法を攻撃する方向と、自分が支持する方法を主張する方向である。私はこれまで数え切れないほど、ある方針が非常に悪いものであると批判されても、それに反論する人の意見を聞いてきた。そのような人は、子どもは将来どこかでそれを経験することになるのだから、今から備える必要があると言うのである。

　このような理屈は、特に教育内容に関わる議論でよく用いられる。たとえある授業で、知的なメリットを与えることがほとんどなくても、いずれにしろ子どもはそれを我慢しなければならない。なぜならば、それによって、次の学年で出会うものに子どもを備えさせることになると誰かが判断したからであるというわけである。幼児教育の専門家であるリリアン・カッツはこれを「垂直的関連性」と呼んだ。それに対して「水平的関連性」は、子どもの学びが、現在の子どもの生活の他の側面と結びついているために、意味を持つものになるということである。

　垂直的関連性による正当化は小学校段階に限らない。多くの中学校の数学教師は、日々の授業で知識や解法を繰り返し教えているが、それが理解を深めたり興味を高めたりするための最善の方法であるからではなく、単に生徒が高校に行ったときに、そのような内容を知っていることが必要であるためである。優れた教師でさえも、日々悪い教え方をしている。それは生徒が将来出会うことになる、もっと悪い教え方への準備をさせないわけにはいかないからである。

　現在の「より厳しい基準」へ熱狂的支持も、非常に多くのことを、非常に早い時期から教えることを教師に強制するだけでなく、垂直的な理屈づけを強調する。その支持がテストへの対応に基づいていることが1つの理由であ

る。ここでも「子どもに準備させる」ことが、それ以外の点では理に適っていないと思われることを正当化する十分な理由となっているのである。子どもの発達の専門家はほぼ全員一致して、幼い子どもに対して標準テストを行うことを批判している。アイオワ州のある校長は、小学1年生に4時間半ものテストを受けさせるのは「正気の沙汰ではない」と多くの教師も思っていると認める。しかし、「子どもたちはテストに慣れなければならないのです。これがすべての反対論を押さえる命題です」と言う。それどころか小学1年生まで待つ必要があるのかという議論もある。カリフォルニア州のある校長は、まったく同一の表現で、幼稚園児にテストを受けさせることを正当化する。つまり「子どもたちがスタンフォード9のような標準テストを受けるのが早くなればなるほど、それだけ早く慣れてくるということが私たちの考えです」。

　このようなそれに慣れたほうがいい（BGUTI〔Better Get Used To It〕）という原則とでも呼べるものは、他の事柄についても、適用されている。

・伝統的な成績評価は、学習の質と学習への興味を低下させ、より難しい課題に取り組む姿勢をなくすことが示されている。しかし、先になれば子どもの努力は文字や数字として表現されるという事実が、今から子どもにそのような成績を出すことを正当化する充分な理由となるのである。

・小学生に宿題を課すことが、学業面あるいは意欲の面で何らかのメリットを持つということを示している研究は存在しない。しかし、メリットがないと分かっている教師でさえも、宿題を正当化してしまうのである。その根拠は、宿題が、時間を浪費し、不安を増大させ、意味を持たないとしても、子どもが大きくなったときに課せられる宿題をするのに慣れさせるのに役立つだろうというものである。ある研究者は、宿題が不快なものであればあるほど（そして不必要なものであればあるほど）、子どもに嫌なことへの対処法を教えることになり、一層大きな価値を持つという意味のことを述べている。

・子どもを互いに競争させる状況に置いて、他人が失敗しなければ自分は成功できないようにするのは、勝者にとっても敗者にとっても、精神的な健

康、対人関係、内発的動機づけ、そして最終的な成績に対して悪い影響を与えることは研究で明らかになっている。しかしそんなことはどうでもよい。幼い子どもは競争させられなければならない。なぜなら私がそう考えているからである。

もちろん、読者の多くはこれらのことを、それ自体としては望ましいと見なしていることは私も理解している。激しい競争によって子どもは最善を尽くすかもしれないし、教師が生徒に成績をつけることは評価の建設的な形であるかもしれない。標準テストは学習で最も大切な側面を正しく評価するものであるかもしれない。さらに子どもは丸一日学校で過ごした後、宿題を持って帰宅すべきであって、そのメリットが研究によってどのように示されているかは関係ないのかもしれない。私が不満を感じているのは、以上のような信念を抱いている人ではなく、このようなことは望ましくないかもしれないと思いながら、BGUTI の考え方によってそれを認めている人である。

たとえある事柄が年長の子どもには意味があるとしても——これ自体非常に疑わしいが——同じことがより年少の子どもとっても適切であるとは言えないのである。その定義上、BGUTI による正当化は、発達段階による違いを無視している。それが想定するのは、幼い子どもも将来の年長の子どもとほぼ同じようなものと見なされるべきであり、すべての子どもは大人の小型だということである。そのような教育は、デューイの見解とまったく反対に、生きる過程ではなく、単に将来への生活への準備にすぎなくなる。

しかし問題は準備であるだけではない。つまらないものへの準備なのである。生徒は魅力的な教育内容を生み出すことに参加すべきだと私が主張すると、人生はいつも面白いわけではなく、子どももその事実に対処できるようにすべきだとする、怒りの込められた反応を受け取ったことが何度もある。このような反応の背後にあるのは、学校教育の目的は学ぶことへの情熱を子どもの中に培うことではなく、退屈な雑用をするのに子どもを適応させることであるという考えである。ジョン・ホルトがかつて述べたように、人生が本当に「苦役で、延々と続く退屈な仕事」でしかないと思うなら、「『私は自らの人生を多くの喜びや意味に満ちたものにする機会を逃してしまった。子

どもたちにはもっと良い人生が送れるように教育してほしい』と言う」こと
が望ましいだろう。

　別の例を示そう。子どもに報酬や罰を与えたりするのを正当化するため
に、これらの統制方法は大人にも広く用いられているという理由を挙げるこ
とは広く見られる。そして実際に、何らかの報酬を受けるためだけに善いこ
とをしたり、反社会的なことをして捕まったら自分にとって悪い結果となる
と心配して、そのようなことを避けたりする大人は多数いる。しかし私たち
の子どもにも、そのような大人になってほしいのであろうか。

　このことから、BGUTI の考えが依拠する非常に重要な、しかしほとんど
明示されない前提について考えることができる。その前提とは、心理的に見
て、将来出会う悪いことに子どもを備えさせるための最良の方法は、今子ど
もに悪いことを経験させるというものである。これはモンティ・パイソンの
「頭を叩かれる練習」というコントを思い起こさせる。生徒が怯んで痛みの
あまり泣き叫ぶと、教師は「ダメ、ダメ、ダメ。頭をこのように抱えて、そ
してこうだ！“ワーッ”もう一度」と言って、もう一度叩く。おそらくこれ
は非常に有益な訓練である、再び頭を叩かれる経験に備えるには……。

　しかし実際には、幼いときに故意に不幸な体験をさせられたからといっ
て、大人になってから不幸な状態により適切に対処できるようになるとはか
ぎらない。むしろ、成功と無条件に受け入れられる体験こそ、将来の問題状
況に建設的に対処することを促すのである。単に子どもが大きくなったとき
に、他の人から同じことをさせられるからという理由だけで、子どもに競争
や標準テストや宿題を強制することは、環境の中には多くの発がん性物質が
あるので、それに備えさせるために、子どもが小さいうちからできるだけ多
くの発がん性物質を与えるべきだと言うのと同じくらいばかげているのであ
る。

　生徒が成長して、まったくなじみのない破壊的なやり方に不意を突かれる
ようにはなってほしくないのは確かである（現在の社会ではこれはあまりな
いことであろうが）。しかし事前にどのくらい準備が必要であろうか。標準
テストのコツを掴むために、何か月も準備しなければならないだろうか。準

備は、実際の体験ではなく、それについて話し合うという形でできる場合もある。例えば、アメリカの文化に広く見られる競争を予期する —— そして批判的に考える —— ようにするために、実際に生徒を競わせる必要はない。

　おそらくこの準備が必要であるという議論は、大人の人生について偏った見方をしているために、「何に対して準備をするのか」という点で問題をはらんでいるだろう。アメリカ文化が競争的であることは否定できないが、職場では協力する技能も価値を持つ。競争的な学校教育（スペリング・ビー〔単語を聞いてそのつづりを口頭で答えるコンテスト〕、表彰集会、相対評価によるテスト、学級での席次など）は、その技能を培うのに妨げとなる。同様に、大人が職業で評価されるのは、実際にどれだけ仕事ができるかによってであって、標準テストの得点によってではない。ついでに言えば、学校を出てからは、同年齢集団や 50 分という時間の枠によって何かをすることはあまりない。つまり、この議論は幼い子どもにとっての学校生活を、「大人の実際の生活」により近づけようとしているのではなく、より上の学年の子どもの学校生活に近づけようとしているだけなのである。

　このように、実際的な面での準備という点で、BGUTI の考えが正しいと言えないとすれば、それを推し進めるものは**何**なのであろうか。ここには悪意に満ちた道徳主義の名残が感じられる。これは、不快なものであれば何であっても、人格を形成し、自己規律を培うという考え方である。しかしこれは多くの場合、現実主義を装う保守主義の 1 つの事例にすぎない。子どもが 1 つのことを長年にわたって行っていれば、それを必然的なものと見なし、**こうでない形もありうる**ということに気づきにくくなるのである。

　「それに慣れたほうがいい」という考えは、人生が極めて不快なものであると想定するだけではなく、人生を不快にするものを変えようなどとは思うべきではないとも主張するのである。学校や他の組織を改善するために取り組むのではなく、生徒に、来たるべきものに備えさせるべきであるということである。そのため、ある中学校の主な目的が、うまく行っていない高校に生徒を備えさせることであれば、すぐにその高校に似たものとなる。その中学校は持っている教育力を十分に発揮することができないだけではなく、よ

り良い中等教育のための賛同者を生み出す機会も失うことにもなる。同様
に、ある世代全体が、報酬と罰、あるいは成績評価と序列化を「人生の唯一
のあり方」であると見なして、それらが実際には、歴史上の現在という時点
での社会でたまたまそう決められているあり方だと考えなくなれば、批判的
な感覚は失われてしまう。議論すべき政策は決して議論されない。BGUTI
の考えは 1 つの自己充足予言となるのである。

　最後に、BGUTI の考えの根底には、度を越えた無神経さが潜んでいる。
「おまえの反対など問題ではなく、おまえが満足しなくてもかまわない。ぐ
ずぐず言わず我慢しろ」というわけである。このように言う人は普通、地位
が上で指示を与える立場にあり、末端で指示を受ける立場ではない。「将来
直面するのだから、それを受け入れるようにせよ」という言葉は、命令され
る側の最上の利益になるものとして合理化できるかもしれないが、単に「私
が言うのだから、そのようにせよ」ということを意味するだけであって、そ
れによって指示をする人の権力を強固にするものかもしれない。

　あることが、それ自体として正しいと言えないのであれば、子どもと大人
の双方がすべきことは、それに慣れることではなく、疑問を投げかけ、異議
を申し立て、そして必要であれば拒否することである。

第 2 部

学ぶことで大切なこと

教師が何を教えるかではなく、生徒が何を学ぶかである

(*Educational Week*　2008年9月10日)

　私は、「木が倒れても、それを聞く人がいないとき、音がしたと言えるのか」という古いなぞなぞが、どうしてそれほど議論になるのか分からない。これは単に音という言葉をどのように定義するかという問題ではないのか。もし「空気によって伝えられる一定の周波数の振動」と定義すれば、この答えは「はい」である。もし「有機体の聴覚システムを刺激する振動」とすれば「いいえ」である。

　これ以上に厄介なのが、おそらく次のような難問であって、時として傲慢な教師が発する言葉とされるものである。つまり「私は良い授業をしたが、生徒が学ばなかった」。ここでもすべては定義次第である。教えることが、相互的な行為で、生徒の学びを促す過程であるとすれば、この言葉は矛盾している。あたかも「私は素晴らしい夕食を取ったが、何も食べなかった」と言うようなものである。しかし教えることを、単に教師が話したり行ったりすることであると定義したらどうだろうか。その場合この言葉は矛盾ではなくて、単にばかげている。うまく行かなかった授業をしたのであれば、誰しも「もっと良い授業をするために何ができただろうか」と自問するだろう。

　この問いは自分の仕事の目的を、（単に教えることではなく）子どもが学ぶことであると考えている教師が発するものであろう。より広く言えば、そのような教師が自覚しているのは、**重要なことは自分が何をするかではなく、自分のすることを子どもがどのようなものとして経験するのか**ということである。

　子どもと親の間で起きることを考えてみよう。子どもと親が各々、一緒に暮らしている状況のある場面を報告するよう求められた時、両者の回答は非常に異なる。例えばミシガン州で行われた大規模な調査では、家族の意思決定にどの程度子どもが関わっているかを調べたが、答えたのが親か子どもか

によって、その回答は非常に異なっていた（興味深いことに、他の 3 件の研究では、本当の状況を知るための客観的方法がある場合、親の行動に対する子どもの認識は、自分自身の行動についての親の自己申告と同じくらい正確であった）。

　しかし重要な問題はどちらが正しいかではなく、どちらの認識が様々な帰結に影響を与えるかである。例えば親が子どもに「タイム・アウト」（あるいはそれ以外の罰）を与えることで、子どもにどのような教訓を与えようとしているのかは問題ではない。子どもがこれを 1 つの愛情撤回であると見なすならば、子どもの認識が帰結を決定づける。同様に、親は子どもを励まそうと思って褒めるかもしれないが、子どもは、自分が「よくやった！」と言われることの背後にある親からの判定に抵抗を感じたり、ますます権威のある人に気に入られる方策に頼ろうとしたりするかもしれない。

　さらに子どもは、罰からも報酬からも、条件つきの愛情という教訓を引き出すだろう。つまり、自分が親の言う通りにしたときにだけ愛される ── そして愛されるに価する ── 存在となるということである。もちろんほとんどの親は、子どもがどのように振る舞っても愛すると言い張るであろう。しかしある研究グループが、子育てにおける子どもの統制方法についての著書で述べたように、「子どものその後の発達に最も大きな影響を与えるのは、親のこのような姿勢を子どもがどのように経験するかである」。重要なのは、子どもが受けとったメッセージであって、大人が送ろうとしたものではない。

　これとまさに同じことが学校の場面でも言える。教師もまた生徒に飴とムチを用いているからである。教師は時間を守ることの大切さを強調するために、遅刻をしたら居残りをさせることがある。また生徒が暴言を吐いたときには、他人を大切にすることの必要性を理解させることを目的として出席停止にすることもある。さらに一定の行動の価値を伝えるために、その行動をしたことに対して、生徒に何かの褒美を与えることもある。

　しかし、罰せられたり褒められたりした生徒が、そのようには考えていないとしたらどうであろうか。例えば生徒の反応が「それは公平じゃない」と

か「今度は見つからないようにしよう」「もっと権力を持っていれば、自分
の思い通りにならない相手を苦しませることができるのではないか」「 x を
することで褒美を与えようとするということは、 x は自分がしたいと思うこ
とではないのではないか」といったものであれば、どうだろうか。

　教師としては、生徒がまったく間違っていると反論するだろう。教師の介
入は公平であり、罰は当然のことで、褒美のあり方もまったく合理的であ
る。しかし生徒が教師と同じ見方をしていなければ、期待される効果を発揮
することはまずできないであろう。結果は教師の行動それ自体ではなく、行
動に生徒が与える意味によって決まるのである。

　同じことは、厳しく成績をつける教師にもあてはまる。教師の意図——
「高い水準を維持する」あるいは「生徒に最善を尽くさせるように動機づけ
る」——は、もし悪い成績が、それを受け取った生徒から別の意味で受け取
られるならば、まったく無意味である。同様に、生徒が宿題を逃れることの
できないものだと見なすならば、それがうまく作られていて、価値のあるも
のであると**教師が**考えることは意味がない。そのような教師によって生徒が
より効果的に学ぶようになる可能性は非常に低く、ましてや学んでいること
に関心を持つようにもならないだろう。

　教師が自分のすることだけをして、それを理解することは各々の生徒に委
ねるならば——（ジョン・ホルトの言葉を借りれば）「教師が期待するよう
に理解できないのは、自分が悪いと子どもに感じさせるようにする」ならば
——そのような教師の授業で意味のある学習が成立することはないであろう。

　しかし事実を直視しよう。つまり、生徒が学ぶことについてよりも、自分
が教えることについて考える方が、教師にとっては簡単であるという事実で
ある。それは物事がうまく行かないときに、自分以外の人が悪いと考える方
がずっと好都合であるのと同じである。教師は生徒が何らかの評価を受けた
ときに、その結果がもっぱら、各々の子どもの学習がどのくらい進んでいる
か、あるいは進んでいないかを示すものであると考えがちであり、授業の質
も同時に評価されていることに教師は気づこうとしない。

　「私は良い授業をしたが……」という考えは、学習は情報を吸収する過程

であって、授業ではその情報を提供することが重要であるという見方を示しているのであろう（ずっと以前にジョージ・レナードは講義について「情報を教師のノートから生徒のノートへと移し替える最良の方法であるが、生徒の頭脳は素通りしてしまう」と述べていた）。この立場はとりわけ高校や大学の教師の間で一般的である。高校や大学の教師は、自らを学問領域（文学、科学、歴史など）の専門家であると考えるように育てられており、教えることの専門家であるとは考えていないからである。**本末転倒**なのはリンダ・マクニールが高校の悲惨な状況を述べる中で指摘したように「自分の教える内容をとても大切に考えてしまって、自分の生徒のことを忘れてしまう」教師であろう。

　この問題は教員養成学校から始まるのかもしれない。多くの州では、教師を目指す学生は、教科の内容について費やされる時間に比べて、学ぶことについて学ぶ時間はほとんどない。さらに悪いことに、現代の教師が学習について考えるよう**言われる**場合、それは互いに無関係で測定可能な技能を強調する、行動主義的観点から理解されることが多い。学習の目的は、理解（そして興味）を深めることではなく、単にテストの得点を上げることである。

　本当の学習は数値化できないということが真実であり、「データ」にこだわる企業型の考え方によって、学校教育は薄っぺらで生気のないものになっている。理想的には、学習への関心という言葉が意味するのは、1 人 1 人の生徒が世界をどのように捉えているのかを教師が把握し、生徒をありのままに理解するための努力をすることである。デボラ・マイヤーが指摘するように「教えることの大部分は聴くこと」である（そしてマイヤーは、「語る」べきであるのは学習者の方であって、語る内容は、関心が惹かれる学習内容にどのように取り組んでいるかである、とつけ加える）。この知恵を本当に実行することで、アメリカの授業風景がいかに大きく変わるかを想像してほしい。

　そして必要なのは、単に文字通りの意味で聴くだけではなく、生徒の視点を積極的に想像しようとする態度である。教室の中で座って、文章を書いたり問題を解いたりするためにおぼつかない努力をして、それが常に評価にさ

らされるとき、生徒はどう感じるだろうか（生徒は繰り返される批判を受けることに耐えるべきである、あるいは批判がメリットとなると考える教師の多くは、あなた自身の技量をもっと高められることができると少しでも指摘されることには極度に神経質になることが多い）。実際、教師は自らの生活の中で、新しいことに挑戦するように心がけるべきである。そのことによってあるものを習得するのに苦労をして、生徒が日々耐えていることを理解すればよいのである。

　最後に、教師と生徒との関係は、教育行政官と教師との関係についても同様である。学校でのリーダーシップの発揮が成功するかどうかは、校長や教育長が何をするかではなく、**彼らの**行動が受け手 —— とりわけ学級担任の教師 —— からどのようなものと見なされるか次第である。受け手である教師は生徒よりも年長ではあるが、考えることは同じである。何をするにしても、その行為を受ける人の視点から見るのが最善なのである。

［訳者補足］

　タイム・アウト（Time Out）

　子どもが望ましくない行動を取った時に、言葉で注意しても効かない場合、別の部屋に閉じ込めたり、椅子に座らせたりして数分間静かにさせること。これはアメリカでは広く行われており、連邦政府の疾病予防管理センター（CDC）のサイトでも、就学前の子どもに有効な方法として紹介されている。

5 | 誰が誰をだましているのか

(*Phi Delta Kappan*　2007年10月)

　テストでの不正行為についての記事は、事実上書き方が決まっている。言うまでもないが、出だしは、この問題がどれだけ拡がっているかを示す、1つ2つの驚くべき統計数値である。それを示すエピソードや諦め顔の生徒の言葉（「それは皆やっていることですよ」）が添えられることもある。続いて、様々な形の反倫理的行為について述べられ、どのような人が不正を行いやすいかが調べられる。そして最後に、どのようにして不正を防いだり、暴いたりできるのかが示され、より注意喚起が必要であるという厳しい警告で終わる。

　ほとんどすべての人が一致しているのは、不正行為は悪であり、それを防ぐための方策を取るべきだということである。しかしこの圧倒的な意見の一致こそ、私を不安にさせるものなのである。結論が明白であり、それが無批判に受け入れられているときこそ、別の視点が必要なときである。それは不正行為を擁護する議論を、同じように時間をかけてすべきということではない。しかし不正という言葉が実際には何を意味するのかを振り返り、生徒が禁止されていることをしてしまうのはどうしてなのか、そしてそのことが生徒の体験している学校教育について何を示しているのかを検討する価値はある。

　1970年代に、リー・ロスというスタンフォード大学の社会心理学者が、「基本的帰属錯誤」という用語を考案して、一定の注目を（少なくともその学界の中では）集めた。ロスはこれを「行動を統制するにあたって、状況による要因の影響を過小評価し、個人の性格的な要素を過大評価する」傾向であると定義した[1]。ロスはそれまでの多くの実験が既に明らかにしていたことを要約したのである。つまり、人が何をするか、その人がどのような人間であるかに影響を与える要素として、人格や性格、個人の責任にばかり目が

行ってしまい、社会環境の与える大きな影響を見逃してしまうということである。

　確かにこの誤りの実例は至る所で見つけることができるが、特に、個人主義が現実の社会の原則であると同時に、大切な理想でもあるような社会で多く見られる。私たちアメリカ人が強い抵抗感を抱くのは、やはり著名な社会心理学者であるフィリップ・ジンバルドが最近定式化した次のような単純な真理である。すなわち「人間の行動は、個人の内部からよりも、外部の物事から強く影響を受ける」[2] というものである。とりわけ私たちが考えがちなのは、罪を犯した人間は道徳的に欠陥があり、自分たちと同じような境遇にありながら財産を持っていない人間は怠け者である（あるいは少なくとも状況対応能力が不十分である）、学ぶことができない子どもは一生懸命勉強をしていない（あるいは不適格な教師から習っている）といったことである。別の言い方をすれば私たちは、違法行為、貧困、学業上の困難の事例を、あたかもそれらが以前にはなかったものであり、問題となっている個人が自己中心的に、あるいは能力を欠いて行動しているかのように見なすのである。

　不正行為はまさにこの一例である。というのも、このテーマについてのほとんどの議論は、個人の人格自体に焦点を当て、問題の原因が人格にあると考えるからである。この問題についての大方の見方は、教育心理学者のブルース・マーロウが最近述べたように、「悪いことを『したぞ』」と、生徒が喜んで不正を行うというものである[3]。様々な形の不正行為がどのように起こるかを予測しようとする際に、個人の資質と少なくとも同じくらい環境が影響することは、かなり以前から明らかになっているにもかかわらず、このような見方が続いているのである。80 年近く前、コロンビア大学のティーチャーズカレッジ（教育大学院）の研究グループの行ったある調査は、その後社会科学での古典的業績と見なされるようになっている。これは、8 歳から 16 歳の子ども約 11,000 人を 5 年間かけて調べたもので、「ちょっとした状況の変化が、個人の行動に対して、予測できない形で影響を与える」ことを明らかにした。その結果、ある 1 人の子どもが 2 つの異なった状況で取る行動の間の対応関係は「非常に低く、個人の行動として正確に予測すること

はできない」。その結論は、不正行為は「生徒の内面の経験や教育体験、全体的な考え方や理想、不安、志望、目標によるものであると同時に、生徒が置かれている特定の状況次第である」[4] というものであった。

　この研究報告の発表以来、かなりの量の調査が蓄積され、生徒が**実際に**どのような状況で最も不正を行う傾向にあるかが明らかになり、同時に生徒が不正をする理由を理解することができるようになった。第一に何よりも、教師が生徒と実質的な人間関係を持てていないと思われる場合、あるいは生徒のことにあまり関心を払っていないような場合に、不正行為が起こりやすいということが明らかになった[5]。これは極めて分かりやすい事実で、とりたてて意外なことでもない。しかしこのことをきちんと受け止めるならば、私たちの問題関心を別のものに向け、議論の枠を組み直すことになるはずである。

　第二の条件も同様である。つまり、不正行為がより頻繁になるのは、生徒が与えられる学業課題を、退屈であったり、自分とは関係ないと思ったり、とてもこなせないと感じたりする場合である。例えば 9 年生と 10 年生を対象とした 2 件の研究では、「不正行為が起きると思われる可能性が、常に相対的に高くなるのは……教師の教え方が悪いとされる場合である」[6] ことが示された。この点を肯定的な形に言い換えれば、不正行為が比較的稀な教室とは、学習が生徒にとって真の意味で興味深く、意味を持っており、重要な事象の探究に取り組むときに、単に「難しさ」だけが強調されることなく活動のできる場である。同様のことは「〔生徒の〕意見が尊重され、積極的に評価される、民主的な授業」[7] についても当てはまる。世の中について調べたいという意欲を高めるような授業の進め方、前もって定められている教育内容をこなす（cover）のではなく、事象の意義を見出す（*discover*）ことをねらいとする教授法を列挙してみれば、不正行為がずっと起こりにくい条件の一覧を作ったことになる（興味深いことに、かつてのティーチャーズカレッジの研究結果でほとんど忘れられているものの 1 つが「進歩主義的学校での学習は、伝統主義的学校よりも、不正に至ることが少ない」ということである。これは年齢、知能指数や家庭環境の違いを調整しても残る違いであ

る。そして学ぶ期間が長くなるほど、進歩主義的学校と伝統主義的学校の間
での、不正行為の頻度の差は大きくなる)[8]。

　第三の条件は、「生徒が学習の最終的目標が良い成績を得ることであると
見なす場合に、不正行為を、認められた正しい行いであると考える」という
ことで、これはある研究グループが 2001 年の調査の結果を要約した中で指
摘したものである[9]。不正行為が特に多いのは、学校が優秀者表彰などの、
生徒のやる気を高める方法によって成績が大切であると強調したり、親が子
どもの良い成績に対してお小遣いを与えたりする場合である[10]。言い換えれ
ば、生徒が学業的に成功したときに、良い成績という報酬が与えられるだけ
でなく、良い成績が与えられたことに対しても、さらに別の報酬が与えられ
る場合である。

　しかしながら成績は、学校が持つ一般的な傾向を示す、最もありふれた側
面にすぎない。その傾向とは、過程よりも成果を、新しい視点よりも目に見
える結果を、学習よりも成績を評価するというものである。自分が学んでい
る**内容**以上に、学びの結果としての成績により関心を持つようにされる生徒
は、自分が成功しているかのように見せかけるためであれば、どんなことで
もする気になるだろう。カリフォルニア州の 2 校の高校の 300 人以上を対象
とした最近の研究で、生徒の学業成績を重視する授業であるほど、生徒が
「様々な形の不正行為を目撃したり、行ったりする」ことが多くなると明ら
かになったのも当然である[11]。

　テストで高得点を取り、良い成績を得て、優秀者表彰を受け、教師に好印
象を与えることを目的とするのは、物体が水に浮いたり沈んだりするのはど
うしてか、あるいは今読んだばかりの戯曲の登場人物が優柔不断なのはなぜ
かを考えることを目的とするのと、まったく異なることであり、それどころ
か正反対のものである。優れた結果と「基準を上げること」だけに関心を持
つような学校教育は、様々な望ましくない帰結を伴う[12]。つまり、学習それ
自体への関心の低下、より困難な課題に挑戦しようとする姿勢の減退（知的
な危険を冒すよりも、良い結果を得ることが目的となる）、表面的思考の拡
大……、そして不正行為の増加である。

　これがまさに、このテーマについての第一人者であるエリック・アンダーマンらが見出したことであった。中学生を対象とした1998年の研究で、「自分たちの学校が〔学ぶことではなく〕良い成績を取ることを重視していると考える生徒は、不正行為をしたと申告する場合が多い」ことを明らかにした。6年後、アンダーマンは8年生から9年生の移行期に焦点を当てて、個々の授業の判断基準を調べたが、結果は基本的に同じであった。不正行為が多いのは、教師が良い成績、テストでの高い得点、そして頭の良いことを重視している授業であった。逆に不正が少ないのは、大切なことは学ぶことを楽しむことであり、記憶するよりも理解することが肝心であり、間違いは探究過程での当然の結果として認められる場合であった[13]。興味深いことに、不正をするのは誤りであると認める生徒でさえも、学校が結果を重視しているときには、不正をすることが多くなっていたのである。

　これは考えてみれば至極当然のことである。不正行為は（見つからなければ）良い成績を取って、自分が優れているように見せ掛けるのに役立つ。そのようなことを目的としている生徒には、これは魅力的なことであろう。しかしながら、学ぶことそれ自体に関心を持つ生徒には、不正は意味のないことである。なぜならある事象を理解するのには役立たないからである[14]。そうだとしたら、生徒はどのようにして自らの目標を**選ぶ**のであろうか。どのくらいの成績が取れるかを気にするのではなくて、自分が学んでいることに対する興味を深めるためには何が必要であろうか。もちろん個人の性向はある程度関係している。同じ状況に置かれても、すべての生徒が同じように振る舞うわけではないことは明らかである。しかし生徒が置かれた状況——ある授業、ある学校、ある社会の価値意識や方針——が、不正行為がどのくらい拡がるのかについての決定的要因である[15]。それが生徒の、一定の時点での行動に影響を与えるとともに、長期間にわたる生徒の価値意識や態度を形成する。データから言えるのは、その結果が気に入るかどうかにかかわらず、不正行為は、学校が重要視する事柄と教師の授業方法の結果であると理解するのが最も適切であるということである。この事実を見ることなく、不正行為をする子どもを非難して、状況という文脈を無視するのは、リー・ロ

スが警告を発した罠にはまることになる。

　以上のことから、不正行為の主な原因の1つは学業をめぐる一定の環境である。それは、生徒自身が倫理に反すると見なしていることをしてでも、成績を上げなければならないという圧力を感じている環境である。しかし、この事実を確証する研究を子細に見ると、最も悪い環境とは、この圧力が、**他の生徒との比較の中で**感じられる場合であることに気づくのである。

　おそらく競争は、教室の中の最も有害な要素であって、同時に不正行為を確実に引き起こすものである。例えば成績は、それ自体として良くないものであるが、一定の割合で成績をつけること――つまり生徒を序列化すること――は、さらに悪いものである。同様に、テストの得点を上げるよう生徒に圧力をかけることは有害であるが、生徒が自分の得点を（他の学校や他の国の）生徒と比べるように促すのは、一層悪影響を与えるものとなる。また人々を「動機づける」ために報酬を利用するのは、一般的に非生産的であるが[16]、その影響は、報酬（reward）から「賞品（*award*）」になるとさらに倍加する。つまり、報酬（あるいは承認）を人為的に手に入りにくいものにして、生徒がそれを得るには互いに競わなければならない状況になる場合である。

　競争のある学校は、すべての生徒が成功するわけではないように作られている学校である。このようなあり方がどのような点で教育的に有害であるのかを具体的に見ることで、競争と不正行為との関係を理解できるだろう。第一に、競争は多くの場合、人間関係に悪い影響を与える。なぜなら、各々の人は他者を自分の成功の障害と見なすようになるからである。第二に、競争は内発的動機づけを失わせる結果に結びつくことも多い。自らの課題、つまり学ぶことそれ自体は、別の目的のための手段となり、その目的は相手に勝つことだからである（競争によって「動機づけられる」人もいるであろう。しかしそれは外発的な誘因を与えるという意味においてだけである。問題がない場合でも、課題自体への興味を高めることはできないだろうし、実際には課題への興味が低下することが多い）。第三に、競争は（勝者にとってさえ

も）学業面での自信を下げることも多い。一つには生徒が自分の能力について、自分が何人に勝ったのかを基にして考えるようになるからであり、また競争という心理的力学は高いレベルでの思考を妨げるためでもある[17]。以上のような場合に不正行為はより起こりやすくなる。生徒は各々の場合で、自分が孤立している、課題に関心が持てない、能力がないと感じるからである。

　まとめて言えば、競争が行われている学校と不正行為との関係は、暖かく湿った環境とカビとの関係と同じである。違うのは、かびの胞子が生える場合は、単にそれを困ったことであると考えるだけでは私たちは満足せず、その原因を探ろうとする点である。さらに競争は、学ぶことではなく、結果だけを重視する究極の例である。著名な心理学者のマーティン・コヴィントンが説明したように「不正行為は、自己の価値を競争に勝つことと結びつけることによって生じる不健全な結果の一部」であって、不思議なものではない。コヴィントンは、研究の初期の段階で、この結びつきを学生自身から聞いたのである。ある学生は「子どもが不正をするのは、彼らが悪いからではありません。自分が賢くないことが知られたり、良い成績を取ったりしないと何が起こるのかを恐がっているのです」と話した。別の学生は、不正をする生徒は「大変悪いことをしていると感じてはいても、悪い成績を取って怒鳴られるよりはましだと思っています」と述べた。そしてさらに別の学生は「子どもが不正行為をするのは、他人より劣っていることや、他の子と比べて違っていたり遅れていたりして惨めな思いをすることに不安を感じているからです。またクラスで一番になったり、より成績の高いグループに入ったりするために不正をする子どももいます」[18]と言った。そうであれば、不正行為を最も声高に批判する大人が、同時に、競争が行われる状況を支持し、優れていることと競争に勝つことを混同することで、結果としてより不正が起こりやすくなっていることは、大きな皮肉である。

　競争、ひたすら結果だけを重視すること、そして質の低い教え方は昔からあることから、不正行為も最近の現象ではないと考えることができる。先に挙げたティーチャーズカレッジの研究グループも多くの事例を調べている。実際に、エリオット・テュリエルは 1920 年代の学生の調査と現代の調査を

比較して、いずれもほぼ同じ割合の学生が不正行為をしたと認めたことを見出した。これは、過去を美しいものと見なし、現代が史上最悪の時代であると考えて勝手な満足を得ている人間に、興味深い疑問を突きつけるであろう[19]。

　しかしとりあえず、現代が最悪であると言う人が正しいと仮定しよう。不正行為、あるいはそれに類することが、本当に現在最も多くなっているとすれば、結果を出さなければならないという圧力が強まり、競争が一層広く見られ有害になっており、手を抜いたりきまりを破ったりすることへの誘因がより強くなっているからであろう。実際にそのような圧力が子どもだけでなく、教師や教育行政官にもかけられるようになっていて、すべては生徒の標準テストの得点次第という環境に置かれているのである[20]。

　学校が相対的な成績を重要視し、生徒にもそうするように求めるとすれば、それは学校の存在する社会が、教育を資格付与の儀式としてしかみていないからであろう。教育史を専門とするデイヴィッド・ラバリーの言葉では、学校はそのことで「私的な望みを叶えるために巨額な公的補助金を与える場」となり、そこでは「自分の利益しか考えない人間が、他人を犠牲にして教育上の特権の機会を〔求める〕」のである。そして、重要なことが他人よりも優位に立つということだけであれば、個人は「最小限の学習で最高の成績を得よう」とするだろうと、ラバリーは言う[21]。このような歪んだ価値意識の文化の中では、不正行為は合理的な選択と見ることができるのである。

　不正を深く分析すると、その原因となる状況だけではなく、そもそも不正行為と見なされるものは何なのか決定する過程についても調べてみなければならなくなる。社会的文脈を詳細に検討する場合でも、不正行為は、定義上倫理に反すると見なされることが多い。しかし実際はもっと複雑なのである。もし不正が規則を破ることであると定義されるならば、その規則自体が合理的かどうか、誰が規則を作ったのか、そして規則があることで誰が利益を得るのかを考える必要がある。しかしこのような問いはほとんど発せられない。

　ある種の不正は、間違いなく問題をはらむ行為である。その一例は盗作である。実際問題として、他の著者の文章から影響を受けて自分で生み出した考えと、明らかに他人が作り上げた（そしてそのように判断されるべき）考えとの間に線を引くことは必ずしも簡単ではないが[22]、最初に考えたのが誰であるかについて読者を欺すことを目的として、他人の文章から特定の考えや一節を、何の断り書きもなく使用することは間違っているという点では同意できるだろう[23]。しかし一層興味深く、そしておそらく広く見られるのは、不正と見なされることが一定の禁止事項に抵触する場合であるが、その禁止事項は実は恣意的で、正当であるとは言えないかもしれないのである。別の言い方をすれば、疑問の余地がある教育上の慣行が生徒に不正行為を**行わせ**ているだけではなく、慣行自体が、生徒の行動の中で、何を不正と**定義する**かを決定しているのである。もしそのような慣行や、それを支える思想がなければ、不正とされる生徒の行動は、正当ではないとは見なされないであろう。

　教育に対して疑問を投げかけるようなこの可能性は、とりあえず十分に成立しうると思われる。揺るぎない事実だと私たちが見なしていても、実際には社会的な文脈に依存するものである場合は非常に多いからである。例えばスポーツマンシップは、競争がなければまったく成立しない人工的な概念である。人々が互いに相手を打ち負かそうとするような活動があって初めて、それを潔く、道徳的な形で行うということを論じる意味が出てくる（協力ゲームをしている人は「フェアであれ」と言われる必要はないが、それは共通の目的に向かって互いに協働しているからである）。同じように、窃盗は、私的財産がない文化では存在しない。人が盗むことを控えるからでなく、他人の財産が触れてはならないものでないのであれば、窃盗という概念自体が意味を持たないからである。また仕事が、疎外感を抱き満たされない思いをするものとして体験されなければ、余暇というものは存在しない。さらに冒涜することのできる神がいると信じていなければ、涜神行為をなすことはできない。最後に、私の住んでいるボストンでは違法横断という概念は意味を持たない。なぜならば、歩行者が交差点でのみ道路を横断しなければならな

いというきまりがそもそもないからだ。

　そうだとすれば、**不正行為**という概念が成立するために必要なものは何であろうか。1つの答えは、1990年代初めにマサチューセッツ工科大学で起きた事件が与えている。この事件では70人以上の学生が「不正行為」で罰せられたのであるが、それは授業の課題をこなすことができないことを恐れた学生が小さなグループを作って、コンピュータのプログラムを作成したためであった。「多くの学生は、正直な方法でやっていたら、与えられた課題を完成させることはとてもできないと感じた」と大学の懲戒委員会の委員長は述べたが[24]、「正直な方法」とは「1人で」ということである。より広い視野からこの出来事を理解しようとするならば、協力して学ぶことは、学生が圧倒されるほど多くの課題に対処するのに役立つ以上に、1人で行ったり競争的な状況で行ったりする場合に比べて非常に多くのメリットがあることが分かる。学生は協力することで、情報交換をしたり課題を分担したりすることができるだけではなく、その結果としてより巧妙な問題解決の戦略を思いつくことも多い。そしてそのことで、どのような指標から見てもより深い学びが実現する。教室の中に協力できる仕組みがあることは、自尊心、人間関係、そして学ぶことへの動機づけの面でもメリットとなることが示されている[25]。

　しかしながらここでの問題は、グループでの活動がたまに認められる場合を除いて、アメリカのほとんどの教室での最も普通の状況──特に宿題やテストに関する場合──は何かということである。それをよく表わしているのは、小学校の教師が発する、なじみのある注意喚起の言葉である。つまり「私は**あなた**ができることを知りたいのであって、あなたの隣の子ができることではない」（あるいは、この意味をより正確に説明するならば次のようになる。「私はあなたが、外部からの情報源や他人の支援に頼ることなく、完全に独力でできることを知りたい。うまく機能している現実社会の中では情報源や支援に頼ることが普通ではあるが、私が知りたいのは、あなたが身近な人と協力することによって、どのくらい多くのことを成し遂げられるかということではない」）。生徒がグループで学んだり、その成果を評価し合っ

たりすることの方が、1人で行うよりもより意味を持つかどうか、あるいは
どのような条件であればより意味を持つのかは、分析や意見交換を行うに相
応しい論点である。しかし多くの協力は単に不正行為と見なされていて、そ
れ以上議論は進まない。

　同様に、生徒が何らかの評価を受ける場面で、教師が禁じているにもかか
わらず、参考となる資料を見ていれば罰せられるであろう。しかし評価が
もっぱら生徒の記憶力に焦点があてられていることは、教師や教育制度につ
いて何を示しているだろうか。生徒が記憶力によって評価され、過剰なほど
多くの時間をかけて年代や定義などの事実を短期記憶に詰め込まなければな
らない状況で、どのような教育的な目標が達成されるのだろうか。その時間
を他のことに費やすよう、生徒を促すことはできないだろうか。また記憶を
中心とする評価の目的は何なのか。読んだり聞いたりしたことを暗記する能
力について収集された情報は、生徒がより効果的に学ぶのを推し進めること
になるのだろうか、それとも生徒を（互いに比較することで）序列化した
り、（評価によって言うことを聞かせることで）生徒を統制したりしている
のではないだろうか。

　「教師の認めていない」資料を使ったり、援助を得たりする生徒は、その
ことで教師が自分の好きな方法で評価をすることを不可能にするのかもしれ
ない。しかし問われるべきは、教師の評価方法が正当であるかどうかであ
り、そのような資料が除外されるのはなぜかである。同様に、ある研究グ
ループが注意を促したように、「不正行為は標準テストの実施の障害とな
る」[26] とすれば、不正行為をする生徒を責めるべきか、それとも標準テスト
の価値を疑ってみるべきだろうか。ここでも、これらの問いについての活発
な議論が期待されるところであるが、困ったことにそのような論争は起こら
ず、結果として、従来の意味づけや考え方を無批判に受け入れることにな
る。テスト時間の中で参考資料を参照すること（あるいは問題を友だちと協
力して解くこと）は、あるクラスでは不正行為と見なされ、重大な問題とし
て、現実に何らかの罰が与えられる。他方で別のクラスでは、それは適切で
あり、褒められるべきものとさえ見なされるかもしれない。不運にも前者の

クラスにいる生徒は、不正行為をしたとして罰せられるが、破られた規則が適切であるかどうかについては、ほとんど注意が払われない。つまり**生徒の行為は、純粋に「慣習的」に定められている禁止事項に違反したものにすぎないのであるが、それがあたかも「倫理」に背く犯罪であるかのように見なされているのである。**

　さらに、そのような言い方で自らの行動を正当化し、例えば自分のしたことよりも教師の要求の方に問題がある、あるいは自分は「出口」と書いてある扉から講堂に入ろうとしたようなもので、嘘をついたり盗みをしたりすることとは別であると主張する生徒がいたら、その生徒は、自分の罪を否認し、自らの行いの責任を回避して、正当化しようとするものだとして非難されるだろう。ひとたび誰かの行為を道徳的に悪であると決めつけると、その人が前提を問い直そうとして、どれだけ理に適った議論をしても、反道徳的であるという私たちの見解を強めるだけで終わってしまう。

　2006年に、ニューヨーク・タイムズ紙は一面の記事で、教師や教育行政官が苦労して、巧妙な先端技術を用いて不正を行う大学生を捕まえようとしている姿を描いた。ここで取り上げられている事例では、学生は試験中に自分の答案を確認する方法を考え出そうとしていた。例えば、ある学生はコンピュータによるスペリングチェックのプログラムを使用している現場を見つけられた。このことは、大学レベルの学生であっても、もっぱら記憶力によって評価されていることを意味しているが、これがはらむ問題については、この記事を書いた記者や、記者に情報を提供した人によって指摘されていない。この記事で評価の本質に関わる唯一の文は以下の通りである。「数人の教授は、不正をするのが難しいテストにするために、外部からの情報を得ても答えられない問題を作っていると話した」[27]。ここでも意図されているのは、学生が不正を行うのを防ぐことにあって、評価や教え方の質を向上させることではないように思われる。つまり別の言い方をすれば、目的は、学生が不正を行う**能力を持つ**のを防ぐことであって、学生が不正を**したいと思う**ようになる原因を追求したり、教師が何を不正であると**見なす**のか（そして、なぜ不正と見なすのか）を検討したりすることではない。

　この違いは重要である。別の記事に登場するアラバマ州の学生は、「知識に関わるテストであれば不正はできるが、例えば小論文を書くのであれば、不正は難しくなる」と話している。そしてこの学生は、この後にもっと重要な指摘をしているのである。それは、「おそらくもっと大きな問題は、教師が学生に暗記ばかりを求めて、考え方を教えないことにある」ということである[28]。言い換えれば、教育内容の欠陥は、それが不正行為を誘発するか防ぐのかというレベルを超えたところにあるのである。

　高校の元教師で教育コラムニストのダドリー・バーローは、エルサルバドルについての研究レポートを課したときのことを振り返っている。ある生徒は、エルサルバドルについてのいくつかの事実に続いて、

　　　ウィリアム・ブース将軍と協力者たちが、虐げられた人々を助けるためにキリストの福音を熱心に伝道する様子について書いていた。バーローはそのレポートを見て最初はまったく何のことか分からなかったが、あることに思い当たった。その生徒は図書館でエルサルバドルについて、百科事典を書き写していたが、不注意で 1 ページ飛ばしてしまった。本人はそれに気づかず、救世軍についての説明を写したのである。
　〔訳註　エルサルバドルの見出し語は「Salvador」であり、次の項目が「Salvation　Army（救世軍）」であったため、1 ページ飛ばして、救世軍について書いたということである。〕

　この逸話は一種の投影テストのようなものであり、これをどう捉えるかで、その人の考えが分かる。驚く人もいれば、滑稽だと思う人もいるということだけではない。これが生徒の性格を反映していると見なす人がいる一方で、教師がその生徒（そしてクラスの生徒全員）に課した課題に問題があると考える人もいる。幸いにもバーロー自身は後者の視点を持つことができるだけの勇気を持っていた。「その生徒の行動から私が悟ったのは、日常的に課していたような種類の研究レポートは、自分が思っていたねらいを達成するものではなかったということだ」[29]。バーローが思っていたねらいはおそら

く、生徒が学習を進め、それを楽しむことができるようにすることだったで
あろう。そして、ある英語教師が説明したように、より効果的に不正行為を
暴いたり防いだりすることでは、「教育的な損失」の問題に対処することは
できない。その「損失」は社会に蔓延した圧力が、「最終的な結果が学びの
過程よりも優先する」と生徒に教えるように求めることによってもたらされ
ているのである[30]。

　そこで、不正行為を少なくとも部分的にでも防ぐためには、生徒を厳しく
監視したり規制を加えたりすることや、規則を破った場合に待ち受けている
厳しい罰について繰り返し知らせることが有効であると考えてみよう。不正
が防げたとしても、教師不信の雰囲気が生み出され、共同体の感覚が損なわ
れ、生徒の学習への興味が減退するという悪い結果に見合う価値が、それら
の罰にはあるだろうか。シラキュース大学で論述を教えているレベッカ・
ムーア・ハワードは次のように言う。「人によっては『疫病』とまで呼ぶ人
もいる盗用に対処することに熱心になるあまり、教師は学生の指導者ではな
く敵となる危険を冒している。つまり『学生―教師』の関係ではなく、『犯
罪者―警察官』の関係になっているのである。……最も悪いことは、教師自
身が、自らの教え方を改革する必要があることを認めないという間違いをし
ていることである。……盗用を促しているとすれば、それは学生が学ぶこと
を妨げているからである」[31]。

　宿題で禁じられている手抜きをする生徒は、最終的には「自分自身を欺
す」ことになる、なぜならば、そのような形で宿題をすれば知的にプラスに
なることは何もないからである、と言われることがある。この主張もまた、
信念として受け入れられているが、その宿題を指示通りに完成させれば、本
当に価値を持つことがどのくらいあり得るのかを問う契機にはならない。宿
題の効果について発表された証拠を検討しても、宿題がメリットを持つとい
う、広く信じられている考えは正しいとは言えないのである[32]。このことか
ら、生徒が教師の決めた規則を守らないことが、道徳的な逸脱であるとは言
えないだけではなく、学習の停滞に結びつくとも言えないという可能性を直
視する必要がある。不正行為に対して怒りを込めて非難するとき、少なくと

もある場合においては、倫理や教育ではなく、実は教師の権力が問題となっているのではないだろうか。おそらく、教師の怒りを引き起こす本当の理由は、生徒の誠実さの欠如ではなく、生徒が教師に従わないことではないだろうか[33]。

　不正行為を深く分析すると、常に以上のような結論に達することはないとしても、その可能性は高いことが分かるであろう。そして不正行為と呼ばれているものを考え直して、不正の概念を、そのようにレッテルが貼られる文脈の中で理解することが求められる。不正があることは疑う余地のない事実であるとしても、その原因を考えると、生徒の行動（反応）だけではなく教師の行動も検討したり、個人の行為だけではなく授業や学校文化のあり方を調べたりする必要があることが分かる。このような視点が示すのは、教師が生徒をどのように教えるかが「犬」であるということである。不正行為は単に「尻尾」にすぎないのだ。〔訳註　"tail wagging the dog"（「尾尻が犬を振る」という本末転倒の状態）を踏まえた表現〕

【原註】

1）Lee Ross, "The Intuitive Psychologist and His Shortcomings: Distortions in the Attribution Process," *Advances in Experimental Social Psychology*, vol. 10, edited by Leonard Berkowitz. New York: Academic Press, 1977, p. 183.

2）Philip Zimbardo の発言は Claudia Dreifus, "Finding Hope in Knowing the Universal Capacity for Evil," *New York Times*, April 3, 2007: D-2 に引用されている。

3）Marlowe の所属は Rhode Island の Roger Williams University である。2008 年 8 月の私信。

4）Character Education Inquiry, *Studies in the Nature of Character. Volume 1: Studies in Deceit*（New York: Macmillan, 1928), Book 1, pp. 381, 400.

5）Gregory Schraw, Lori Olafson, Fred Kuch, Trish Lehman, Stephen Lehman, and Matthew T. McCrudden, "Interest and Academic Cheating"Psychology of Academic Cheating, eds Eric M. Anderman and Tamera B. Murdock（Burlington, MA: Elsevier Academic Press, 2007）を参照。これは学部学生と高校生を対象として行われた。

6）Tamera B. Murdock, Angela Miller, and Julie Kohlhardt, "Effects of Classroom Context Variables on High School Students' Judgments of the Acceptability and Likelihood of Cheating," *Journal of Educational Psychology* 96（2004): 775. また Schraw et al., pp.60-65 で言及されている調査も参照。

7）Colgate University の Kay Johnston による調査結果は、Lynley H. Anderman, Tierra M. Freeman, and Christian E. Mueller,"The 'Social Side of Social Context: Interpersonal and Affiliative Dimensions of Students' Experiences and Academic Dishonesty," *Psychology of Academic Cheating*, eds Anderman and Murdock, p.207 で紹介されている。

8）Character Education Inquiry, *Studies in the Nature of Character*, Book 2, p. 184.

9）この結論は Rutgers の Donald McCabe 教授らが、"Cheating in Academic

Institutions. A Decade of Research" と題する論文で述べたものであり、Eric M. Anderman, "The Effects of Personal, Classroom, and School Goal Structures on Academic Cheating" *Psychology of Academic Cheating*, eds. Anderman and Murdock, p. 95 で紹介されている。

10)　Schraw et al., "Interest and Academic Cheating," p. 69.

11)　Jason M. Stephens and Hunter Gehlbach, "Under Pressure and Underengaged: Motivational Profiles and Academic Cheating in High School," *Psychology of Academic Cheating*, eds. Anderman and Murdock, 引用は p. 127。また、Anderman, "The Effects of Personal, Classroom, and School Goal Structures on Academic Cheating" で検討されている他の研究も参照。

12)　この区別を論じている研究や、学業成績を強調しすぎることの悪影響についての詳細は、Alfie Kohn, *The Schools Our Children Deserve: Moving Beyond Traditional Classrooms and "Tougher Standards"* (Boston: Houghton Mifflin, 1999), chapter 2 を参照。

13)　Eric M. Anderman, Tripp Griesinger, and Gloria Westerfield, "Motivation and Cheating During Early Adolescence," *Journal of Educational Psychology* 90 (1998): 84-93; また、Eric M. Anderman and Carol Midgley, "Changes in Self-Reported Academic Cheating Across the Transition from Middle School to High School," *Contemporary Educational Psychology* 29 (2004): 499-517.

14)　この点については、Anderman, "The Effects of Personal, Classroom, and School Goal Structures on Academic Cheating," p.93 を参照。

15)　例えば、Anderman et al., "Motivation and Cheating During Early Adolescence" また、Angela D. Miller, Tamera B. Murdock, Eric M. Anderman, Amy L. Poindexter, "Who Are All These Cheaters? : Characteristics of Academically Dishonest Students," *Psychology of Academic Cheating* eds. Anderman and Murdock, p. 20 を参照。

16)　Alfie Kohn, *Punished by Rewards: The Trouble with Gold Stars, Incentive*

Plans, A's, Praise, and Other Bribes, rev. ed.（Boston: Houghton Mifflin, 1999）.

17） Alfie Kohn, *No Contest: The Case Against Competition*, rev. ed.（Boston: Houghton Mifflin, 1992）.

18） Martin Covington, *Making the Grade: A Self-Worth Perspective on Motivation and School Reform*（Cambridge, UK: Cambridge University Press, 1992）, p. 91.

19） Susan Gilbert, "Scientists Explore the Molding of Children's Morals," *New York Times*, March 18, 2003, p. D-5 を参照。

20） 重要なテストでの教師による不正行為が広く見られること、その理由、そしてその倫理的曖昧さについての優れた研究として、Sharon L. Nichols and David C. Berliner, *Collateral Damage: How High-Stakes Testing Corrupts America's Schools*（Cambridge, MA: Harvard Education Press, 2007）、特に chapter 2 を参照。また Thomas M. Haladyna, Susan Bobbit Nolen, and Nancy S. Haas, "Raising Standardized Achievement Test Scores and the Origins of Test Pollution," *Educational Researcher* 20, no.5（June-July 1991）, pp. 2-7、そして Claudia Kolker, "Texas Offers Hard Lessons on School Accountability," *Los Angeles Times*, April 14, 1999 も参照。

21） David F. Labaree, *How to Succeed in School Without Really Learning: The Credentials Race in American Education*（New Haven: Yale University Press, 1997）, pp. 258, 32, 259.

22）「デジタル二元論〔オンラインの世界とオフラインの世界は互いに独立しており前者は仮想で、後者が現実とする見方〕の影響で、私たちは盗用が多くのことを意味するのを忘れている。それは、期末レポートをダウンロードすること、ある考えの典拠を適切に示さないこと、引用であることを示さないで大量の文書をコピーすること、人の言葉や文を —— 少しだけ変えて —— 自分の文章に入れてしまうこと、そして引用符をつけるのを忘れることなどである。このような様々な形があることを考えないならば、私たちのほとんどが、何らかの形で盗用禁止の規則を破っていることに気づかないであろう。

その程度や場面は様々で、故意もあり過失もある。剽窃の形態はそれほど明確に定められるものではない」。(Rebecca Moore Howard, "Forget About Policing Plagiarism. Just *Teach*," *Chronicle of Higher Education*, November 16, 2001, p. B-24)。

23)　不正をしようとする意図の有無が決定的に重要である。剽窃が無意識的であることもあるからである。人の文章を、本当に自分自身の言葉だと思って借りてしまうことは稀ではない。実際にそれは非常に多く見られるので「潜在記憶 (cryptomnesia)」という名前があり、社会心理学研究のテーマになっている。例えば、Alan S. Brown and Dana R. Murphy, "Cryptomnesia: Delineating Inadvertent Plagiarism," *Journal of Experimental Psychology: Learning, Memory, and Cognition*, 15 (1989): 432-42、また、Jesse Preston and Daniel M. Wegner, "The Eureka Error: Inadvertent Plagiarism by Misattributions of Effort," *Journal of Personality and Social Psychology* 92 (2007): 575-84 を参照。

24)　Fox Butterfield, "Scandal over Cheating at M.I.T. Stirs Debate on Limits of Teamwork," *New York Times*, May 22, 1991, p. A-23 に引用されている。

25)　例えば David W. Johnson and Roger T. Johnson, *Cooperation and Competition: Theory and Research* (Edina, MN: Interaction Books, 1989) や Kohn, *No Contest* で紹介されている研究を参照。小学校での協同学習や仲間同士の教え合いの効果についての最近のメタ分析については、Marika D. Ginsburg-Block, Cynthia A. Rohrbeck, and John W. Fantuzzo, "A Meta-Analytic Review of Social, Self-Concept, and Behavioral Outcomes of Peer-Assisted Learning," *Journal of Educational Psychology* 98 (2006): 732-49 を参照。

26)　Linda Garavalia, Elizabeth Olson, Emily Russell, and Leslie Christensen, "How Do Students Cheat?" *Psychology of Academic Cheating*, eds. Anderman and Murdock, p. 35.

27)　Jonathan D. Glater, "Colleges Chase as Cheats Shift to Higher Tech," *New York Times*, May 18, 2006, pp. A-1, A-24.

28) この生徒の言葉は、Paris S. Strom and Robert D. Strom, "Cheating in Middle School and High School," *Educational Forum*, Winter 2007, p. 112 に引用されている。

29) Dudley Barlow, "Cut, Paste, and Get Caught: Plagiarism and the Internet," *Education Digest*, May 2006, p. 40.

30) Lisa Renard, "Cut and Paste 101: Plagiarism and the Net," *Educational Leadership*, December 1999/January 2000, p. 41.

31) Howard, "Forget About Policing Plagiarism."

32) Alfie Kohn, *The Homework Myth: Why Our Kids Get Too Much of a Bad Thing* (Cambridge, MA: Da Capo Press, 2006).

33) これと同じような動機が見られるのは、授業の内容を十分に理解している生徒が、それにもかかわらず、宿題を終えていないという理由で悪い成績を与えられる場合であろう。この生徒は本人の気づかないうちに、宿題が学習をうまく進めるために必要であるという仮説が間違っていることを証明している。そして教師は、大切なのは学ぶことではなく、言われた通りにすることだと考えるのである。

6 読書嫌いの育て方：
動機づけ、学習そして力の共有を振り返る

（*English Journal*　2010 年 9 月）

　自律を大切にする教師は生徒の自発性を期待するが、生徒を統制しようとする
教師は生徒の服従を求める。

　　　　　　　ジョンマーシャル・リーブ、エリザベス・ボルト、イ・カイ

　尋ねられているわけではないが、私のお気に入りのスペインの格言を紹介
したい。詩人のフアン・ラモン・ヒメネスの言葉だとされているものである
が、「罫線の入った紙を渡されたら、その線を無視して書きなさい」という
意味である。私はこのような意見を念頭に置いて、「生徒を動機づける」と
いう特集を組んだ *English Journal* 誌の本号に寄せる文章は、「生徒を動機
づけることは不可能である」という言葉で始めたい。

　本当のところ、おそらく自分自身を除いて、人を動機づけることはできな
いだろう。確かに十分な権力を持っていれば、生徒を含めて他人に何かをさ
せることはできる。そのために報酬（例えば成績など）と罰（こちらも成績
など）があるのだ。しかしそれを高いレベルでさせることはできない。ドナ
ルド・マレーがかつて述べたように「書くことを命じることはできるが、上
質な文章を書くよう命じることはできない」のである。そして何かをしたい
と思わせることもできない。実際のところ、強制や外発的な動機づけに頼る
ほど、生徒は自分がするように促されていることに対する興味を失ってしま
うだろう。

　そのため、教師が**できる**こと —— そして教師はこれ**しか**できないのである
が —— は、生徒と協働してクラスの文化、学習の環境、学習の内容を創り出
して、すべての生徒が学習に取り組むにあたっての基本的な姿勢を養い、維
持することである。その姿勢とは、自分自身と世界を理解しようとし、意味
があると見なされる課題に取り組む能力を高め、他者と結びついたり、自己

を他者に表現したりしようとするというものである。その中で動機——少なくとも内発的動機——は、周りからの支援によって生まれ、必要に応じて再生するように促されるものであって、一定の方法で生徒に働きかけることで注入できるものではない。つまり、生徒の動機を活用することはできるが、「生徒を動機づける」ことはできないのである。そしてこの区別が単に言葉の問題だと考える立場には、私は同意できない。

　他方で、生徒の動機に関して教師ができる力を明らかに持っているのは、それを失わせることである[1]。これは単に理論上の可能性というだけではない。今この瞬間にも、数え切れない多くの教室で起きているのである。そこで「無視して書きなさい」という命令には十分留意しながら、そのようなことは意図してはいない教師がどれほど効果的に、読み書きに対する生徒の興味を失わせてしまうかを、より具体的に考えたい。先ず 6 つの点を簡単に述べ、その後少し詳しく 7 点目に触れる。

生徒の動機を失わせる 7 つの方法

1. 読書の課題の分量を定める

　読書への興味（そして読書をする力）を高めるために最も大切なものは、生徒が自分で選んだ本を読む機会である。しかし自由に読むことのメリットをなくしてしまうことは簡単である。生徒が毎晩、一定のページ数を読む、あるいは一定の時間をかけて読まなければならないと規定するだけでよい。このように読む**量**を指定されると、生徒は単に「ページをめくる」だけになり、「指定されたページまで読んで止める」ことになると、カリフォルニア州の高校教師であるクリストファー・ウォード・エルサッサーは言う[2]。また読む**時間**を決められる——これは低学年を担当する教師の方がよく行うことであるが——場合も、結果は大して良くならない。ジュリー・キングは親として次のように述べている。「私たちの子どもは毎晩 20 分間の読書をして、宿題の用紙にそれを記録するよう言われています。親である私たちが見たのは（驚くべきことに）、それまでは楽しみのために座って読書をしてい

た子どもたち —— 読むのに夢中となって、ご飯、遊び、その他諸々のために本を置きなさいと言われていた子どもたち —— が今では、時間を決めて……タイマーが鳴ったら読むのを止めるのです。……読書は、歯磨きと同じような作業となってしまったのです」。

2.　感想文を書かせる

　中学校の教師のジム・デルーカは次のようにまとめている。「生徒を読書嫌いにする最良の方法は、読んだことを教師に報告させることである。生徒に記録用紙を使って、指定される時間内で読んだ最初と最後のページを書かせる教師もいる。また読書感想文や他の課題を出す教師もいるが、これらは簡単にでっち上げることができて、実際にほとんど読まなくても書けるものである。多くの場合そのような課題は、読んだばかりの本を嫌なものとして生徒に感じさせる。それは、課題が出される前に生徒がその本にどういう感想を持っていたかには関係しない」[3]。

3.　生徒を孤立させる

　私は25年間同じ読書グループに所属してきた。対象の多くはフィクションで、古典も現代作品あるが、1か月で1冊程度の割合で読んでいる。もし仲間と一緒に読むことがなかったら、その期間にどのくらいの本が読めたか、また自分でどうにか読めた本から得られた喜び（そして洞察）がどれほどのものであったかを考えると恐ろしくなる。本誌（*English Journal* 誌）の定期購読者は、文学サークルや、その他の形で読者のグループを作ることを促す方法には、おそらく馴染みがあるだろう。もし生徒に、自分のしていることへの関心を失わせることが目的であれば、そのような集まりをさせず、ほとんど一人で読ませる（そして書かせる）ようにすればよい。

4. 技能を重視する

　子どもが読書を愛するようになるのは、自分で解釈したり、挑発的な考え、強烈な登場人物や愉しい文章に出会ったりするときである。しかしそのような場面が、読む技能やその技能を示す専門用語に過度に注意を払うことで阻害されるならば、読書への愛は深まらない。文章が読めることにおいて、「劇的アイロニー」や「弱強五歩格」の定義を知ることの意味は、ちょうど科学を学ぶにあたって窒素の原子量を記憶することと同じ関係にある。私が高校で英語を教えていた短い期間を振り返ると、答えが一つしかない問いをもっと少なくしていれば、はるかにうまくできたのではないかと考える。隠喩と直喩がどう違うかを説明するのに時間をかけるのではなく、隠喩の世界に生徒が直接飛び込めるように促すべきであった。最近、エリオット・ワショー、チャールズ・モイコフスキー、デボラ・フォスターが述べていたように「学校では、文学は一連の技能であると教えており、世界に参加する方法であると伝えてはいない。その結果、多くの若者は読書を学校での勉強であると捉えるようになり、自分自身が興味を持つことについて、より多くを学ぶこととは関係ないと見なしている」[4]。

5. 報酬を与える

　多くの研究によって確認されているのは、報酬は、それを得るためにしなければならないことが何であっても、行うことの内容自体への興味を失わせるということである。この原則は（性別・年齢・国籍などを越えて）多くの異なった母集団で見られると同時に、課題の性格や報酬の種類（4つだけ挙げるならば、金銭・良い成績・食べ物・褒め言葉）が違っても同様である[5]。生徒に対して褒美をちらつかせて、読書をするようにさせることはできるだろう。しかし生徒の読書自体への興味は消えてしまう公算が高い。あるいははじめから読書に興味がない子どもであれば、興味を持つことはないだろう。なぜなら、その子どもに対して、読書は自分から**したい**と思うよう

なものではないというメッセージを伝えているからである（「当たり前だけど、もし読書が面白いなら、どうしてご褒美を出してそれをさせようとするの？」）。巧妙に作られている企業のプログラム（例えば「アクセラレイテッド・リーダー〔Accelerated Reader　Renaissance Learning 社のクイズ式読書支援ソフト〕」や「ブック・イット」〔Book It !　ピザ・ハット社の小学生向け読書推進プログラム〕）は最も効果的に、読書はそれ自体としては楽しいものではないと子どもに教えているのかもしれない。そして教師が日常的に成績をつけることも同様に、子どもに読書をつまらないと思わせる結果となっているのである。私の知る限り、成績と内発的動機づけの関係を調べた研究はすべて、成績が動機づけに対して否定的な影響を与えることを明らかにしている[6]。

6.　生徒をテストに備えさせる

　このように教師がつける成績は、外部からの報酬によるプログラムとともに、あらゆる面で子どもの動機を失わせるのに効果的であるが、教師が出すテストも、州の標準テストに劣らず悪い影響を持っている。テストそれ自体が害を与えるのではなく、テストに先立つものが問題である。哲学者のハイデッガーは、人生は死に向かって ── 死とは何かを考え、死を予期して ── 生きられると述べた（**死への存在**）。これになぞらえると、常にテストに向かって学習が行われているクラス（**試験への学習？**）では、考えることや読書をすることは、テストという 1 つの目的に向かう多くの手段としてのみ経験されることになる。言うまでもなく、報酬がもたらす影響とまったく同一である。そのためテストと成績の**両方**が重視される教室では、害は事実上二倍となる。そしてこのテストと成績がもっぱら、知識を暗記したり機械的な技能を習得したりすることを中心としているならば、クラス全体の子どもを読書嫌いにする「三冠」を獲得することになるだろう。

7. 生徒の選択肢を狭める

　近年教師の自律性は、以前に比べて制約されている。圧倒的多数の「学校改革」では、「説明責任」が強調され、非常に具体的な教育内容の基準に従うことが標準テストによって強要されるが、この背後には、教師に対して何をどのように教えるかを指示する必要があるという前提がある。それと同時にこの動きは、優れているということを画一性（「すべての 9 年生は……ができなければならない」）や、単なる難しさ（より「厳格な」ものが必然的により優れている）と混同している。そしてこれは今や神格化の域に達して、アメリカのすべての公立学校のクラスに、同一の教育内容の基準を定める方策まで出されている。このような方針は、主に企業経営者、政治家、テスト業者などによって進められているが、残念なことに、NCTE〔National Council of Teachers of English　全米英語教育者協議会〕などの教育団体も、原則に基づいた反対の態度を取っていない。むしろそのように動く企業が許す範囲内での限定的な役割を進んで引き受け、教育課程の基準を作ろうとするのである。そのことで、外から与えられる画一的な形で学校教育を行うことが正当であり、教師からも支持されているという印象が生まれる。

　より広い視点で見るならば、教育課程の基準の問題を越えており、同時にこの問題以前からあるのは、学校教育の「食物連鎖」に沿った上意下達式の統制の問題であって、それは議会と州の教育行政から始まり、教育委員会と教育長、学校長と教師に至る。つまり教師にとっての根本的問題——現実的であると同時に原則的な問題——は、教師は生徒に対するときに、自分自身が扱われているように対応するのか、それとも自分が扱われたいと思うように対応するのかということである。

　後者のやり方——「生徒とともに行う」方法と言えるが——を選ぶ教師は、可能な限り、意思決定の過程に生徒を参加させることを重要視する。逆に前者——「一方的に行う」方法——を選択する教師は、生徒に対する姿勢について、**自ら**を細かく管理しようとする人の運営手法を見習っているのであろう。そしてさらに、これまで慣れ親しんできた教師主導の授業を再生産

しているとも言える。そうでなくても、単に教師の支配権を手放すことが難しいと考えているのである。教師として長年の経験を持つハーヴェイ・ダニエルズとマリリン・ビザーは、次のようにやや挑発的に述べている。「教師は、深層心理の何らかのレベルで、注目を集めることを強く求めていなければ、そもそも自分の職業を選ばなかったであろう。教師が『心の底から何かを教える』ことを強く求めることが、行政官の臆病さと教科書会社の策略を合わせたものよりも強く、生徒中心的な授業への改革を妨げているのである」[7]。

　この点では私も悪かった。私が高校で教えていたとき、授業についてのほとんどすべては私が一方的に決めていた。生徒が何を読むか、読んだものについてどのような形でまとめるか、生徒の学習をどう評価するか、1 冊の本や 1 つのトピックについてどのくらい時間をかけるか、ある課題を小グループで行うか、クラス全体で行うか、クラス内の問題をどのように解決するか、宿題は本当に必要かどうか（もし必要であれば、何を課し、締め切りはいつか）、座席はどのように配置し、壁には何を貼るか。正直に言って、生徒にこちらの決めたことを伝えるのではなく、生徒に決めさせるということは、思いもよらなかった。何と言ってもここは私の教室ではないか？

　まあ確かにそうではあるが、それが必然的なあり方だからではなく、単に私が決定権を独占していたからである。そして私の生徒はそのために良くない状況に置かれていた。残念な皮肉と言うべきは、子どもが成長して、意思決定の力が高まるにつれて、自分で決める機会が学校では少なくなることである。ある面では、10 代の生徒が自らの学習について、あるいは毎日の学校での時間の使い方の詳細について持っている発言権は、幼稚園児より少ないのである。そのため、平均的なアメリカの高校生は、大人の生活への準備として完璧である。ただそれは、全体主義国家での生活への準備をすることを想定しているかのようである。

　親が「今日は学校で何をしたの？」と聞くと、子どもは「何もしなかった」と答えることが多い。ハワード・ガードナーの指摘によれば、子どもの答えはおそらく正解なのである。なぜなら「生徒に対して学校教育が**なされ**

るのが普通」だからである[8]。このような受け身の姿勢の強制が特に多く見られる学級の特徴は、生徒が学ぶ内容を創る役割を与えられず、講義や発問、課題や評価を一方的に受け取る側に立たせられるということである。その結果として、批判的、創造的思考がまったく見られないことになるが、(これも皮肉なことに) 統制的な教師ほど、これを生徒自身のせいにしがちなのである。つまり生徒が無責任で、無関心で、やる気がなく、未熟であるなどなどである。しかし実際には、子どもが良い決定をできるようになるのは、決める経験を持つことによってであって、指示に従うことによってではない。

　逆に決める経験を持たず、授業で行われることについての発言権をほとんど持たない生徒は、反抗したり、人を無視したり、疲れ果てたりする。あるいは単に退学してしまう。ここでもまたそのような反応が、**教師**が何をするか、何をしないのかと関連しているという事実を直視するには、一定の勇気が必要である。そして同様のことは、本章で論じている、より広いテーマについても当てはまる。決める機会がないことは、読んだり書いたりすることへ関心の欠如という結果をもたらすであろう。仮にこれが私たちの目的であるならば、最良の戦略は、伝統的な教師中心・教師主導の授業であろう。

生 徒 が 学 習 へ の 意 欲 を 持 つ よ う に 支 え る

　さて、ここまではいささかぎこちない思いつきで、いかに興味を失わせるかを述べてきたが、ここからはもっと直截に、生徒が自分自身の学びに、より積極的な役割をどのように果たすことができるのかについて考える視点を、いくつか提案したい。ここまで読んでこられた読者は、生徒の学ぶことや読書をすることへの意欲を支えようと考えるだろうと、私は推測している。そこで最初に、いくつかの一般的原則を示す。

1. 生徒の自律を支えることは、単に、生徒にあれこれ選ばせることではない

　「自己決定という経験は、教師が定めた選択肢を提示することを通じて、生徒に与えられるものではない（例えば「ここに6冊の本がある。今日はどれを読みたいか？」）[9]ここからは2点の洞察を得ることができると思われる。第一は、より深い学びや熱意のためには、教師の決めた選択項目から選ぶだけでなく、生徒が選択肢自体を**生み出す**ように認めることが必要なのである。つまり、選択すること以上に選択肢を構築することが重要なのである。第二は、教師が本当に行う必要があるのは、「自律への支援」であって、これは教えることに関わると同時に、生徒の心理にも関わることである。これは自己決定理論と呼ばれる、心理学の一分野から導き出される考えである。この理論は主にエドワード・デシとリチャード・ライアンによって打ち立てられた。生徒の自律を支援することは、自分自身の人生を手中に収めたいという生徒の要求を満たし、決める機会を（必要な助言や励ましとともに）与え、「教室で、評価への意識と強制されているという感覚を最小化し」、そして「自分が発言権と選択権を持っているという生徒の認識を最大化する」ことである[10]。

　私は1993年に、それまで発表されていた研究に基づいて生徒に発言権と選択権を与える意義について論じ、どれだけ知的、道徳的、そして心理的なメリットがあるかを詳説した[11]。それ以降もデータは積み上げられてきている。2006年には、この領域の2人の専門家が以下のような整理をしている。

　　実証的研究が明らかにしているのは、自律を促す教師に教えられている生徒は、支配的な教師を持つ生徒に比べて、自律の感覚をより強く持つだけではなく、クラスの活動への参加、感情の豊富さ、創造性、内発的動機づけ、心理面での良好さ、概念の理解、学業成績、そして学業継続の面でより肯定的な状態にあることである[12]。

2. 自律への支援と選択は集団的に行うことができる

　生徒が、自分だけに関わることについて決定できるようにすることが重要であることは確かであるが、クラスで一緒に考え合う機会をより多く設けることも必要である。実際、個人の自律と共同体意識が結びつくときに、私たちの社会でしばしば語られはするが、あまり実践されない概念を内実のあるものとするのである。その概念とは民主主義である。

　ほとんどの高校で採用されている、不合理なほど短い授業時間であっても、その限られた時間の一部を使って話し合いを行い、生徒が問題解決と意思決定ができるようにすることには意味がある。私はかつて何度か、ボストン近郊にあるドーバー・シェルボーン高校のキース・グローブ先生の授業を参観したが、そのような話し合いが、授業に欠かせないことに気づいた。グローブ先生は、話し合いの時間によって生み出される共同体の感覚（同時に積極的な参加）によって、教師が直接的に学習内容を教える時間についても、より意味のあるものになるのであって、それは、授業中ずっと静かに聴いている生徒に、一方的に話すこと以上に有効であると気づいていたのである。生徒は皆で、宿題の見直しを小グループでするか、クラス全体でするかを決めていた。また次のテストをいつ行うべきかを決めることに意味があるのはどういう場合なのかも、一緒に判断した（そもそも評価 —— 生徒の準備ができたときに、自分が学んだことを教師に示させること、あるいは「分かったふり」をさせること —— にどういう意味があるのだろうか）。興味深いことにグローブ先生は、自分の授業は非常に民主主義的であるが、統制は取れていると話す。そして自らがすべきことは「生徒が主導権を握るように、自分が主導権を持つこと」であると考える[13]。

3. 全か無かではない

　伝統的な教え方を好む教師は時として、自律を促す授業を、知的な課題を避け生徒が好きなことをするつまらないものだとして、このような授業を拒

否することを正当化する。しかし、キース・グローブが述べていたように、自律を促すことは系統的な学習を排除することではないのと同時に、積極的な教師の関与を否定するものでもない。この関わりは直接的なこともある。例えば、教師と生徒が話し合って、作文課題の締め切りを双方で折り合える日程にする場合である（「皆さんで決めて」ではなく「一緒に考えよう」であろう）。逆に間接的になることもある。例えば教師が授業で扱うテーマを広く提示し、生徒がその範囲の中で決める場合である。ただし、比較的小さな事柄に関してだけ、教師が生徒と決定権を分かち合えばよいとは考えるべきでない。最初はそのような問題から始め、教師（そして生徒）が民主主義的なクラスに次第に慣れてくれば、より大きな課題についても、生徒を巻き込んで、ともに考えるように努力するのが良いだろう。

4.「上記参照」してほしい

　本章の前半で述べた、読書への興味を失わせる 7 つの提案は、生徒が個人的・集団的に、自らの学習のあり方を決める権限をより多く与えられたからといって、無効になるものではない。例えば報酬は、たとえ子どもが自分に与えられるご褒美を選べるとしても、非生産的であることには変わりない。また、英語の授業が、限定的に捉えられた知識や技能にだけ集中していないかと振り返ることは、たとえ生徒が細かい点について決めることが許されている場合でも、重要である（「じゃじゃ馬ならし」でビアンカの求婚者の 1 人は「腐ったリンゴはどれを選んでも同じ」と言う）。最も深い意味での自律への支援も、最もよく成果を挙げるためには、他の面でも教育的に価値を持つ授業の中で行われ、よく見られるものではあるが非生産的な行いを避けることが必要である。

具体的な提案

　最後に、生徒を意思決定の場に巻き込むためにいくつかの具体的提案を行

いたい。ここでの提案をヒントにして、読者が同じ視点からの別の提言を考えていくことを期待している。

・生徒に文学作品の例を示し、1人で、あるいはグループで、自らの問いと議論のテーマを考えさせる。

・生徒が互いに協力して作文を直す前に（単に**教師の修正**の方針を示したり、さらに悪いことではあるが、前もって作成されたルーブリックによって作文を評価したりするのではなく）、その構成や読み手に与える印象に関して、自分たちが出す可能性のある質問をブレーンストーミングするよう促す[14]。

・生徒の書く論文についての着想を、生徒たち同士でともに考えさせる。そして書き始めたら、各々の生徒がグループのメンバーに助言を求めるよう促す。さらに提案される意見の根拠と有効性を話し合わせ、皆にとって有益になるような振り返りとする。

・教師が生徒の日誌やその他の文章についてコメントしようとする場合は、先ず（個別に、あるいはクラス全体に）どのような内容のコメントが最も生徒自身にとって役に立つかを尋ねるとよい（教育委員会の人が、教師の教え方についての助言をする場合でも、同じようにしてほしいとは思わないだろうか）。

・生徒に自分の書いたものを読んでくれる人を選ばせる。また、自分が読んだものにどのような形でコメントするか（例えば芝居、論文、口頭発表など）を選ばせる。

・クラスの話し合いで定期的に生徒と、授業の進行はどうか、意思決定の過程はうまく行っているか、クラスの雰囲気は学びを促すものになっているかを確認し合う。そして、議論や課題をより生産的で満足できるものにするものは何かを問う。ただしこれは、生徒の発言の内容によって、教師が自分の考えを進んで変える姿勢を持つ限りである。

・生徒を評価の過程に巻き込み、従来のテストに代わるものについて一緒に考えるよう促す。つまり生徒に「自分の理解したことをどのような形で示すことができるか。まだ手助けが必要な面は何か。そして、この単

元の教え方について、教師である私が考え直す必要がある点は何か」を
問うのである。また定められた評価の枠を越えて、生徒の学習成果を評
価する規準を、クラス全体で提案するように働きかけ、その後実際に自
分たちのしたことに、その規準を適用させる。

・集団での意思決定は、必ずしも投票を伴う必要はないことに留意する。
投票は単に対立をもたらす多数決主義にすぎない。意見の違いに折り合
いをつけ合意形成が行われるような、より深い意味での民主社会を目指
す力と姿勢を養うように、生徒を支援する。

統 制 を 放 棄 す る

　教師が自ら進んで何らかの統制権を放棄するということは、自らが作った
素晴らしいと思える授業計画にあまりのめり込まないことでもある。自分が
教えたいと考えていることについてだけではなく、生徒が学習し、学びに興
味を持つようになるために、どのようにサポートしているのかに、喜びと誇
りを感じるようにすべきである。最も考えぬかれた授業、最も工夫された課
題、最も充実した書籍一覧であっても、それが教師の発案によって**生徒**に押
しつけられるならば、生徒を刺激して関心を持たせたり、より詳しく考える
ことを促したりすることには、まずならないであろう。大切なのは教師が何
を教えるかではなく、生徒が何を学ぶかである。そして、真の意味での学習
が行われる可能性は、生徒が学習内容と学習方法について多くの発言権を
持っているときに、非常に高くなる。

　最良の教師は、毎晩少なくとも一定の時間を取って、（比喩的な意味で
あっても）自分の額を叩いて、日中に起きたことについて振り返っている
と、私は考えている。例えば「子どもたちに尋ねるべきであったのに、どう
して**自分で**決めてしまったのか」のように。そして、今後の授業のあり方に
ついても考えて、「これは、子どもと一緒に決めるよりも、自分で決めてよ
いものなのか」と問う。ワシントンD.C.のある文章表現の教師は、生徒に、
文芸雑誌をどのように作るかを決めるのは自分次第だと伝えたことで、自己

満足を感じていた。しかしそれは、その後次第に生徒への統制を強めていっ
たことに気づくにつれて変わっていった。「私は生徒の力を引き出す可能性
のある課題を設定していたが、それを私自身ができることを見せびらかすも
のに変えてしまった」¹⁵⁾ と話したのである。疑似民主主義とでも言うべきも
のを行っていることを自覚するには、洞察力と勇気が必要である。権力を持
ち続けることは——明らかに伝統主義者にとってはそうであるが、実は自ら
を意識の高い進歩主義者であると考えている教師にとっても——それを放棄
するよりも、本当にずっと簡単なことなのである。

　しかし、生徒が文学を心から好きになり、単語を正しい順序で並べること
に喜びを見出すよう促すことを真剣に考えるならば、それを促すものは何
か、阻害するものは何かについて注意を払う必要がある。しばらく時間はか
かるかもしれないが、最終的には授業のあり方を、ありふれた既定の形から
逆転させるべきである。そして、そこでの合い言葉は「生徒自身に決めさせ
よう。教師が生徒のために決めなければならない十分な理由がない限りは」
である。

【原註】

1)　経営理論家の Frederick Herzberg は、職場での非対称的な動機づけについて、同様の議論をしている。報酬を少ししか支払わないことで動機づけが得られないとしても、より多くの報酬を支払えば、満足度や動機が高まって、全力を尽くそうとするようになるわけではないのである。このことから、成果給という形は必ず失敗することが説明できる。

2)　この部分を含めて出典を示していない引用は、私信によるものである。

3)　〔読解指導のベテラン教師である〕Regie Routman は、そのような課題を受け取る側にいる自分自身を想像してみるよう促している。「最近、あなたが好きな本を読んだときのことを考えてください。そして、読書感想文や、主題と内容の詳細を含むレポートを書くように言われたらどう感じていたかを想像してください。あるいは、各章の終わりで、設問に答えなければならないとしたらどうかも。私自身そうされたら、その本をもう読みたくなくなるでしょう」(*Literacy at the Crossroads* [Portsmouth, NH: Heinemann, 1996], p. 177)。

4)　Elliot Washor, Charles Mojkowski, and Deborah Foster, "Living Literacy," *Phi Delta Kappan*, March 2009, p. 522.

5)　Edward L. Deci, Richard Koestner, and Richard M. Ryan, "A Meta-analytic Review of Experiments Examining the Effects of Extrinsic Rewards on Intrinsic Motivation," *Psychological Bulletin* 125 (1999): 627-68、また私の本 *Punished by Rewards* (Boston: Houghton Mifflin, 1993) を参照。

6)　私はこれに関する何件かの研究と、成績が学習の質と難しいものに挑戦する意欲に対して否定的な影響を与えることを明らかにした研究について、*Punished by Rewards* や *The Schools Our Children Deserve* (Boston: Houghton Mifflin, 1999)、さらに "From Degrading to De-Grading," *High School Magazine*, March 1999, pp.38-43 (https://www.alfiekohn.org/article/degrading-de-grading/ で閲覧可能) で検討した。

7)　Harvey Daniels and Marilyn Bizar, *Methods That Matter* (York, ME: Stenhouse, 1998), p. 12.

8)　Howard Gardner, *The Unschooled Mind* (New York: Basic, 1991), p. 243.

9) Johnmarshall Reeve, Glen Nix, and Diane Hamm, "Testing Models of the Experience of Self-Determination in Intrinsic Motivation and the Conundrum of Choice," *Journal of Educational Psychology* 95 (2003): 388.

10) Christopher P. Niemic and Richard M. Ryan, "Autonomy, Competence, and Relatedness in the Classroom: Applying Self-Determination Theory to Educational Practice," *Theory and Research in Education* 7 (2009): 139. 生徒が学習に深く取り組むためには、「手順」や「組み立て方」に関する自律への支援よりも、「捉え方に関わる自律への支援」の方が重要であるという議論については、Candice R. Stefanou, Kathleen C. Perencevich, Matthew DiCintio, and Julianne C. Turner, "Supporting Autonomy in the Classroom: Ways Teachers Encourage Student Decision Making and Ownership," *Educational Psychologist* 39 (2004): 98-110 を参照。

11) Alfie Kohn, "Choices for Children: Why and How to Let Students Decide," *Phi Delta Kappan*, September 1993, pp.8-20 (https://www.alfiekohn.org/article/choices-children/ で閲覧可能) を参照。

12) Johnmarshall Reeve and Hyungshim Jang, "What Teachers Say and Do to Support Students' Autonomy During a Learning Activity," *Journal of Educational Psychology* 98 (2006): 210. これらの影響の多くについては、2 年後に刊行された大規模なメタ分析で確認されている。Erika A. Patall, Harris Cooper, and Jorgianne Civey Robinson, "The Effects of Choice on Intrinsic Motivation and Related Outcomes: A Meta-Analysis of Research Findings," *Psychological Bulletin* 134 (2008): 270-300 を参照。

13) Kohn, "Choices for Children."

14) 最後の点については、Maja Wilson, *Rethinking Rubrics in Writing Assessment* (Portsmouth, NH: Heinemann, 2006)、また本書第 7 章の Kohn, "The Trouble with Rubrics" を参照。

15) Sami Miranda, "Yours, Mine, or Ours?" *Rethinking Schools*, Summer 1999, p. 10.

7　ルーブリックの問題点

(English Journal　2006 年 3 月)

　私はかつて、評価について漠然と二項対立的に考えていた。つまりもっぱら〔A・B などの〕文字による成績を用いる伝統的な方法は、雑であり有用ではない。それに対して、ポートフォリオやルーブリックを用いる新しい方法は、詳細で本物の評価であると考えていたのである。ずっと後になって、新しい方法によって個人がどのように評価されているのかを念入りに調べてみた。そしてそれが素晴らしいと言うのを止めた。

　最初に私が気づいたのは、何らかの新しい方法を奨励すべき根拠として、旧式の成績表よりも優れているという理由だけでは不十分であるということである。この規準で考えるならば、ほとんど何でも良いものに見えてしまうだろう。そして古いものに代わる評価がすべて真正なものであるとは言えないことが次第に分かってきた。特にルーブリックについての私の疑念を強めたのは、この方法が依拠する前提と同時に、ルーブリック（そして評価一般）が一般的に判断されている規準であった。このような疑いは、良識のある教師からの否定的なつぶやきによってだけでなく、この方法を熱心に**支持する**人の主張によっても強まっていった。例えばある雑誌論文では「ルーブリックは生徒の成績評価を迅速に、効率的にし、教師が生徒に与えた成績の根拠を親などに伝えることに役立つ」と述べられていた[1]。これに対する適切な反応は、「これはまずい」しかない。

　第一に、教師に対して、保護者面談の場での自己正当化の便利な戦略（「クロメットさん、3 ばかりなのを見てください！これではザックに B 以外をつけることはできませんね」）として奨められるものは、教師が自らの教え方を改善したり、ましてや自分の前提を考え直したりするよう促すきっかけにはならないであろう。

　第二に、私が成績に代わるものを探していたのは、これまでの研究によっ

て、生徒が成績をつけられる場合に3つの点で、確実に悪影響を受けることが示されているためである。つまり、考えが浅くなり、危険を冒すことを避け、学習自体への関心を失うということである[2]。本当の評価の最終的な目的は、成績を廃止することでなければならない。しかしルーブリックは、成績を導き出す新しい手法を提供することで、むしろ成績を**正当化**するのに役立っている。生徒が良い成績を取ることに意識を集中させて、物事を理解しようとはしなくなるという恐ろしい現実に対処するものではないのである。

　最後に成績評価を「迅速に、効率的に」するという触れ込みについての問題である。私は十分に多くの生徒の答案を採点してきたので、この魅力は理解できるが、最良の教師はこの強みとされる点について、意味がないとは思わないとしても、疑いの念を抱くだろう。先ず問うのは、生徒の学習の質についての見栄えの良い評価を生み出すために、犠牲にしなければならないのは何かということである。この問いについて考えることで、害のない採点の規準として提示されているものが、実は非常に誤っていることが理解できる。

　例えばDVD プレイヤーの製造について議論する場合は、首尾一貫していて画一的な基準は素晴らしいものであって、実際に適用できる。しかし、子どもが物事をどのくらい理解しているかを確かめようとする場面では、まったく違ったものとなる。人間による判断が必然的に求められ、それは厳密ではなく、同時に主観的である。ルーブリックは何よりも、標準化を推し進める道具であって、教師を成績をつける機械にするか、少なくとも自らのしていることが正確で客観的であるかのように装わせる。正直に言えば私は、標準テストや標準カリキュラムに反対はしても、不思議なことに、授業内での評価の標準化には反対しない教師の数の多さに戸惑っている。

　ルーブリックの魅力は、評価者の間で一致率が高いことであるとされ、ついに言語教育にも導入されるようになった。作文を評価する場合に、どのような作文が可能な限りの最高点を与えられるべきかについての一連の規準が定められるということは、ルーブリックを作成する人がほとんど同一の立場を取っていることの反映であると思われている。そしてルーブリックを使っ

てどの作文がその規準に合っているのかを考える（つまり、「教師が決める」のではなく「規準に合わせて見出す」）のを補助するものであると見なされている。

　さて専門家からは、ルーブリックでは、効果として期待されている正確な評価を、実際には行うことができないという批判が出されている。評価の判断は最終的には曖昧な形容詞によって表現され、教師の裁量に委ねられることになるという批判である。しかし私はルーブリックがうまく行かないことよりも、うまく行くことをより強く心配している。教育内容を空洞化させて、学校をテスト準備のための工場に変えることで、標準テストの得点を引き上げることが可能となるのとまったく同様に、どのような点を優れたものとして評価するかについて、誰かが作った狭い規準を受け入れ適用することで、ある課題にどのような成績を与えるかに関して、多くの人の意見を一致させることが可能となるのである。一度教師が自らの判断を手放すと、どの課題に最高点を与えるかについて、すべての教師の意見は正確に同一になるのである。

　人間の判断の主観性を否定しようとする試みは、それ自体として問題をはらんでいるが、同時に非常に実際的な意味でも有害である。現在はワシントン州立大学のリンダ・メイブリーは、1999 年に刊行した重要な論文で、以下のように指摘している。つまりルーブリックは「採点の指針として活用できるように作られているが、同時に学習の質を判定するものとしても用いられ、何が教えられ、評価されるべきかを決める手段となっている。評価者の間の意見の一致は、つづりや文章の構成などのような事柄に関して、より簡単に達成できることから、このような側面が、ルーブリックを用いる授業ではより評価されやすくなる」。メイブリーが引用した研究結果は「ルーブリックに従うことは、より高い得点を生み出す傾向があるが、『中身のない』文章を生み出した」ことを示している[3]。

　ここまでの私のルーブリック批判は、教師が生徒に出す課題の評価を標準化するために用いるということだけを想定したものであった。私は疑念を抱きながらも、教師が 1 つの単元の授業の最初の段階で、一時的にルーブリッ

クを参考にして計画し、生徒が単元の終わりでできるようになることを多様
な規準で評価するよう考えられるメリットがある場合を想像できる。ルーブ
リックが複数の評価規準の単なる1つの形であって、授業のあり方を決めて
しまうものでない限り、有用な役割を果たす可能性もある。

　しかし、**生徒が**ルーブリックを与えられて、それに従って学ぶように指示
されるならば、このような見方はできなくなってしまう。先に引用したルー
ブリックの支持者は、採点が効率的になり、成績の根拠が説明しやすいと主
張していたが、実は同時にルーブリックを活用して、生徒が前もって、自ら
の学習がどのように評価されるのかを正確に知っておくことも求めているの
である。この立場を支持するものとして、ルーブリックが好きではない女の
子の不平の言葉が引用されている。「もし私が何かを間違えたら、自分が何
をすべきであったのかを知っていたはずだと先生は断言できるのです」[4] こ
の子には気の毒であるが、これは笑い話のようである。子どもがルーブリッ
クに関わることを嫌に感じるということが、その有効性の証拠であるとされ
ているのである。

　教師に対する評価を標準化することが教育の質を低下させるのと同様に、
学習者への評価の標準化も学習の質を損なう。ミシガン州の教師で教育委員
でもあったミンディ・ネイサンは私に、自分が「ルーブリックを使う誘惑に
抵抗を始めたのは」、ある日「授業に全然興味を持っていない生徒が手を上
げて、この課題のルーブリックはあるでしょうか」と質問したときだったと
語った。ネイサンは、生徒たちが、おそらく他の授業でルーブリックに次第
に慣れてきたため、必要な項目がすべて表の形で示され、得点が割り当てら
れていなければ、どうすればよいか分からなくなっていることに気づいたの
である。そしてさらに悪いことには、「生徒は自分の考えや書く力に自信を
失い、本当に何かに挑戦しようとはしなくなった」とつけ加えた[5]。

　これは評価の専門家では気づかないような種類の結果である。評価の専門
家は基本的には技術者であって、より大量にデータを生み出す方策を探して
いるのである。答案用紙の上に書かれているB＋という文字は、生徒に対し
て答案の質についてはほとんど何も伝えないが、ルーブリックは、複数の規

準に基づいた詳細な情報を提供するのである。そのことから、ルーブリックはより優れた評価方法であるとされる。

　この論理の致命的な欠陥が明らかにされるのは、教育心理学の一連の研究によってである。その研究の多くは、どのくらいうまくできるかに絶えず関心を集中させている生徒は、学んでいる**内容**について関心を失っていくことが示されるのである。読んでいる本の内容について考える（例えば、ある登場人物がそのように決めたのはどうしてなのかを解き明かそうとする）ことと、自分の読解力について考えることとの間には大きな違いがある。作家のマリリン・フレンチはかつて「並外れて素晴らしい教育だけが、学びに関心を持つが、ほとんどの教育は成果にしか注目しない。そして若い人から見れば、この2つはほぼ対極にある」と述べた[6]。この区別から考えてみれば、評価方法の価値が、それによってもたらされる情報量と直接的な比例関係にあるとみなすのは短絡的であることが分かる。少なくとも、この判断規準では、非常に多くのことが見落とされるのである。

　しかし実際にはさらに望ましくないことさえ起こる。これまでの研究が示しているのは、自分のしたことの出来にばかり関心を持つことによって、思考がより表面的になり、学習内容自体への関心が低下し、失敗に直面すると早く諦めてしまい、成し遂げた結果を、生来の能力などの自分ではコントロールできないものによって得られたものであると見なす傾向を持つことである[7]。このことを踏まえれば、生徒のしたことを詳細に、そして何度も評価することはまったく非生産的であると言える。ある小学6年生は「作文をしている間ずっと、何を書こうか、どのように書こうかということは考えない。先生がルーブリックをくれても、自分の成績がどうなるかばかり心配している。考えたことを素直に書くよりも、正解であるかどうかに気持ちを集中させる」と表現した[8]。多くの場合、この発言の2番目の文の「ルーブリックをくれ**ても**」は「ルーブリックをくれたときに**とりわけ**」と言い換えた方がいいかもしれない。しかし、少なくともこの観点から見れば、ルーブリックだけが特別に有害であるわけではない。どのような形の評価であっても、生徒に「自分の出来はどうだろうか？」と絶えず考えさせるようなものは、

生徒の自分自身と学んでいることへの捉え方を変えてしまうことになり、それは普通悪い方向への変化である。

　以上のすべてのことが意味するのは、ルーブリックの内容を改善したり、自分自身で作ったりすることによっては問題は解決しないということである。なぜなら、問題はルーブリックの存在それ自体と、ルーブリックが目指す目標にあるからである。これこそマヤ・ウィルソンの類を見ない書物 *Rethinking Rubrics in Writing Assessment*（『作文評価におけるルーブリック再考』）[9] が追求しているテーマである。ウィルソンは「込み入った過程を、見た目良く整理された4～6行の小さな長方形」に収めることで、評価から「優れた作文に生気を与える複雑さを奪ってしまう」と述べる。作文の優秀さを定める一組の規準を基にした高い得点を得ても、その作文が本当に優れているとは言えない。文書の質は、ルーブリックで示される部分の総和以上のものだからである。作文の質を考えるには、「その作文を読み、作文毎に独自の評価規準を作るべきである」とウィルソンは主張するが、これは文字通り根源的で挑発的な提案である。

　ウィルソンはまた、比較的最近の「作文指導の変化が作文の評価の変化につながっていない」という悲観的な見方を示している。教師が作文の教え方について与えられる指針は、以前よりも非常に巧妙で進歩的なものになっているが、書かれたものの評価は、依然として定められた形で行うことになっており、実際には数値化できないものを数値化しなければならない。ここには次のような2つの可能性がある。つまり、教え方と評価が相変わらず「一致していない」のか、あるいは、生徒の作文をルーブリックによって簡単に評価することができるように、教え方が悪いものになっているかである。

　ここでも問題は、教える技法が不十分であることではない。むしろ、評価の方法に意識を集中させるとき、その背後にある**理由**に目を向けることができなくなるのである。そうであれば、そこに光を当てて「生徒が努力して行ったことを評価しようとするそもそもの理由は何か」を問うてみよう。その目的が、（1）子どもを序列化する、（2）外的な報酬を与えて、子どもにもっと勉強させる、（3）客観的な意見を伝えて子どもがより適切に、そして

関心を持って学べるようにする、のいずれであるかが重要である。より効率
的な評価の方法を考案し――評価に科学的な装いを与える――ことは、この
問いを避けることに結びつきやすいかもしれない。いずれにしても、評価の
目的が（1）や（2）から離れて、（3）に向かって変化しているとは言えない
ことは確かである。

　教師も教師が用いる評価の方法も、すべての生徒の成長を促すことと、生
徒を勝者と敗者に振り分けることを**同時に**行うことは不可能である。そうで
あるから私たちはルーブリックを考え直すことだけではなく、さらにその先
を考えなければならない。私たちは評価を全体として考え直さなければなら
ない。そしてその目的は、私たちが教師になりたいと思った動機と合致する
ようにすることである。

【原註】

1)　Heidi Goodrich Andrade, "Using Rubrics to Promote Thinking and Learning," *Educational Leadership*, February 2000, p. 13.

2)　私はこの研究について、*Punished by Rewards: Punished by Rewards The Trouble with Gold Stars, Incentive Plans, A's, Praise, and Other Bribes* (Boston: Houghton Mifflin, 1993), *The Schools Our Children Deserve: Moving Beyond Traditional Classrooms and "Tougher Standards"* (Boston: Houghton Mifflin, 1999), *"From Degrading to De-Grading," High School Magazine*, March 1999, pp. 38-43 で検討した。

3)　Linda Mabry, "Writing to the Rubric," *Phi Delta Kappan*, May 1999, pp. 678, 676.

4)　Andrade,"Understanding Rubrics," (https://ufl.instructure.com/courses/341114/files/33200719/) に引用されている。別の教育者も同じ部分を引用して、「ルーブリックをより詳しく検討しなければならない十分な理由」とつけ加えている。さらに RubiStar (http://rubistar.4teachers.org/index.php) のサイトでも引用されている。このサイトは一種のルーブリック作成サイトである。

5)　Mindy Nathan, 私信。October 26, 2004. Nathan は教育実習生として、自分の取り組みも、指導「能力」を高めるための便利な手引きとしてのルーブリックによって評価されることを知り、戸惑いを感じた。教育実習の最後に書く報告書で次のように書いた。「もちろん、ルーブリックは嘘をつかない。ただ全体像を捉えていないだけである。ルーブリックは学びと情熱を体験した一学期の経験を、紙の上のいくつかのチェックボックスに分解して、それによって将来を決められる」。このことから Nathan は次のように誓ったのである。「私の自分の生徒に同じことはしない。私の教師としての目標は、ルーブリックによる評価に抵抗をして、生徒の人間的側面を保持し、提示していくことである」。

6)　Marilyn French, *Beyond Power: On Women, Men, and Morals* (New York: Summit, 1985), p. 387.

7)　成績と学習との区別、そして過度に成績を重視することの否定的影響につい
　　ては *The Schools Our Children Deserve*, chapter. 2 を参照。ここでは Carol
　　Dweck, Carole Ames, Carol Midgley, John Nicholls らの研究を検討している。

8)　Natalia Perchemlides and Carolyn Coutant, "Growing Beyond Grades,"
　　Educational Leadership, October 2004, p. 54 に引用されている。この生徒が
　　実は 2 つの点を指摘していることに注意してほしい。ルーブリックを批判す
　　る人の中には、後半の批判 —— 技術的な正確さが過度に強調されるとき、書
　　きたいことを素直に書く姿勢が損なわれる —— は十分に理解しているが、前
　　半の批判〔書いたり考えたりする内容よりも、成績を気にしてしまう〕には
　　気づいていない人もいるのである。

9)　Maja Wilson, *Rethinking Rubrics in Writing Assessment*（Portsmouth, NH:
　　Heinemann, 2006）。

［訳者補足］

・ルーブリック（rubrics）

　ルーブリックは生徒の学習達成状況を把握するための評価基準表である。評価項目と各々の評点に該当する達成度が文章で示される（下表参照）。生徒も評価基準を知ることで、学習を効率的に進められるメリットがあるとされるが、本章ではむしろその点が批判されるのである。

	4	3	2	1
内容に関する知識	プレゼンの知識を十分に実証し、プラスの質問にも詳しく答えられる	プレゼン内容についてすべて説明できるが、プラスの質問は答えられない	プレゼン内容の知識に自信はないが、初歩的な質問には答えられる	プレゼン内容の知識にが乏しく、内容に関する質問に答えられない
図表	プレゼン資料を視覚的に分かりやすくするよう概念や数値に関するものを図表化している	プレゼン資料を視覚的に分かりやすくするよう数値に関するものは図表化している	図表化したものはあるが、プレゼンの内容を支持していない	図表やグラフを使用していない
目線	聞き手とアイコンタクトを保ち、手元の資料はほとんど見ていない	聞き手とアイコンタクトをとっているが、頻繁に手元の資料を見ている	時々聞き手とアイコンタクトをとっているが、ほとんど資料を読んでいる	資料を読んでいるだけでアイコンタクトはできていない
声・意志	明瞭な声で、相手に伝える意思をはっきりと持っている	明瞭な声だが、相手に伝える意思は弱い	声が聞きにくく、相手に伝わりにくい	声が聞きにくく、相手に伝える意思も感じられない

G-Edu イシュー　グローバル教育　気になるキーワード　VOL.5 ルーブリック
（コアネット総合教育研究所　https://www.core-net.net/g-edu/issue/6/）

第3部

環境と人間関係
生徒は学校をどのように感じているのか

8　負の学習の価値

(*Education Week*　2009年9月16日)

　私は少し前に、世界中のオルタナティブ教育の実践者27人による自伝的文章を夢中になって読み、心地良い数時間を過ごすことができた。この実践者たちは皆、学校や雑誌や運動を立ち上げ、すべての面で伝統的ではない学びを推し進めることに尽力した。私が興味を抱いたのは、この中で自分自身がオルタナティブ教育の学校に通っていたのは1人しかいないということであった。他の人はすべて、生徒としてはまったく異なった経験をしたにもかかわらず、進歩主義的、民主主義的、そして子ども中心的な教育方法に何らかの形で取り組むようになったのである。あるいは、生徒として別の経験をした**から**であるかもしれない。

　私たちが学校でさせられていたことを振り返ってみると、明らかに意味のないこと、あるいは害になるようなことについてあれこれ不満を抱いていたことを思い出すかもしれない。しかし同時に、子どもとしては、それらはすべて生きていく上での現実だと受け入れがちであったかもしれない。例えば日課、校則、授業内容、そしてどうしようもなく意地悪な大人。そのようなものが好きではなかったかもしれないが、うっとうしい天気のことをあまり気にしないように、「ああ、どうすることもできない」と思ってきたのである。

　しかし子ども時代にそのように思わされていたこと以上に私を悲観的にさせるのは、多くの人は大人になっても学校を客観的に見ることができず、怒りの気持ち（あるいは少なくとも不正への義憤）を持って、別のあり方があったのではないかと考えられないということである。そのような人は、子どもが受動的に大人の要求を受け入れている姿勢を正そうとはせず、学校の方針についても、たまたまそのようなものであっただけの人為的なものであり、反対することができたとは考えない。また、子どもが何か悪いことをし

たら、一定の罰を受けるべきだという考え方に疑問を投げかけるということにも思い至らない。子どもが丸一日学校で過ごした後に帰宅しても、追加の学業的課題である宿題という名の残業をさせる必要が本当にあるのかどうかを問うことも考えない。さらに、子どもの学習成果は文字か数字による成績に還元されなければならず、授業時間のほとんどは、子どもの活動ではなく、教師の話を聞くことに費やされるべきだと信じ切っているのである。

　実際のところ多くの人は大人になって、自分自身はほとんど耐えがたかった学校教育と同じものに、自らの子どもをさらしているのである。親の中にはそれを熱心に（そして子どもに記憶用カードを掲げながら）行う人もいるが、これは危険である。別の親は、不可避なことだと諦めて既視感を抱きながら、我が子が目の前で苦しみながら反抗するのを見ているが、これはさらに有害である。このような大人の決まり文句が「自分にとって十分に悪いものであったら、自分の子どもにも十分に悪いだろうが、それは仕方ない」であることは確かである。

　そうであるとすれば、一部の人が、伝統的な学校教育が子どもや他の人間にとって健全なものではないことを悟るのはなぜであろうか。**そして、その**判断が正しい理由（同時にそれに代わるべき、より意味があるものは何か）について何らかの考えを持ち、**さらに**他人々に、より良い教育のあり方を示すことに取り組むようになるのはどのようにしてであろうか。どうすれば自分の体験から離れて、このようなことに気づくのだろうか。

　私はこの現象のポイントは「負の学習」とでも言えるものにあると考える。これは、人がある望ましくない状況を活用して、何をすべきでは**ないか**を理解することである。これができる人は、恐ろしい教室に座っていて、注意深く周囲を見ているのである。なぜなら自分が大変有用な反面教師と向き合っていることを知っているからである。「この教師は、子どもとどのように接してはいけないかについて、多くのことを自分に教えてくれる」と考えるのである。学校にいる間にこの負の学習の技術を完全に会得する人もいれば、後になってそのように考えて、在学時代に自分たちがされたことに疑問を提起する人もいる。学校にいた当時は、そのようなことをするとは思わ

ず、そうはできなかったのである。また独力で行う人もいれば、そのような
視点を得るのに他人の助けが必要な人もいる。

　当然ながら、精神を鈍らせ、やる気を削ぐような学校体験が、すべての
人々を自己実現や知的な興味、あるいはオルタナティブ教育の実践へと導く
とは限らない。仮にそうであるならば、すべての人にそのような体験をさせ
ることが望ましいということになる。非伝統主義的教育の担い手になった人
は、高い壁を乗り越えなければならなかったのである。そしてそのような人
は、他の子どもも壁を越えられるようにするという課題に取り組み、学習が
反面教師的な形で進められることがない場を創造してきた。

　私は、新しく教師になる人には、進歩主義的な教育の最善の面を見てほし
いと思う。できる限り時間をかけて、教師が子どもに**一方的に**教えているの
ではなく、子ども**とともに**活動している経験ある教師を観察してほしい。そ
のような教師は、子どもが事象を理解し、自らが設定した問いへの答えを見
出す機会を生み出すことを援助し、上から強制され、意欲を失わせるような
命令から子どもを守ろうと努力しているのである。緊張で足をガタガタさせ
て初めて教室に入り、部屋一杯の生徒に向き合うのは、非常に大変なことで
ある。もし可能であれば、自分のことを思いやってくれるロールモデルにな
る教師で、知的な探究を重視すると同時に子どものことを大切に考える人を
何人か見つけるとよいだろう。

　もしそのような状況ではなく、新米の教師が、テストの得点向上のために
学習が行われ、生徒は基本的に、何でも言われた通りにするよう脅かされて
いるような学校にいるとしても、その場合には、「ここでは、質の低い教え
方と子どもへの軽蔑が見られるので、憶えておこう！それだから注意深く記
録を取らなければならない。自分が教えるときには、これと**正反対のことが**
できる。」と考えることが役立つのである。ただここでも多くの手助けが必
要である。自らの意志によってだけでは、熟達した進歩主義的な教師になる
ことはできないのである。それでも、良くない授業を負の学習の機会と見な
すことは、そのような教師への道の第一歩にはなる。そして同じ方法は、独
裁的な行政官、傲慢な助言者、そして暴言を吐くような親に対処しなければ

ならない場合にも役立つだろう。

　このような新しい視点を見出す魔法とでも言えることを行い、建設的な精神的態度を持つことができるのは、どのような人なのであろうか。同じような立場に置かれても、自分自身と教育について否定的に考えるようになってしまう人もいるのである。私の直感では、これは環境と性格との交わりによる。環境は、単に退屈であるというよりも、本当に恐るべきものでなければならないが、同時に、少しでもよい要素を窺い知ることができ、この場に何が欠けているかが明確に分かるものである必要がある。人は経験から、学校や教師や家族が必ずしも今の状態である**必要はない**ことを理解すべきである。

　他方で性格については、自己主張の姿勢（世間の逆を行く精神や幾分かの反抗的態度など）と共感能力が同程度にあることが望ましいだろう。自己主張が大切なのは言うまでもないが、共感能力も同様に重要である。大学の学生社交団体や病院の研修制度などの新入りの中には、冷遇されたり、場合によっては暴力を振るわれたりして苦しむ人がいる。しかし少し年長になると、今度は自分が新入りをいじめる側に回るのである。そのような人は他人が苦しむのを見ることで満足を得るのかもしれない。またないがしろにされたことは、何らかの意味で自分にとって良いことであったと思い込んでいるのかもしれない（精神的な暴力を「人格形成」とか「愛のムチ」という言葉で合理化し、繰り返す人には要注意である）。

　しかし別の人は、「この制度を変えるために力を注ぎ、私が経験したことを他の人がこれから経験しないようにしたい」と言う。このような人こそ私たちが探し求めている人である。そのような人は他者を尊重して思い遣り、現状を変え、過酷な伝統を非難する勇気を持っている。そして負の学習の技法を会得し、世界——少なくとも自分が住んでいる世界の一部——を、自分が生まれる前よりもより良い場所にする取り組みを展開しているのである。

9　無条件の教育

(Educational Leadership　2005年9月)

　現在の「説明責任ブーム」に見られるような、教育についての言説と現実との隔たりほど、その程度が甚だしく、しかも不快感を与えるものがあるだろうか。断片的な言葉が騒がしく世の中を駆け巡っている。「より高い要求……世界に通用する水準……基準を引き上げる……1人の子どもも取り残さない」。他方で、現場の教師と生徒はテストの結果を向上させる圧力に苛まれており、そのため意味のある学習ができなくなり、低所得層や民族的少数派の生徒の中退が増加している。

　このような圧力の結果の一部は、現実を見ようとする人であれば誰にでも非常に明らかになっている。生徒自身が考え出す活動が反復練習テストに取って代わられ、子どもは不安と退屈さを交互に感じ、素晴らしい教師は不満を抱いて退職している。しかし目に見えない影響もある。現在進められているような学校改革は、私たちが価値を置くものを変えつつあるのだ。もし唯一の目的が（言葉の最も狭い意味での）達成度を上げることであれば、学業の枠に収まらない他の種類の学びを無視してしまうことになる。教師に求められることが読解や数学の得点を上げることだけであれば、全人教育を行うことは非常に困難である。

　さらに、特定の能力だけが重視され、幅広い教育が犠牲になるならば、教師は生徒を違った目で見るようになる。教師は「個々の生徒の成績が全体の分布の中のどこにあるのか」にしか関心を持たなくなるのである[1]。これは一部の子ども ―― つまり得点の高い子ども ―― が他の子どもに比べて教師からより高い評価を受けることである。フロリダ州のある教育長は「成績の低い子どもが教室に入って来ると、そのような子どもの存在が解決すべき課題であるとか、授業改善の機会であるとは見なされないで、教師はその子をマイナスの存在と見るようになっている。これは私が教育界に入ってから初め

てのことである」と述べている[2]。私は基本的にこれと同じような悲観的な観察を全国の教師と教育行政官から聞いている。

条件つき受容の破壊的な結果

　何に価値を置くかを限定してしまうことは、次に誰に価値を認めるかに影響を与える。しかしそのことで害を被るのは、教師の期待に添えない生徒 ── つまり一般的な成績の基準に達しない生徒 ── に限らない。もし特定の子どもだけが、その他の子ども以上に価値があるとするならば、すべての子どもが条件つきでのみ価値を認められることになる。今たまたま用いられている基準がどうであれ、あるいはその基準を満たす生徒の数がどのくらいであろうと、すべての生徒は大人からの受容が決して確実なものではないというメッセージを受け取る。自らの価値は自らの成績次第であると知るのである。

　これは好ましくないどころではなく、子どもの精神を傷つけるものである。心理学の理論家や研究者が明らかにしているのは、精神的健康状態に最も強く影響するのは、個人の自尊心のレベルではなく、それが揺れる幅であるということである[3]。真の問題は自尊心が低すぎる（「私は自分のことがあまり好きではない」）ことよりも、自尊心が過度に状況に依存する（「……する時だけ、私は自分が好きになる」）ことなのである。反対に、自らの価値について安定した確信を持っている子どもは、失敗を一時的な後退であり、解決できる問題であると見なすことができる。そのような子どもは不安になったり、うつ状態になったりすることも少ない[4]。

　そして子どもが自らを、基本的に価値と能力を持っている存在として受け入れられるかどうかの最良の指標となるのは、子どもが他者から無条件でどの程度受容されているかである。半世紀前にカール・ロジャースが主張したように[5]、条件つきの愛情を受ける側にある人 ── つまり、愛情が自分の存在自体にではなく、自分が何をするかにかかっている人 ── は、自分の中で価値を認められない部分を否認しようとする。そして最後には、自分がある

一定の形で振る舞う（あるいは考えたり、感じたりする）ときにだけ価値を持つと見なすようになるのである。

　私がこれらの問題についての書物を調べている中で、この理論には実証的な強い根拠のあることが分かった。ある研究の要旨は「人が周りから得る承認が条件つきになるほど、個人としての全体的価値についての自己認識は下がる」と述べている[6]。また子どもが条件つきで愛情を受けるならば、子どもは条件つきでしか自己を受け入れられなくなる傾向にある。例えば、デンバー大学の研究者が明らかにしたところでは、親の承認を得るためには一定の条件を満たさなければならないと思っている十代の若者は、自分のことが嫌いになってしまうことが多い。そしてその結果として、若者は「偽りの自己」を作り出すことになる。つまり、自分の親が愛してくれるに**ちがいない**人間のふりをするのである。親から受け入れられるためのこのような必死の戦略は、うつ状態、絶望の感覚、そして真の自己を見失う傾向と結びつくことが多い。そうなるといつかは、本当の自分とは誰かさえ分からなくなる。なぜなら懸命に自分でないものになろうとしなければならないからである[7]。

　つまり、無条件の受容は子どもが健全に育つために不可欠なものなのである。そしてそのような受容を家庭で経験することが決定的に重要であるが、同時に学校の場でも大切である。家庭では「無条件の子育て」[8]がポイントであるが、学校でも「無条件の教育」とでも呼ぶべきものが肝要である。ある研究で明らかになったのは、教師からの受容が無条件であると感じている生徒は、学ぶことに心から関心を持ち、難しい学業課題を楽しむことが多いということである。これは、単にしなければならないから勉強をしたり、うまくできるように簡単な課題を選んだりすることとは対極にある[9]。

　このような無条件の支援を行うためには、その妨げになるやり方には積極的に反対しなければならない。例えば、子どもを相対的な学業成績によって価値づけるような評価方法、あるいはさらに悪いのは、単にテストの得点だけで評価するやり方である。一定の危険はあるとしても、害を与える方針に対しては、組織的で積極的な抵抗活動に加わるという道徳的義務があるのではないか。「子ども第一」という言葉も、学校がテスト準備機関になってい

くりを黙って見ているのであれば、空虚な標語にすぎない。

　学校の外部から強制される抑圧的な方針に反対の立場を明確に示すことが、無条件の教育に必要な要素の 1 つであろう。しかしこれだけでは十分ではない。標準化された教育内容や、テスト実施に関わる外からの圧力を排除することに成功したとしても、教師自身のやり方によっては、子どもが、自分は条件つきでしか受け入れられていないと思うことがあるからである。その場合、受け入れられるのが成績次第であるときもあり、振る舞い方次第であるときもある。これらを順番に見ていこう。

成績に基づく受容

　教師は皆、生徒に自ら良く学ぶことのできる人間になってほしいと思っている。しかし、優秀さを評価すること（これは良いことである）と、教師の設定する達成基準に近づく程度によって、自分の価値が決まると生徒に思わせること（これは良くないことである）との間の区別は難しい。生身の子どもにとって必要なことよりも、「学業成績」や「優秀さ」といった抽象的目標を重視する教師もいる。そのため、勉強のできる生徒に手厚い支援をしたり、皆の前で評価したりすることは、外発的動機づけが持つ非生産的な効果[10] を無視するだけでなく、すべての生徒 —— 価値が認められる生徒も、認められないことが明らかな生徒も —— に対して、勉強のできる生徒だけが大切なのだというメッセージを送ることにもなる。

　ネル・ノディングズも、生徒に絶え間なく圧力をかけると同時に、自分の高い期待に応えることのできる生徒を高く評価する（「あなたが一番！」）ような教師について論じる中で、同様の点を指摘している。そのような教師は生徒に高い要求をするとともに生徒を励ます存在として、称賛されることも多い。しかし「あなたが一番！」の意味が、単に「あなたはアドバンスト・プレイスメントレベルの代数ができる」ことであれば、それは微分方程式の解き方を習得した生徒だけが「一番」であると言うことになる。しかしノ

ディングズはもちろん「生徒が数学の教師から評価されるために、アドバンスト・プレイスメントレベルの代数ができなければならないことはない」と言う[11]。

　また芸術領域の教師について考えてみると、その中には、専門職としての自負が、有名小説家やバイオリニストになった卒業生がいることにかかっている教師がいる。ここで、できるだけ多くの生徒が自分の専門領域に愛着を感じ、そしてその中の何人かは能力を持っていると分かることと、何百人という生徒の中から、将来有名になりそうな少数の生徒を見つけ出そうとすることとは、まったく別のことである。後者のような姿勢は根本的に非民主主義的な感覚の表れであって、教育を、すべての子どもに価値のあるものを提供することではなく、生徒をふるいにかけて選抜することだと見なしているのである。ここでも、すべての生徒は、自分が期待に応えたときにだけ、教師にとって意味のある存在となることに気づくのである。

　私は、優れた成果に価値を認めたり、称賛したりすべきではないと言うのではない。しかし逆説的なことに、無条件の教育の方が、子どもが優秀になれる条件を生み出すのである。自分に何ができたかにかかわらず価値を認められていると知っている子どもは、結果としてかなりのことを成し遂げることができる。条件なしで受け入れられるという経験こそが、自分自身への健全な自信を生み出し、危険を冒して新しいことに挑戦してもよいという考えを養うのである。

服 従 に 基 づ く 受 容

　受け入れるための条件が、学業成績よりも、服従に関係させられることもある。例えば問題となるのは、生徒が良くないことをしたときに、一時的にクラスの活動から外す、あるいは登校させないということである。この方法は、ある生徒が悪い振る舞いをするのを黙認することは、他の生徒にとって不公平であるとして正当化されることがある。このように、教師の対応には、他の生徒が引き合いに出されるわけであるが、これらの生徒が受け取る

メッセージは、自分たちの誰もが条件つきでしか、クラスや学校集団の中にいることはできないということである。これでは学級の雰囲気は、不安に満ち、不安定で、最終的には危険なものになる。

アデル・フェイバーとエレイン・マズリッシュは、婉曲的にタイム・アウトと呼ばれる罰を受けている子どもの立場に、大人も身を置いてみるように求めた。「自分の言ったことやしたことのために、誰かによって強制的に隔離された場合に、どれほど反抗心や屈辱感を持つかを想像できる」が、子どもから見ればさらに悪いものである。なぜなら「自分に悪いところがあるので、周りから切り離されなければならない」と思うようになるからである[12]。

生徒を条件つきで受け入れる――評価されるためには、あるいは集団の中に留まるためには、一定の方法で行動しなければならないと生徒に伝える――教師は、自分では、生徒の特定の行動を促したり、止めさせたりしようとしているのだと思っているのかもしれない。しかしそのような教師が理解していないのは、伝統的な学級経営の手法と、それを支えている、目に見える行動だけを重視する狭い見方によってでは、そのような行動をする生徒に寄り添うことは難しいということである。実際ここでは以下のような経験則を紹介したい。つまり「子どもに関する本の価値は、**行動**という単語が出てくる頻度と反比例する」である。教師が個々の行動にもっぱら焦点をあてるならば、人間としての子どもの全体が見られなくなるのである。

しかしだからといって、タイム・アウトや居残りなどの罰を与えない優れた教師が、単に子どもの良くない行動を黙認するということではない。過ちを理由として子どもを苦しめること（あるいは言われたようにしたことで、子どもの前にご褒美をちらつかせること）に本当の意味で取って代わるべきは、問題解決のために子ども**とともに**することである。「ともにする方法」[13]は「一方的にする」方法以上に、教師に多くのことを求めるが、非常に効果的である。なぜなら「一方的にする」方法は、一時的に教師の指示を生徒に強制できるが、それは生徒の道徳的発達を妨げ、教師と生徒の関係を損ない、学びのための支えになるような環境を創ることを一層難しくさせるからである。つまり、子どもが良い行動を取るときにだけ評価すると思わせるの

は、実際には良い行動を促すことにはならないのである。それは子どもが良い成績を取るときにだけ評価することが、良い成績をもたらさないのと同様である。

　マリリン・ワトソンの近著 *Learning to Trust*（『信頼を学ぶ』）の中に、次のような示唆的な一節がある。教師は一定の振る舞いが受け入れられないことを子どもにはっきりと示す一方で、「非常に深いレベルでの安心感——子どもが非常に悪いことをしたとしても、教師はそれでも子どものことを思い、罰したり見捨てたりはしないという安心感——」を与えることができる。そしてこの姿勢によって「子どもは自分が本当は何をしたかったのかが分かり、自らを振り返りながら、償いという道徳的行為を自発的に行うためのゆとりと支援が得られる」のである。つまり何か間違ったことをした後で、それをどのように正すかを考えるのである。そしてワトソンは、「教師が生徒のことを思っていると生徒に信じてほしいのであれば、教師は生徒への愛情を示すべきであるが、生徒にその見返りとして特定の行動や一定の成績を要求してはいけない。それは教師が生徒に一定の行動を望んだり求めたりしないということではない。実際にはするのである。しかし生徒への思いやりや愛情は、行動や成績とは関係しない」とまとめている[14]。

　これこそが無条件の教育の中核である。ワトソンは、繰り返し悪口を言ったり攻撃的になったりする子どもに対しても、その子が**どうして**そのように振る舞うのかを念頭に置くことで、この姿勢をより保ちやすくなると指摘する。これは教師に、そのような子どもが（精神的な面で）必要とはしているが、おそらく実際には得られていないものが何かを考えるよう促すものである。このようにして教師は、「厄介であったり威嚇的であったりする外面に隠された傷つきやすい子ども」を発見するのである。

　一般的には、良くない振る舞いをする子どもは「どこまで許されるか」を探っているだけだと考えられている。これはより厳しい制限や罰を与えることの根拠としてよく使われる言葉である。しかしそのような子どもは実際にはまったく別のものを探っているのであろう。それは自分に対する大人の愛情の無条件性である。おそらく、受け入れがたいような行動をするのは、そ

のことで大人が自分を受け入れなくなるかどうかを見ているのである。

　そこである教師は、とりわけ反抗的な男の子に対応するために、一緒に座ってこのように話した、「分かるかい。私は君のことが本当に好きだよ。君はこれまで通り何でもしていいが、それで私の気持ちが変わることはない。君が私を嫌いになるように振る舞ってもうまく行かないよ。私は決して君を嫌いになることはないからね」。そしてこの教師によれば「その子の破壊的な行動が少なくなり始めたのは、この話の直後とは言えないとしても、しばらく経ってからだった」[15]。ここから分かるのは、無条件の受容はすべての子どもに与えられるべきものであるとともに、子どもがより善い人間となるように促す非常に強力な方法でもあるということである。実際的な面では、どの「行動管理」計画よりも有用である。

無 条 件 の 受 容 を 行 う

　当然のことながら、以上のような方法で教えるのは、悪いことをした後の子どもにどのように向き合うかということだけではない。重要なのは教師が様々な振る舞いによって、子どもの姿を見ることが嬉しく、子どもを信頼し尊重し、子どもに何が起こるかを気にかけていることを伝えることである。そして教師が本当に（そして無条件に）生徒を尊重して、**生徒自身が**今の学校の状態をどう考えているか、そしてどのように変えていくことができるかを全員に尋ねるべきであって、教師を満足させる特定の生徒だけに、限定的な支援をすべきではない。

　無条件で生徒を受容する教師は、生徒と一緒に過ごすことを恐がらない。積極的に統制を行う権威的な存在ではなく、生身の人間として振る舞う。そのような教師のクラスには魅力的で気さくな雰囲気がある。教師は、特別な理由がなくても生徒**全員**におやつを持ってくることもある。子どもに短い手紙を書いたり、一緒に昼食を取ったり、子どもの日記に心のこもったコメントを書くこともある。そして子どもの言うことを注意深く聴き、生活の細部まで記憶する。「やあ、ジョアニー。週末にお母さんが展示会に連れて行っ

てくれるって金曜日に話していたけど、行ったの？　楽しかった？」

　すべての生徒を完全に同じように好きになることは不可能であるが、無条件で受け入れる教師は、贔屓をしないように努める。そしてそれ以上に、どの子どもにも魅力的な部分を見つけて、それを評価しようと最大の努力をする。そのような教師が明確に示すのは、教室の中では一定のきまりはあるけれども――そしてその決まりは生徒自身も参加して決められるものである方が良いが――、教師の基本的な愛情は、生徒が努力として獲得する必要はないということである。獲得されなければならない思いやりは、決して本当の思いやりではない。

　生徒をありのまま受け入れること――これは生徒を行動に基づいて受け入れることの対極であるが――は、子どもの全人教育という考えと密接につながっている。このつながりは強調するに値する。それは、「全人教育」という言葉は、「勉強以上の教育」と解釈されることがあり、これは断片化された教育につながるからである。重要なことは、生徒の情緒的な必要にはこの活動で対応し、身体的な必要には別の活動で対応し、人間関係上の必要にはまた別のもので対応するといったことではない。そうではなくて、教師が対象とするのは統合された自己であり、価値を認めるのは子ども全体である。そしてこれを意味のある方法で行うためには、子どもを無条件で受け入れなければならない。それが重要なのは（とりわけ）子どもが失敗したり、期待に応えなかったりするときである。

　生徒一人一人のことを知る時間がなければ、このような関係を持つことは簡単ではない。大規模なクラス、大規模な学校、限られた授業期間は、学業成績以外の面でも教育の妨げとなる。それだからこそ、やはり無条件で受け入れる教師は、学校教育全体の変革のために努力する必要性を理解しているのである。例えば、アメリカの高校を工場モデルで考えるのを止めることである。これは良い授業が行われる可能性を狭めるものとなっているのである。しかし他方で、どのような制度の中で仕事をしていようとも、教師自身の生徒への姿勢が、できるだけ多くの場面で、生徒の必要とする無条件の受容をするものであるのかを考えなければならない。

　生徒が卒業後数年して、あるアンケートに答えるよう求められるとしよう。生徒は問いに同意するかしないか――そしてどの程度――を書くように求められる。例えば「自分の行動を誇ることができなくても、宿題をしていなくても、テストの点が低くても、教えられていることに興味が持てなかったとしても、〔あなたの名前を入れよ〕先生は、それでも私のことを愛してくれた」といったものである。

　読者であれば、自分の生徒がこのような問いにどう答えてほしいだろうか。そして生徒はどのように答えると考えるだろうか。

【原註】

1) Robert F.Hogan, "Foreword" *Measuring Growth in English*, Paul B. Diederich（Urbana, IL: National Council of Teachers of English, 1974）, p. iii .

2) Jodi Wilgoren, "Florida's Vouchers a Spur to Two Schools Left Behind," *New York Times*, March 14, 2000 pp.A1, A18.

3) 例えば、Edward L. Deci and Richard M. Ryan, "Human Autonomy: The Basis for True Self-Esteem" *Efficacy, Agency, and Self-Esteem*, ed. Michael H.Kernis（New York: Plenum, 1995）, Michael H.Kernis Kernis, "Toward a Conceptualization of Optimal Self-Esteem," *Psychological Inquiry* 14, no.1（2003）: 1-26 を参照。

4) John M. Chamberlain and David A.F.Haaga, "Unconditional Self-Acceptance and Psychological Health," *Journal of Rational-Emotive and Cognitive-Behavior Therapy* 19, no.3（Fall 2001）: 163-76.

5) Carl R. Rogers, "A Theory of Therapy, Personality, and Interpersonal Relationships, as Developed in the Client-Centered Framework," *Psychology: A Study of a Science, Study I: Conceptual and Systematic*, vol.3, ed. Sigmund Koch（New York: McGraw-Hill, 1959）.

6) Susan Harter, *The Construction of the Self: A Developmental Perspective*（New York: Guilford, 1999）. Avi Assor, Guy Roth, and Edward L. Deci, "The Emotional Costs of Parents' Conditional Regard: A Self-Determination Theory Analysis," *Journal of Personality* 72, no.1（February 2004）: 47-89 も参照。

7) Susan Harter, Donna B. Marold Nancy R. Whitesell, and Gabrielle Cobbs, "A Model of the Effects of Perceived Parent and Peer Support on Adolescent False Self Behavior," *Child Development* 67, no.2（April 1996）: 360-74.

8) Alfie Kohn, *Unconditional Parenting: Moving from Rewards and Punishments to Love and Reason*（New York: Atria Book, 2005）.

9) Evi Makri-Botsari, "Causal Links Between Academic Intrinsic Motivation, Self-Esteem, and Unconditional Acceptance by Teachers in High School

Students," *International Perspectives on Individual Differences*, vol. 2: *Self Perception*, eds. Richard J. Riding and Stephen G. Rayner（Westport, CT: Ablex, 2001）.

10）　Alfie Kohn, *Punished by rewards: The Trouble with Gold Stars, Incentive Plans, A's, Praise, and Other Bribes*（Boston: Houghton Mifflin, 1993）.

11）　Nel Noddings, *The Challenge to Care in Schools: An Alternative Approach to Education*（New York: Teachers College Press, 1992）.

12）　Adele Faber and Elaine Mazlish, *How to Talk So Kids Can Learn*（New York: Rawson, 1995）.

13）　Child Development Project, *Ways We Want Our Class to Be: Class Meetings That Build Commitment to Kindness and Learning*（Oakland, CA: Developmental Studies Center, 1996）; Reta DeVries and Betty Zan, *Moral Classrooms, Moral Children: Creating a Constructivist Atmosphere in Early Education*（New York: Teachers College Press,1994）そして、Alfie Kohn, *Beyond discipline: From Compliance to Community*（Alexandria, VA: Association for Supervision and Curriculum Development, 1996）.

14）　Marilyn Watson, *Learning to Trust: Transforming Difficult Elementary Classrooms Through Developmental Discipline*（San Francisco: Jossey-Bass, 2003）.

15）　同上。

［訳者補足］

アドバンスト・プレイスメント（Advanced Placement Course［A.P.］）
　高校で大学の一般教養科目の授業を行うプログラム。非営利団体であるカレッジボード（College Board）によって運営されている。この課程は大学の単位にもなり、入試でも有利になるため、学力の高い生徒が履修する場合が多い。

10 徹底した安全管理

(*Educational Leadership*　2005 年 9 月)

　多くの人にとって、教育の世界での安全と言われれば、学校内での暴力、とりわけここ数年間全国で起きている、一連の学校での銃乱射事件を思い起こす。そこで、このような事件の報道が、いくつかの重要な事実を覆い隠していることを指摘することから始めたい。

・本当に恐ろしいのは、若者が亡くなっているという**事実**であって、亡くなる**場所**ではない。もちろん、「暴力」と「学校」という単語が並んで使われるのは、非常に心痛むことである。しかし殺人事件の犠牲となる若者の圧倒的多数が、家庭や路上などの学校以外で命を落としていることは銘記すべきである。例えば 1990 年代のある 3 年間で、学校では約 80 件の殺人事件が起こったが、**8,000** 人以上の子どもがそれ以外の場で殺されている。これを知っておく必要があるのは、この問題の全体像を理解するためであるとともに、学校を実際以上に危険な場であると考えないためでもある。

・驚くような学校での暴力事件を聞いて、若者が社会の第一の敵であると見なす傾向がある。しかし、社会学者のマイク・メイルズは「大人が子どもを殺す事例の方がずっと多い」ということに注目するよう促す。メイルズの指摘によれば、アメリカ人は、社会の様々な問題が 10 代の若者のせいであると、非常に安易に、そして多くの場合間違って決めつけるのである[1]。

・実際に学校で暴力的行為が起こるときは、有色人種で低所得層の生徒が犠牲者となる可能性が、並外れて高い。コロンバイン高校やその他の学校での広く知られた銃撃事件はあるとしても、この事実は変わらない。それはメディアが暗黙のうちに、犯罪、薬物事件、暴力事件などのどのような問題であっても、郊外に住む白人に関係するときの方が、報道価

値は高いと見なしているからであろう。

　しかし、学校や警察が暴力や、暴力への不安に対処しようとするときに、これらとは別の意味での誤った想定がなされてしまうことがある。間違った考えが、間違った方針につながることは多い。

　第一に、私たちアメリカ人は、技術的な改善が込み入った問題を解決するだろうと思いがちである（子どもが暴力的なテレビ番組を見ることを制限するために開発された V チップを思い出してほしい）。学校も十分な監視カメラと金属探知機を設置することで、より安全な場所にできるという期待を今でも抱いている人はいる。しかし実際には、すべての入り口を守り、すべての画像を確認することはまったくできないことである。ワシントン D.C. のある高校では監視カメラの数を、32 台から 64 台と倍にした。しかし校長は「銃を学校に持ち込ませないようにするのは、高校を武装キャンプにしない限り難しいが、誰も自分の子どもを武装キャンプに通わせようとは思わないだろう」と認めている。この発言はある新聞記事に掲載されたが、その記事の見出しが「最善の防御はカメラではなく信頼」となっていたのは適切であった[2]。

　ニューヨーク大学のペドロ・ノグエラは次のように述べる。「校舎の設計や人員配置が安全確保の観点から進められているが、そのような設計や雰囲気を、生徒や教師がどのように感じるかについては考慮されない。安全な学校のモデルを刑務所に求める考えもあるが、刑務所は安全な場所ではないだろう。安全は人間関係に基づく。銃を持った警備員よりもカウンセラーにお金をかけるほうがずっと良いと言える」[3]。

　第二に、暴力事件の人間的な要素だけに意識を集中させると、生徒に適切な技能を教えれば十分であると考えてしまいやすい[4]。この思考モデルは非常に単純で馴染みがあるので、それを 1 つのモデルであるとさえ思わない。子どもが他人の言うことに注意を払わないとすれば、それを直すような聴く技能を教えればよい。困っている人を助けようとしないのであれば、助ける技能を磨く必要がある。自分の意見を主張しようとしないのであれば、自己

主張の訓練を受けさせるべきである。そして以上のことからの類推で、暴力行為が起こり続けるのであれば、対立を解決する技能を生徒に教えればよいということになる。

　しかし残念ながら、技能だけでは不十分である。ほとんどの子どもはすでに、聴き方、助け方、主張の仕方は知っているのである。問題は、知っている方法を使おうとする**態度**に欠けることがあるのはどうしてかである。ここには学業成績を上げようとする努力と同様の問題がある。技能に重点を置く方法は、教えられていることに生徒がどの程度の興味・関心を持っているのかを考えない点で限界がある。技能を教える努力をしても、基礎的技能を強調することで、学校が生徒にとってまったくつまらないものになってしまっては、益よりも害の方が大きいだろう。このことは特に読解について当てはまる。読む方法は知っていても、実際に読書をしない子どもがどれほど多いかを考えてほしい。重要なことは、一定の方法で学んだり行動したりできるかどうかだけではなく、そのようにする意志を持っているかどうかなのである。

　そうだとすれば、どうして多くの時間をかけて技能を教えようとするのだろうか。一つにはそれが、正さなければならないのは生徒であるという想定と合致するからである。生徒に技能が欠けていること以上に複雑な問題があるとすれば、教師自身の指導法や議論の前提を見直さければならないであろうが、それは心理的に抵抗があることである。もう一つは、技能に焦点を当てることで、学級（あるいは学校や家庭）の構造的な問題を無視できるのである。生徒が傷つけ合う場合に、個々の生徒の行為に対処する方が、制度の持つ要素のどれが、その問題の原因となっているかを探すよりも簡単である。

　技能重視の方法はまた、行動主義心理学と親和性がある。行動主義がアメリカの学校、さらにアメリカ社会全体に持っている影響力は非常に大きい。行動主義は、個別に観察・測定可能な行動に還元できないものは無視してしまう。この考え方は、断片的な教授技術を支えるものであるだけでなく、道徳教育、学級経営、特別なニーズを持つ生徒への対応について、非常に一般的な方法の背後にもある。

　外面に堨れた行動だけを見るとき、その行動の原因となった理由や価値判断、動機を理解するために深く掘り下げて考えることはしなくなる。そしてその行動に対して表面的な対応で満足するようになる。例えば学校の雰囲気を改善しようとして、生徒に同じような服装をさせることである（このような方針の限界の別の例として、軍隊式の対応を学ぶことによって、攻撃的な行動を減らすことができると想定することがある）。しかし生徒の「行動」を変えることを議論するときは常に、その行動をしている生徒自身を見ないという危険を冒すことになる。行為の背後にある人間を見失うのだ。そして、生徒のことを、プログラムをし直すことのできるコンピュータ、再訓練できるペット、中のものを入れ替えることのできる空の容器と見なすようになるかもしれないが、これらはいずれも危険で誤解を与える比喩である。教師は、怒りを表すためのより適切な方法について、行動面での指示をするが、暴力は依然としてなくならない。それは、問題の核心に迫っていないからである。

　以上のことから、技術的な解決方法を採用したり、子どもに技能を教えたりすることでは、あまりうまく行かないことが多い。それに対して第三の方法があるのだが、これは単に効果がないばかりでなく、むしろ大きな害となるものである。それは、強制的な方法で暴力をなくし、安全な環境を作ることができるという考え方に基づく方針である。ヴィッキー・ディルは、その著書 *The Peaceable School*（『平和な学校』）で、学校での暴力行為に対処するための計画を持たないことは望ましくないが、「単純な権威主義的方針を掲げることの方がずっと悪い」と述べている[5]。

　昔ながらの懲罰に頼り、加害者には罰を与えると脅すことは、攻撃な行動の本当の原因に対処することから意識をそらせてしまうだけでなく、結果として、生徒に対していじめや暴力の**手本を示す**ことになる。学校関係者の多くはこの事実を理解せず、火に油を注ぐように、生徒が苦痛や不満を感じている兆候である暴力行為に対して、より過酷な方法で対処するのである。学校関係者は、問題の構造的な原因を見ようとはしない傾向があるが、同時

に、単純な力によって悪い行動を消し去ることができると考えている。生徒が、何か悪いことをした報いとして苦しめられるならば、自分が誤ったことに気づくだろうと思っているのである。それが効果を持たないと分かったときには、**より重い**罰を課すこと——そして規則をより厳しくし、生徒を信頼しないこと——で望む結果が得られると見なされる[6]。

　コロンバイン高校での銃乱射事件は、社会全体にパニックを引き起こした。全国で数百人の生徒が逮捕された一方で、「数え切れないほどの生徒が、脅迫的であると見なされた発言や行動をしたことで、停学や退学になった」[7]。この場合の不安は理解できる。教育行政官は、自分たちの学校区でも、殺人者が生まれているのではないかと心配したのである。しかし、生徒が何気ない冗談を言った後で、学校を閉鎖して爆弾を探すというような**過剰反応**と、強制的な方針を導入するという**破壊的対応**とは、区別して考える必要がある。

　破壊的対応の中でも特に問題が大きい事例は、いわゆる「ゼロ・トレランス」方式〔「許容度ゼロ、小さな違反も許さない厳しい方針」〕と呼ばれるものである。これが拠って立つ前提は、厳しい罰は、無差別に——まさにロボットのように機械的に——適用される場合により効果を持つというものである。この方法が提唱されて数年経ってからようやく、メディアから批判的な関心が寄せられた[8]。他方で研究が蓄積され、この方法はまったく意味を持たないことが確認されている。ある研究の結論は、このような方針を持っている学校の生徒は「もっと緩やかなきまりを持つ学校の生徒よりも……安全であるとは感じていない」というものである[9]。この生徒の主観的な感じ方は、客観的なデータによって確認できる。別の分析が示すところでは、「ゼロ・トレランスの方針を4年以上前から定めている学校は、そのような方針がない学校よりも、依然として安全ではない状態が続いている」[10]。さらに、ゼロ・トレランスは全員に同じように影響を与えるのではない。黒人やラテン系の生徒は、白人の生徒に比べて、この種の懲罰的なきまりが適用される対象とされやすいのである[11]。社会全体としても、白人の子どもの悪い行いに対してはずっと寛容であるように思われる。

　学校がゼロ・トレランスの方針を採用した結果として、むしろ安全ではなくなるということを矛盾として捉えるのは、脅迫と罰が安全を生み出すことができると考えている人だけであろう。実際にはこのような方針では、安全はむしろ脅かされることになるのである。安全な学校環境とは、生徒が教師のことを本当に理解して信じることができ、そして生徒が教師から理解され、信じられる環境である[12]。しかしながら、そのような生徒と教師との結びつきを壊すのは、不適切な行為をした生徒と**ともに**問題を解決しようとはせず、そのような生徒に**対して**一方的に何かを行うような仕組みである。ゼロ・トレランスによって「最初に失われるのは、教師と生徒との間の非常に重要な中核的関係であって、そのような関係が損なわれたり失われたりした後に、厳しさを装う、冷たく画一的な方針が登場する」[13]。

　ゼロ・トレランスはそれ自体で十分に有害なものであるが、その罰が非常に厳しいもので、生徒を犯罪者に仕立て上げるときには、さらに悪いものになる。ニューヨーク・タイムズ紙が 2004 年初頭に報道したところでは、全国で「それまでは学校関係者が対応していた青少年の問題行動について、少年犯罪として生徒を司法制度に委ねる学校が増えている」[14]。子どもを警察に引き渡すことが、生徒の人生にとって非常に悪い影響をもたらすことに加えて、学校の雰囲気もピリピリしたものになる。なぜなら、何か悪いことした生徒は手錠をかけられて連行され、事実上地域から追放されてしまうからである。ここには、脅しと恐怖を使って学校を改善しようとして逆の結果になってしまうことによって、ゼロ・トレランスの誤りが明らかになるという**背理法**を見ることができる。

　このような大変心が痛むような傾向の原因については多くの説明がある。例えば、予算削減によって学校での精神衛生対策がなくなってしまったことである。しかし、支援を必要とする子どもを守るための公益団体である若者法律センター（Youth Law Center）のマーク・ソラーは次のように述べる。最近では「ゼロ・トレランスの方針は、犯罪への心配からではなく、テストの実施が大きな意味を持ってきたことによって採用されることが多い。校長は問題児だと見なす子どもを排除しようとする」。なぜなら、そうすること

で、自校のテストの得点全体に有利な影響を与えることになるからである[15]。

　つまり、学校の安全が危機にさらされているのは、懲罰的な規則をより厳しく、より機械的に適用するのが有効であると、誤って考える教師がいるためだけではなく、テストの得点を上げる圧力のためでもある。さらにこれと同じ圧力は、問題を抱えている生徒を使い捨て商品のように考える教師を生み出し、生徒が困った状態に陥らないように支援しようとする努力をはじめからしないという結果をもたらすことにもなる。問題の解消を促したり、いじめや暴力行為に対処したりするための教育プログラムは廃止されつつある。教師自身が、他のことは差し置いて、標準テストの結果にだけに意識を集中させるように強いられているからである。スクールカウンセラーで、危機管理の専門家であるスコット・ポーランドは次のように書いている。「学校長たちは、怒りへの対処法や暴力行為防止、人種や民族にかかわらず他者とともに協働することなどのトピックを、授業時間の中で扱いたいと言う。しかし……州の学力テスト（accountability test）の得点を上げるようにというものすごい圧力がかけられているのである」[16]。

　そして、レズリー大学学長のマーガレット・マッケナは次のように言う。「コロンバイン高校事件の非常に大切な教訓のいくつかは、ほとんど忘れ去られている。それは『どの子も置き去りにしない法』の制定が大きな原因となって、言うなれば教訓が置き去りにされているのである。この法律で、テストの得点を毎年上げるという限定的な目標が設定されたために、教師が生徒を十分に理解する環境が少なくなってしまった」。そして、教師の優先順位が歪められていることの問題点を鋭く指摘して、「コロンバイン高校のテストの成績は、コロラド州の中でトップクラスだった」と述べているのである[17]。

　生徒の行動が、他の生徒の安全を大いに脅かすことになるような場合でも、教師が出すべき最初の問いは「このような危険をなくすために十分な力を使ってきたか」ではなく、「このような現象の背後にある問題に対処して

きたか。生徒が必要としていることに応えられる学校にしてきたか。そして、生徒が怒って暴力を振いたくなるような場面を少なくしてきたか」である。

　このことはまた、別の観点から見ることもできる。私たちは、もっぱら平和な学校を創ることを議論するのを止めるべきなのである。平和な学校自体はとりたてて意欲的で、意味のある目標ではない。学校は午前３時にはまったく平和である。同じように、温和で、疑問を持たない生徒ばかりがいる教室も平和であろう。たとえ、生徒がそのような状態の価値を実感しておらず、互いのことに無関心で、どこか他所にいたいと思っていたとしても、そうであろう。教師が取り組むべきなのは、**平和志向**の学校を創ることである。つまり、平和の価値の実現と、（その言葉のすべての意味において）安全であると生徒が感じられるようにすることに取り組む学校である[18]。

　安全の中で最もはっきりしているのは、身体的な安全であって、これが最も優先されるのは当然である。特にそれが十分に保障されていない場合はそうである。しかし認知的・情動的な安全も重要である。これらはそれ自体としても重要であると同時に、身体的な安全と関わっているという点でも重要である。いじめや暴力行為は、学校が思いやりのある共同体のように感じられる場合では起こりにくいだろう。そのような学校では、子ども同士や、子どもと教師は互いに結びついているという感覚を持ち、「自分たち」のこととして考え、自分の居場所があるように感じられるのである。これと対極にあるのは、他人と違うから、あるいはダサいからという理由でいじめられる子どもがいて、そういう子どもにとっては、廊下や食堂の中に、足を踏み入れるのが恐いと思う場所ができてしまうような学校である。思いやりのある共同体としての学校は、そのようなことが起きるのを許さない。そういう学校は、いじめっ子集団が存在したり、仲間外れにして傷つけたりする証拠が少しでもあれば、対処すべき深刻な問題だと見なす。そして最大限可能なことをして、嘲りを受けたり、いじめられたり、恥をかかされたりする生徒が一人もいないようにするのである。

　このような取り組みは、個々の学級でと同時に、学校全体の方針として行

われるべきである。共同体としての学校を創り、対立を解決するための積極的な取り組みは重要であるが、同時に教師は、安全を確保したり、共同体を形成したりすることへの障害にも目を向けなければならない。そのため教師は、定期的に学級での話し合いの場を設けて、生徒が意思決定に参加できるようにするだけではなく、そこで、実際に起こっている問題を解決するようにしなければならない。例えば、ある教師は数学の授業の後で、生徒に以下のようなことを話すために声を上げた。

　　私が好きでは**なく**、聞きたく**ない**言葉について話します。その言葉は私の気分を悪くさせます。私の気分が悪くなると、クラスのみんなも気分が悪くなるでしょう。それは2つの単語の言葉です（と言ってその教師は、黒板に「That's easy（簡単だ）」と書き、丸で囲んだ）。……私が苦しみもがいているとき、〔この言葉を聞くと〕自分がのろまでばかであるかのように感じます。それが簡単であれば、どうして自分はそれをするのに、こんなに苦労しなければならないのかと考えるからです。……そしてここから引き出せるクラスの約束事は何でしょうか。それは、他人の存在と気持ちへの思いやりを持つことです[19]。

　このような働きかけは、生徒が気分を悪くしないようにするという一般的な目的を実現するためのものであると同時に、高い質の学習を促したいという願いによるものでもある。生徒が安心して危険を冒すことができなければ、知的な面での損失が生まれる。自分の質問がばかげているのではないかと子どもが心配するような授業では、ある課題に没頭して取り組むということが十分にできない（もちろん、生徒が質問をしようとしなかったり、理解できないことを認めなかったりするのは、友人からだけではなく、教師からの反応を恐れてのことであることも多い）。

　学校全体で見れば、認知的・情緒的安全のためには、生徒が評価されたり序列化されたりしないこと、自分がどれだけできるか、あるいは自分が他人に比べてどれだけできるかを示すことを求める外部からの圧力がないことが必要である。優れた生徒の表彰集会や、優等生名簿は、学習への意欲を高め

る安全の感覚を破壊するのに、非常に効果的な方法である。高い教育水準と優れた成績への取り組みを行っていることに誇りを感じている学校が生み出す環境は、実は思いやりはもちろんのこと、学びを促すものではまったくないのである。そのような学校が重視するのは、子ども自身ではなく、目に見える成果である。そういった学校の生徒は、自分たちが圧力鍋の中にいて、ある生徒が成功するためには、別の生徒が失敗しなければならない状況にあるかのように感じることが多い。生徒が受け取るのは、他者は自分自身の成功に対する障害物だというメッセージである[20]。

　当然のことながら、共同体を築いて、生徒が必要とするものを満たし、安全で思いやりのある文化を創る方法やその目的については、もっと別のことも考えなければならない[21]。このようにすることのメリットは、低所得層の生徒が通う学校にとってより大きいが[22]、そのような学校では逆に、懲罰的な規則と統制の文化が見られることが多いのである。しかしながら、裕福な地域の学校も、多くの面で安全でないと感じているだろう。報道によればコロンバイン高校では、いじめが日常的に起こっており、非常に階層化された生徒間の関係が維持・強化されており、スポーツ選手が神格化されていたと伝えられている（そのようなスター選手の中には、他の生徒を容赦なく嘲る生徒もいたが、「学校当局は見て見ぬ振りをしていた」[23]）。郊外の学校の中には、程度の高いアドバンスト・プレイスメントのクラスで教育課程の大半が占められ、駐車場には高価な SUV 車が並んでいるところもあるが、そのような学校で拒食症であったり、自傷行為をしたり、薬に頼ったりする生徒を見つけるのは難しくはないだろう。また自分の欲求不満のはけ口を、社会階層の低い人に求める生徒もいる。

　武器が持ち込まれることがない学校でも、子どもが安全ではなく、満足できないと感じることもある。そしてこのことこそ、私たちが見方を変え、教育の方針を作り直し、今とは違う教育文化の創造への取り組みを一層強化しなければならない理由なのである。

【原註】

1) Mike Males, "Who's Really Killing Our Schoolkids?" *Los Angeles Times*, May 31, 1999. また Males の *The Scapegoat Generation: America's War on Adolescents*（Monroe, ME: Common Courage Press, 1996）などの他の著作も参照。

2) Debbi Wilgoren によるこの記事は *Washington Post,* February 3, 2004, p. A-7 に掲載された。

3) Pedro A. Noguera, "School Safety Lessons Learned: Urban Districts Report Progress," *Education Week*, May 30, 2001, p. 15.

4) この部分は私の "The Limits of Teaching Skills," *Reaching Today's Youth*, Summer 1997, pp.15-16 を基にしている。

5) Vicky Schreiber Dill, *A Peaceable School: Creating a Culture of Non-Violence*（Bloomington, IN: Phi Delta Kappa, 1997）, p. 24. また、Irwin A. Hyman and Pamela A. Snook, *Dangerous Schools*（San Francisco: Jossey-Bass, 1999）も参照。この抜粋は *Phi Delta Kappan* の 2000 年 3 月号に掲載された。

6) この部分は私の "Constant Frustration and Occasional Violence: The Legacy of American High Schools," *American School Board Journal*, September 1999 を基にしている。懲罰的な「帰結」と報酬の非生産的な影響——そしてそれに代わるべきもの——の詳細については、私の *Beyond Discipline: From Compliance to Community*（Alexandria, VA: Association for Supervision and Curriculum Development, 1996）を参照。

7) Caroline Hendrie, "In Schools, A Sigh of Relief as Tense Spring Draws to a Close," *Education Week*, June 23, 1999.

8) 例えば、Dirk Johnson, "Schools' New Watchword: Zero Tolerance," *New York Times*, December 1, 1999 や、Jesse Katz, "Taking Zero Tolerance to the Limit," *Los Angeles Times*, March 1, 1998 を参照。

9) この引用は University of Minnesota の Robert Blum からである。Blum が参加している研究は、*Journal of School Health* に発表され、その要約が、

Darcia Harris Bowman, "School 'Connectedness' Makes for Healthier Students, Study Suggests," *Education Week*, April 24, 2002, p. 16 に掲載されている。

10)　John H. Holloway, "The Dilemma of Zero Tolerance," *Educational Leadership*, December 2001 / January 2002, p. 84. ここで要約した分析は、National Center for Education Statistics によって 1998 に発表されている。またそのような政策の影響についての優れたレビューとして、Russ Skiba and Reece Peterson, "The Dark Side of Zero Tolerance: Can Punishment Lead to Safe Schools?" *Phi Delta Kappan*, January 1999, pp.372-76, 381-82 を参照。

11)　連邦政府の統計に基づく、The Advancement Project という人権団体の報告書は、Kenneth J. Cooper, "Group Finds Racial Disparity in Schools, 'Zero Tolerance,'" *Washington Post*, June 15, 2000 で紹介されている。

12)　例えば、Deborah Meier, *In Schools We Trust* (Boston: Beacon, 2002) を参照。

13)　William Ayers and Bernadine Dohrn, "Have We Gone Overboard with Zero Tolerance?" *Chicago Tribune*, November 21, 1999.

14)　Sara Rimer, "Unruly Students Facing Arrest, Not Detention," *New York Times*, January 4, 2004, p. A-1.

15)　この説明は Houston 大学の Augustina Reyes にも納得できるものであった。「もし教師が『テストの結果によりあなたの評価は下がってしまいます。クビになります』と言われたら、すぐさま自分の価値観は変わるだろう。教師は『自分のクラスに成績の悪い子がいると、自分の評価が下がってしまうだろう。だとすれば私の裁量でその子どもを別のクラスに移してしまおう』と考える」。Reyes と Soler はともに、Annette Fuentes, "Discipline and Punish," *Nation*, December 15, 2003, pp. 17-20 に引用されている。

16)　"The Non-Hardware Side of School Safety," NASP [National Association of School Psychologists] *Communique* 28, no.6 (March 2000). Poland も 1999 年 3 月に開かれた、学校暴力に関する議会の公聴会で証言した際に、

同じ点を指摘した。これは Columbine 事件の 1 か月前のことであった。

17) Margaret A. McKenna, "Lessons Left Behind," *Washington Post*, April 20, 2004, p. A-19.

18) 「平和的な（peaceful）」と「平和志向の（peaceable）」の区別は、Bill Kreidler によって広く知られるようになった。Kreidler は、〔NPO の〕Educators for Social Responsibility で活動し、対立解決についての著作を数冊発表した。2000 年に 43 歳の若さで亡くなった。

19) Paul Cobb, Erna Yackel, and Terry Wood, "Young Children's Emotional Acts While Engaged in Mathematical Problem Solving," *Affect and Mathematical Problem Solving: A New Perspective*, eds. D. B. McLeod and V. M. Adams（New York: Springer-Verlag, 1989）, pp. 130-31.

20) アメリカ文化は、競争のイデオロギーを無批判に受け入れるため、勝つことを「過度に」重視することには悪影響があると認める人でさえも、競争それ自体は不可避であり、生産的であると主張し続ける。多くの場合、この主張の根拠となる証拠が示されていないとすれば、それは実際の研究結果は正反対のことを明らかにしているからであろう。つまり、勝ち負けの枠で考えることで、最善を尽くしたり、最適な学習をしたりすることが妨げられるのである。私は *No Contest: The Case Against Competition*（Boston: Houghton Mifflin, 1986）で、いくつかの証拠を検討した。

21) 私の "Caring Kids: The Role of the Schools," *Phi Delta Kappan*, March 1991, pp. 496-506（https://www.alfiekohn.org/article/caring-kids/ で閲覧可能）、また *Beyond Discipline* の第 7 章（"The Classroom as Community"）を参照。もちろん他の多くの著者がこの問題に取り組んでいる。

22) Victor Battistich, Daniel Solomon, Dong-il Kim, Marilyn Watson, and Eric Schaps, "Schools as Communities, Poverty Levels of Student Populations, and Students' Attitudes, Motives, and Performance: A Multilevel Analysis," *American Educational Research Journal* 32（1995）: 627-58.

23) Lorraine Adams and Dale Russakoff, "Dissecting Columbine's Cult of the Athlete," *Washington Post*, June 12, 1999, p. A-1.

11 悪い徴候

(*Kappa Delta Pi Record* 2010 年 秋)

　ある教室や学校でどのようなことが行われているのかは、皆が帰宅してしまった後の様子を見ても、かなりよく分かるものである。ただ壁を見るだけ ── 正しくは壁に貼ってあるもの ── で、教育活動で何が大切にされているか、教師が子どもにどのように接しているか、そして子どもの人間としての本性についてどう考えているのかについての感触を得ることができるのである。

　私が 1996 年に発表した「教室で何を探すべきか」という図表では「良い徴候」に加えて、「どのような場合に心配すべきか」を示した[1]。後者の例としては、「壁に何も貼られていない」「建物が殺風景で、活気のない雰囲気である」「掲示物が、生徒を管理しようとするもの（きまりや、さらに悪いのは罰則の一覧表）か、成績の序列化を強調するもの（各生徒の成績その他の評価の図表）である」である。

　このような一覧表や図表を掲示することに対して私がぞっとする理由については、以前にすでに述べたので、ここでは繰り返さない。その代わりにここでは、いくつかの掲示物やポスターを検討する。これらは一般的には無害なもの、あるいは生徒を励ますものである。ここで特に細かく検討するのに値するのは、具体的な内容を示すポスター 2 枚と、数え切れないと思われるほど多くの事例に当てはまる、より一般的な内容を示す 1 種類のポスターである。

　第一のポスターは、「愚痴禁止（NO WHINING）」である。このポスターは、「愚痴（whining）」という単語の上に、斜めの赤い線が書かれていることがあるが、生徒にあるメッセージを送るためのものである。そのメッセージとは、「あなたがしなければならないこと（あるいは、してはいけないと言われたこと）について、不平を漏らすのを私は聞きたくない」ということである。確かに、こう思うのは普通のことかもしれない。実際に、あなたの

上司はこれとまったく同じことを言いたいのかもしれない。しかしだからと言って、生徒はただ言われたようにしなければならず、それが理に適っているかどうかや、生徒自身がどう感じるかには関係ないと、若干の薄ら笑いをしながら主張するのが素晴らしいことにはならない。もし大人がそう言われたときに、不満や反抗心を抱くとするならば、どうして生徒にそのようなことを言うのだろうか。「愚痴禁止」が示しているのは、これを言う人間の方が、言われる人間よりも権力を持っているということである。

https://www.templateroller.com/template/62402/no-whining-sign-template.html

　もちろんこの印（しるし）を文字通りに読むこともできる。これが対象としているのは、甘えるような声で不平を言うことだけなのかもしれない。実は私もそのような声は好きではない。しかし、生徒が教師に言いたいことの内容よりも、それを言う口調の方が大事だということがあるだろうか。私は愚痴を聞くよりも、それに対して大人が大げさに反応する方が不快である。子どもに対して、何かを頼む時に言い方によっては人の気持ちを害することがあることを、時おり淡々と伝えることは良い。しかし第一に考えるべきは、大人が話を聴いてくれていること、そして大人との関係は物の言い方とは関係ないことを子どもが理解するようにすることである。それに加えて、特に幼い子どもは、不満を表現する方法を知っておくことが必要である。しかし大人は、子どもが叩いたり、怒鳴ったり、悪態をついたりすることは許さない。そしてさらに、自己主張的な口調で訴えることさえも禁じようというのだろうか。

　「愚痴」をどのように定義するにしても、このようポスターをわざわざ掲

示することは、教師にとって一番大切なのは、教師自身の都合であると示唆するものである（当然ながら、命じられる立場にある人が疑うことなく従うことで、権力の座にある人間はやりやすくなるのである）。これはまた、教師は自らの行動を考え直す気はなく、生徒が権力に疑問を呈することには関心がないことも示している。本来教育の最大の目的は、まさに権力を疑うことができるようにすることなのであるが[2]。

　第二のポスターは、「ここから先は前向きな姿勢しか許されない（ONLY POSITIVE ATTITUDES ALLOWED BEYOND THIS POINT）」である。このポスターが教室の入り口に貼られているのを私が見たのは、マサチューセッツ州の公立学校、インディアナ州のカトリック系の学校、そしてマサチューセッツ州のフレンド派（クェーカー）の進歩主義的と言ってよい学校であった。このポスターを目にする度に私は、この言葉をどのようにもじることができるかと考えた。あるときは「良い一日を過ごしなさい……さもなければ」を思いついた。別のときには、夜にこのポスターを密かに剥がして、「先生の精神状態が不安定なので、みなさんは幸せなふりをしなさい」というものに置き換えることを想像した。

https://franklycurious.com/wp/2015/08/20/only-positive-attitudes-allowed-beyond-this-point/

　私が昔から考えているのは、小さな子どもに対する、大げさでぎこちない微笑みや、不自然に高くなっていく声の背後に、人間に対する悲観的な見方が潜んでいることがあるということである。これにしばしば伴う子どもにおもねるような態度は別としても、子どもが何か役に立つことをしたときには

褒めなければならないという強迫的姿勢を持つのは、その行動が偶然の産物であったという悲観的な想定によるものである。つまり、子どもがたまたま何か良いことをしたときには常に、「よくやった」という言葉をかけなければならない、そうしなければ二度と同じことはしないだろうと考えるのである[3]。このような正の強化を強迫的に（そして声高に）用いる人ほど、その背後にある子ども、そして人間全体についての見方はより暗いと言える。

　しかしこのポスターに戻ろう。常に前向きな態度でなければならないと子どもに知らせるのは、子どもにとっての最適な学習環境を作ることよりも、このメッセージを送る教師が求めるもの（どうしても必要とするわけではないとしても）を提供することが重要であると示している。子どもは、常に元気のよい教室を必要とはしていない。生徒は、安心して自分の感じたことを表現できる場を必要としており、それは悲しかったり、怒っていたり、恐かったりするときであっても同様である。別の言い方をすれば、否定的な態度が許される場を求めるのである。否定的な感情は、元気に振る舞うことが強制されている環境でも消えはしない。言うなれば、そういう感情は絨毯の下に隠されてしまい、誰かがそれにつまずくのである[4]。他方で、大人が否定的な**態度**とみなすものは実は、不公正なきまり、萎縮してしまうような学校の雰囲気、そして意味がなく、とてもできないと思われる課題に対する、至極当然な子どもの反応であるかもしれないのである。そのような反応を子どもに禁止するのは、生徒の否定的態度をもたらすものについて真剣に考えさせないということである（前述の「愚痴禁止」を参照）。

　次に、第三のポスター群は「やる気を高めるポスター」である。これまで述べてきた2つのような特定の内容を持ったポスターよりもずっと一般的なのは、「やる気を高める」とでも表現できるような一連のポスター群である。全国の小学校・中学校・高校で、玄関横の事務室の外の壁、食堂や図書室の中、そして教室の壁 —— に貼られている。素晴らしいことを達成するための、真剣ではあるが、どれもよく似ているスローガンが示され、多くの場合、地味だが素晴らしい色の写真に重ねられている。その内容は「できると思えばできる！」「星を目指せ！」「目指すものは手の内にある！」「勝者は

https://cdn4.geckoandfly.com/wp-content/uploads/2014/03/
motivation-motivational-quotes-poster-wallpaper4.jpg

https://www.collierpublishing.com/Demotivational-Poster-Humorous.htm

努力する」「今年は成功を選ぶ！」などなどである。

　ここで私は、学校の教室の壁に貼られているポスターのことにそれほど関
心を持っているわけではないと、正直に述べるべきだろう。ポスターはペン
キが塗られたコンクリートブロックを隠すための無害な方法のようにも見え
る。しかし、その学校で生活している生徒が個人的に作ったものではなく、
またそのような生徒のために作られたわけでもないポスターには、個人的な
思いを越えたもっと一般的な問題があるのだ。生徒とは縁もない企業が作っ
ているポスターで壁を飾る学校であれば、同じことがその学校の教育課程に
ついても言えるのではないかということである。

　しかし商業的に作られるポスター一般が、それを見る訪問者を喜ばせるも
のでないとしても、学校だけではなく、あらゆる種類の職場にも掲示されて
いる**この種の**ポスターには、見る人の気持ちを害する独特な特徴があるの

https://despair.com/products/achievement?variant=2457295683

https://despair.com/products/potential

　だ。そしてそう思うのは私だけではないようである。それは、このようなポスターのパロディーとして「やる気をなくすもの（デモティベーター）」として売られているシリーズの人気から分かる。例えばあるポスターでは、ピラミッドの雄大な写真に、次のような文が添えられている。「目標達成 —— 心に決めたことは何でもできる。ビジョンと、決意と、そして無尽蔵の使い捨て労働力の供給があれば」。別のものは、1パックのファーストフードのポテトフライの写真に「潜在的可能性 —— 大きくなっても皆が宇宙飛行士になれるわけではない」と書かれている。そしてもう1つには、跳ねるマスが今にも熊に食べられそうになっている写真に「野心 —— 何千マイルの旅も、最悪の結果となることがある」という文がついている[5]。

　さてここでは皮肉を言うだけではなく、分析してみよう。やる気を高めるポスターに書かれている励ましの言葉は、同様の演説や本と同じように、絶

え間なく向上し続けることが重要であると言い、自分のことを自分で考える
ことを強調する。一個人として、目標に心を定めるだけで、何でも成し遂げ
られると語られるのである。このような種類の励ましの問題点がはっきりし
てくるのは、生徒が成し遂げられると考えるようにさせられる具体的な内容
を考え始めるときである。

　先ず第一の問題である。自分の望むことは懸命な努力によって何でも達成
できると請け合うのは、事実を大きく歪曲して、大げさに言うことである。
そして子どもが、忍耐力と夢のある人であれば誰でも素晴らしい成果を得る
ことができると聞くことが最も多いのは、実際にはそのようなことが事実で
はない地域なのである。

　「あなたは卒業生総代になれる！」 これは目標の立て方によっては、さら
に悪い状況になる。総代になることが、ほとんどの生徒にとっては非現実的
な見込みであるだけではない。総代という地位は、アメリカの学校や社会の
他の多くのものと同様に、ゼロ・サムの枠組の中で与えられるのである。私
が総代になれば、あなたはなれない。そして逆もそうである。競争的な環境
では、私たちの夢は、互いに両立するものではない。ポスターはどういうわ
けか、この事実には触れないのである。

　「あなたはハーバード大学に入れる！」 そして私が、自己推薦による、有
利な資格を十二分に備えている他の受験生の 93 〜 95％と同じように、ハー
バード大学から不合格の通知を受け取ったらどうなるのだろうか。自分の目
標として成功を選び、星を目指し、その目標に向かって頑張り続けても、結
局何も得られなければどうなるのか。怒りを感じ、嘘をつかれたと思う生徒
がいても、当然のことであろう。また自分自身を責める生徒もいるだろう。
そしてこれが第二の問題である。バーバラ・エーレンライクが *Bright-Sided:
How the Relentless Promotion of Positive Thinking Has Undermined
America*（『ポジティブ病の国、アメリカ』、2009。邦訳は 2010 年に河出書
房新社から）で述べているように、「前向きな姿勢の裏面にあるのは、過酷
なまでの自己責任の強調である。もし失敗すればその原因は、十分に懸命に
努力せず、自分の成功が必然的であると十分強く信じていなかったことに求

められるのである」[6]。

　ところで、「持たざる者」がそのように考えるよう導かれることで、誰が利益を得るのだろうか。現在の権力構造を維持しているのは、何よりも、現在の権力構造を直視しようとしない態度である、と言うだけで十分だろう。私たちは、構造的な障害や、資力や機会の明白な不均衡の存在について考えるよう促されるのではなく、一人一人が自分で頑張れば、自力で達成できることには限界がないという考えが注入されるのである。

　そしてやる気を高めるポスターは、ほとんど常に一般論であることにも注意しよう。それが示すのは、「成功」や「達成」それ自体は望ましいということである。つまり、ある人が一体何を達成したいと思っているのか、どのようなことに成功したいと考えているのかは問題ではないのである。どんな夢でもよいのである。しかしそれは、私たちが本当に正しいと考えている確信なのか。そしてここでも、ラテン語で言われるように、「誰が得をするのか（*cui bono?*）」という問題が出てくる。私たちがこのように考えることが、誰の利益につながるのだろうか。

　「あなたはＡを取れる！」 例えば、成功というものが、伝統主義的学校のように、良い成績を取ることと考えられるとすればどうだろうか。これまでの研究が示しているのは、生徒が良い成績表を家に持ち帰ることだけを考えるときに、予想できる結果は3つあるということである。つまり、生徒は学ぶことそれ自体への関心を失う、より表面的な思考しかできなくなる、そしてできるだけ簡単な課題を選ぶようになるということである。しかし、目標が「成功」であって、それがＡを取ることであるとされているならば、文字や数字で生徒に成績をつけることの意味、あるいは成績を決めるための具体的な課題（テストのために事項を丸暗記したり、ワークシートを埋めたりすることなど）の価値についてわざわざ考え直そうとする人はいないだろう。Ａを取ることが、例えば知的に意味のある課題に対して新しい解決法を見つけることと同等の価値を持つと主張すべきなのか。あるいは百万ドルを稼ぐことが、より公正な社会を築くために努力することと同じくらい価値があると言うべきなのだろうか[7]。

　やる気を高めるポスターが、夢（あるいは「達成」の種類）についての必要な区別をせず、同時に私たちがこの問題を批判的に考えようとしなければ、今の社会の支配的な目標や価値観が、所与のものとして受け入れられてしまう。努力することは**常に**良いことなのか。その努力の性格や目的を決めようとするのは誰なのか。「あなたの態度があなたの未来を決める」とだけ言われていれば、このようなことを問おうとは思わないであろう。自助に向けた運動が発するメッセージは常に次のようなものである。自分を取り巻く環境は変えられないのだから、自分をその環境に適応させなさい。あなたができるのは、その環境にどのような気持ちを持って対処するかを決めることだけである（ヒント:「やればできる」という気持ちを持つことを勧めます）。つまり、成功するとは適応することであり、適応することは、自分が適応している社会構造を永続化することである。

　このように言うことは、単にポスターにすぎないものに厳しすぎるであろうか。あるいはポスターに多くのことを求めすぎているのだろうか。しかしこのようなポスターが本当に至る所で見られ、無批判に受け入れられていることを考えると、私は、この陳腐なおしゃべりの背後に隠された前提を追求する価値があると考えるのである。あることが問題ではないものと広く見なされているからと言って、それが価値中立的であることにはならない。あなたの地元の高校にまったく別の種類のポスターが貼ってあると考えてほしい。例えば、「貧困の中で生まれる子どももいれば、大金持ちの家に生まれる子どももいる」という言葉である。それに添えられるイラストがどのようなものになるかも想像してほしい。また〔コメディアンの〕故ジョージ・カーリンの次の言葉をあしらったものも考えられる。「アメリカン・ドリームは、それを信じるためには寝ていなければならないから、ドリームと言われるのである」。このような発想は非常に問題が多いとして批判する人も確かにいるだろう。しかし「可能性は無限だ！」と明るく私たちを励ますポスターの隠された価値観に対する怒りは一体どこに見られるのだろうか。

　やる気を高める文句がイデオロギー的に用いられていることが分かる１つの指標は、これが有色人種の低所得層の子どもがいる学校で、特に頻繁に採

用されていることである。ここでは、自分に力をつけるという課題が、単に教室の飾り以上の意味を持っている。ジョナサン・コゾルが鋭く指摘したように、黒人の生徒に「自分はできる！できると分かっている！」や「すべきことがあれば、それは自分次第だ」と唱えさせることには、政治的な意味合いが含まれているのである。コゾルは、そのような言葉は白人の保守派に非常に人気があると述べている、なぜなら「それが伝えているのは、『彼ら』次第であれば、『自分たち』次第ではなくなる。本来であれば、彼らに対して多くの対策を取ることが、国として考えるべき義務であると考えられるが、そのような対策は、差し迫ったものであり、混乱を招く可能性があり、費用もかかる。それがこのような言葉によって義務が免除されるように感じられるのである」。コゾルはまた「『自分は賢い！自分が賢いと分かっている！』といった『自己催眠的』文句は、〔白人の多い〕郊外の学校ではめったに聞かれない。そこでは『ほとんどの子どもに能力があることは当然だと見なされている』のである」と述べる[8]。

　ある学校の中でのやる気を高めるポスター（そして自助や前向きな思考を促す教材や活動）を数え、その学校の他の特徴を評価するような研究があればと思う。私の仮説では、やる気を高める文句が広く使われていることと、生徒が意思決定に意味のある役割を持つように促される可能性がより低いことと関係しており、同時に、教育活動を通して批判的思考が奨励されないことや、権威を疑う姿勢を歓迎しないこととも関係している。さらに予測できるのは、そのようなポスターで飾られている学校を経営している人々は、通常の指標による学校の成功を誇り、それらの基準に疑問を呈したり、外部から押しつけられる問題をはらんだ義務（ゼロ・トレランスの方針を採用することやテストの得点を上げようとする圧力）に抵抗したりしようとしないことである。

良 い 徴 候

　以上述べてきたような大量生産される激励の言葉――愚痴をこぼさず、元

気でいて（あるいは元気なふりをして）、逆境に打ち克とうとせよ――に取って代わるものを提案しないまま、この小文を終えるのは公平でなく、過度に悲観的かもしれない。そこで先ず、もっと進歩主義的な感覚を持つ人を対象として掲示するために相応しい言葉を考えてみよう。他の条件が同じであれば、私が自分の子どもを是非通わせたいと思う学校は、「権威を疑え」という昔からの言葉をアレンジしたポスターが壁に貼られている学校である。また校長室に、研究者のリンダ・マクニールの次の言葉が額に飾られていたらどうだろうか。「測定可能な結果は、学習の成果の中で最も意味のないものである」。訪問客は、そのような学校経営者は多くの政治家よりも、ずっと教育のことを理解していると確信するだろう。

　同様に、ワシントン州のある学校の教室に掲げられていた「自分で考えなさい。先生も間違えることがある」という大きなポスターほど、元気づけられるものがあるだろうか。あるいは、もっと皮肉の効いた言葉が好きな人のためには、アイダホ州の学校で見つけた、（大人による子どもに対する、行政官による教師に対する）統制についての、次のような言葉を考えてみよう。「いくら子どもを叩いても自信をつけることはできない」

　また私が歩き回ってみたい中学校の廊下は、生徒がみなロッカーに「〔生徒の名前〕は今読書中です」という札が貼ってあり、今読んでいる本の表紙のコピーが添えられているようなものである[9]。個々の生徒が何を読んでいるかという具体的な情報に加えて、何百枚の札でそれを知らせることによって影響力が積み重なっていく。これを、図書室に掲げられている、善意によるものではあるが面白みのないポスター（「読みなさい！」）と比べてみよう。本当に私は、そこで日々過ごしている生徒についての情報や、生徒の個人的な記録が様々な形で壁に掲示されているような学校を見てみたい（そして教師についても同様である。ボストンのミッション・ヒル高校では、デボラ・マイヤーが校長であったとき、大きな掲示板に、その学校の教師の子どものときの写真が貼られていた）。

　伝統主義的な学校の教室を訪れるとき、壁に貼られているものの大部分は、思わず顔をしかめてしまうものであるのだが、どうして生徒が作ったも

のを貼らないのかと不思議に思うのである。残念ながらその答えは、生徒が
掲示するだけの価値を持つことをあまりさせてもらえていないということで
あろう。ここで、「教室の飾りは、その教師の指導の理論と実際について非
常に多くの情報を与える」という私の最初の仮説が正しいと分かるのであ
る。私は以前、ロングアイランドのある小学校の教室で過ごしたが、そこで
は素晴らしい動物の居場所を造っており、子どもは、その居場所を「設計し
完成させるときに直面した問題」のリストを掲示していた。その掲示物は、
複雑な思考、それらの問題解決に向けての粘り強さ、学級全体の協力の証拠
であった。同時に、子どもが単にテストのために理科の知識を暗記するので
はなく、科学者のように考えられるよう促すことが、教師の第一の仕事であ
ると考えられていることの証拠でもあった。

　ここからより一般的に言えるのは、最良のクラスでは、年齢段階や教科を
問わず、明らかに子ども自身が創ったポスター、展示品その他の作品が展示
されていることが多いということである。そしてその中には、共同体の意識
を生み出し、最も効率良く学び合うために、子どもが考えた方法も含まれ
る。それは、教師によって強制された（あるいは市販のポスターを要約し
た）きまりの一覧表とは対極にあるものである。

　ここで私たちは、1つの「メタ質問」を出す段階に到達した。それは単に
「教室の壁に何を貼るべきか」だけではなく、「壁に何を貼るかを誰が決める
のか」である。これまで私が懸念を示してきた標語やポスターのほとんどす
べては、子どもと相談することなく教師によって掲示されたものであると
言って間違いないだろう（「愚痴禁止」という掲示を提案する子どもはいな
い）。実のところ、壁に貼られているものの多くは、教師が教える相手であ
る子どもを排除していることを示す、最も重要ではあるが目には見えない指
標なのである。それを逆転するためには、教師が何を掲示するかを考え直す
だけではなく、子どもが何を学ぶか、学んでいる場がどのようなものなのか
について、子ども自身も参加して考えるよう促すような学校であるかどうか
も再考すべきなのである。

【原註】

1) この表の改訂版は、*The Schools Our Children Deserve: Moving Beyond Traditional Classrooms and "Tougher Standards"*（Boston: Houghton Mifflin, 1999）の Appendix B に掲載されている。また https://www.alfiekohn.org/article/look-classroom2/ で閲覧可能。

2) 例えば、私の "Challenging Students —— And How to Have More of Them" 第 2 章を参照。

3) このテーマについては、私の "Five Reasons to Stop Saying 'Good Job!'" *Young Children*, September 2001, pp.24-28（https://www.alfiekohn.org/article/five-reasons-stop-saying-good-job/ で閲覧可能）を参照。

4) Deborah Meier はかつて次のように述べた。もしある子どもが、級友の一人から嫌われていると話してときには、「『そんなことはないよ。友だちにもそのことを確かめてみよう』と言いたいのを我慢すべきである。それよりも、その子がそう思うようになった理由を考えなければならない。おそらく助けを求める叫びには何らかの真実があって、それを教師が認めなければ、子どもは傷を隠してしまうであろう。私たちは『それは問題ではない』『大丈夫だよ』という励ましは十分に行うが、子どもの心を深く探り、疑問、不安、考えを子どもと共有することには不十分なのである」。("For Safety's Sake," *Educational Horizons* 83, no.1 [2004]: 59)。

5) 詳細は https://despair.com/ を参照。

6) Barbara Ehrenreich, *Bright-Sided: How the Relentless Promotion of Positive Thinking Has Undermined America*（New York: Metropolitan Books, 2009）, p.8.

7) 成績の影響については、私の *The Schools Our Children Deserve* や、*Punished by Rewards: The Trouble with Gold Stars, Incentive Plans, A's, Praise, and Other Bribes*（Boston: Houghton Mifflin,1993）を参照。豊か（あるいは有名・魅力的）になることを第一に考える人の心理的・社会的状態が悪いことについては、Tim Kasser, *The High Price of Materialism*（Cambridge, MA: MIT Press, 2003）を参照。

　　私はまた、この本で紹介されている研究について、"In Pursuit of
Affluence, at a High Price," *New York Times*, February 2, 1999（https://
www.alfiekohn.org/article/pursuit-affluence-high-price/ で閲覧可能）で要約
した。

8)　Jonathan Kozol, *The Shame of the Nation: The Restoration of Apartheid
Schooling in America*（New York: Crown, 2005）, pp. 35-36.

9)　https://choiceliteracy.com/ を参照。私はこのような札については、Susan
Ohanian のサイトで知った。

［訳者補足］

・ゼロ・サム思考（zero-sum assumption/mindset）

　「ゼロ・サム」はゲーム理論の用語で、利益の総和がゼロになる状況を言う。
例えば将棋は、勝者と敗者が同数に決まるので、全体としては「ゼロ」になると
言える。「ゼロ・サム思考」は、世の中をそのようなものとして捉える考え方で
ある。「自分が勝つためには、他人が失敗しなければならない」「誰かが利益を得
るためには、損をする人がいなければならない」といった見方である。現実にそ
うであるかどうかは別として、「ゼロ・サム」の視点ですべての物事を見るため、
「ゼロ・サムバイアス」とも言われる。

第 4 部

全体像を捉える　教育政策のあり方

12　楽しくない教育
厳しさの崇拝と喜びの欠如

（*Education Week*　2004 年 9 月 15 日）

「どうして私たちの学校は楽しみの場ではないのか？」これはジョン・グッドラッドがちょうど 20 年前に発した問いであるが、グッドラッドによるアメリカの学校教育に関する画期的な研究〔*A Place Called School: Prospects for the Future*　1984〕のまとめでもあるとともに、学校と呼ばれる場所が、これまでのようにつまらない場所である必然性はないと読者に気づいてほしいという呼びかけでもある。

　当然ながら今日ではこの状況は変わっている。今はこの問いを発する人がほとんどいないのである。

　平日に自分たちがしていることを楽しめている子どもが非常に少ないことや、普段子どもたちが授業中に不安と退屈を交互に感じていることに、私たちは危機感を持たない。むしろ逆であって、学校が楽しいということは、もし本当にそうであれば謝罪しなければならない状態であると教師は感じるのである。何といっても、「楽しい」教育をしていることで責められたくはないからである。

　とはいえ、そのように責められる可能性はあまりない。最近の子どもが学ぶ教育内容は、子どもからは遠くにいる、強い権力を持った人間によって詳細に決められている。貧しい地域の子どもは間違いなく出来合いの授業を受け続けなければならない。この授業は細かく内容が定められており、その目的は考えることを促すことではなく、ましてや発見の楽しさを体験させたりすることでもなく、テストの得点を高めることである。

　そして、生徒は主体ではなく客体、学習者ではなく労働者と見なされがちである。「説明責任」や「結果」という言葉を何度も繰り返すことで、学校教育についてのこの方法を考案し現場に強制している人は、楽しくない教育の方針とでも言えるべきものを正当化することに成功しているのは明らかで

ある。

　他方で、非常に多くの若者が、州によるテストの成績だけのために、不名
誉な高校退学をしなければならなくなっている。同じ高校生でも、この評価
と順位づけのゲームで成功を収めている生徒は、卒業証書のことは心配して
いない。しかし別のテストで非常に高い点を取らなければならないという圧
力を受けており、同時に不可能に近いほどの高い成績を維持し、素晴らしい
課外活動の記録を残さなければならない。その目標は、絶対に入学できると
は誰にも保証できないような大学への入学を確かなものにすることである。

　目に見えるような悲惨な状態ではないとしても、多くの学校の雰囲気は、
作家のソローの有名な言葉を思い出させる。それは「静かな絶望」である。
生徒は放課後までの残りの時間、週末までの日数、そして休業までの週数を
指折り数える。これは幼児も中高生も同じであり、勉強の出来不出来にも関
係ない。

　もちろんこのような状況は、まったく新しいものであるとは言えない。面
白くない授業は、授業というものが始まって以来**あった**。しかし私は、デボ
ラ・マイヤーと同様に、今の方がひどくなっているのではないかと考えてい
る。それは生徒の満足度が下がっているためばかりではなく、その状態が当
然のことと見なされるようになっているからである。私たちはこれを注目す
べき問題であるとさえ見なさないのである。

　確かに、これとは正反対の方向へと進んで行ってしまう可能性も理論的に
はある。快楽主義という考え方を採用して、他のすべての価値あるものを犠
牲にして、楽しみだけを重視することができる。そして生徒は常に楽しい時
間を過ごすが、ほとんど価値あるものは何も学ばない授業になることもある。
しかしこのような考え方も実践も、反権威的な風潮の強かった1960年代で
さえも、特に一般的であったわけではない。そして現在は稀になって消えて
しまいそうである。私たちが厳格さへの信仰にとらわれているからである。

　そのような状況を考えれば、伝統主義者の中に、今の学校では子どもの楽
しみが**過度**に重視されていると実際に非難をする人がいるのは、実に驚くべ
きことである。私は今年、ある教育行政担当者の文章をたまたま読んだのだ

が、それはアメリカの学校が劣っているとされることについて次のような説明をしていた。他国の親は子どもに「今日は学校で何を習ったの?」と尋ねるが、アメリカの親は「学校は楽しかった?」と聞くというのである。

　これが本当であったらどれほど良いだろうか。作家のフランク・マッコートは、ニューヨーク市の名門高校で18年間教師をしていたが、ジャーナリストのジョン・メロウに対して、教師時代に親が「私の子どもは学校を楽しんでいるでしょうか?」と聞いてきたのは1回しかないと話している。実際にマッコート──そしておそらく生徒自身──が親から聞かされるのは、テストの点数、大学進学、課題を済ませているかどうかなどについての質問であった。

　強制的に楽しみが奪われている状態を正当化することは可能である。しかし現実を無視し、事実を正反対に捉えて、子どもが学校を楽しむことに大人が関心を持ち**すぎ**であると主張することが、そもそもどうして可能なのだろうか。そのような主張は正当化できないが、その手法はありふれているのである。この議論も、教育の現実を歪曲して描くことで、伝統主義的な方法を擁護する事例の1つである。そして、アメリカの学校が社会構成主義者に乗っ取られて、デューイの進歩主義の巣窟になっていると主張する人は、断片的な知識や技能を直接的に教える方法の方が正しいと考え、生徒が自らの学習で積極的な役割を持つ機会を減らそうとするのである。

　これは「基礎に帰れ」だろうか。基礎から離れたことがあっただろうか。

　私は、子どもを惨めな状況に置きたいと悪意を持って願う人を非難しているのではない。私が言いたいのは、子どもが楽しみすぎることについて、非常に憂慮する人がいるということである。楽しい教育が本当に広まるにしても、広まることが予測されるだけであったとしても、それを防ぐことに力を入れている人は、子どもが学校を楽しむときには、価値のあることが行われないと考えていることが多い。

　私はこれを教育のリステリン理論と呼んでいる。それはリステリンという洗口液の有名な広告にヒントを得たのであるが、不快な味がするものに明らかな効果があるという論理に基づいて宣伝をしたのである。これとは反対に

魅力的なものは効果がないという議論は、学校教育の領域だけのものではない。公立学校の教育を批判しようとする試み（1 人の子どもも取り残さないという厳粛な態度を装っている）が、民主的な公的制度を民営化しようとする、より大きな政治運動の一環であるのと同様に、楽しいと見なされる授業への攻撃は、教育に関するより根深く一般的な見方を反映しているのである。「楽しい」は何にでも使える修飾語であって、過度な喜びを与えると思われるものは、ほとんど何についても悪く言えるものである。

　勉強をしなければならない！人生（あるいは学習など）は楽しいことでもゲームでもない！自己否定——この信奉者は普通、他者も否定しようとするが——は、快楽に対する恐れと苦悩を経た救済という考えと密接に結びついている。そしてこのような考え方の全体は哲学的背景だけではなく神学的背景を持つ。公教育から宗教が追放されたと誰が言うのだろうか。

　この「教義」は、子どもがワークシートと格闘している生気のない授業からはっきりと窺うことができる。また教育委員会の中で、スーツ姿の担当者が休み時間の廃止を定めたり、運動場のない小学校を設置しようとさえしたりすることからも分かる。

　これは苦痛を感じるほど皮肉な状況である。休み時間の廃止や運動場のない学校建設などは、学力向上を目的としていると通常説明されるが、学力向上は生徒が学んでいることを楽しんでいるときにこそ達成されるものなのである。ネル・ノディングズは著書の *Happiness and Education*（『幸せのための教育』邦訳は 2008 年に知泉書館から）の中で「子どもは（そして大人も）満足できる状態にあるときに最もよく学ぶ」と述べている。自分自身、教師、授業内容、そして学校での経験すべてについて、子どもたちがどう感じるかが、学びの質と非常に重要な関係を持っているのである。発見のワクワク感が持てる雰囲気の中でこそ、豊かに考えることができる。それは子どもが自分の課題に没頭し、昨日終えた勉強の続きをするのが待ちきれないような場面である。

　多くの研究は、興味が成果を生み出すことを明らかにしている。その興味は、特定の活動への一時的な興味ではなく、より広い対象についての持続的

な興味であり、通り一遍ではなく、熱意に満ちたものである。年齢、人種や適性に関係なく、生徒は興味深いと感じたものを読むときに、それを記憶し本当に理解することができる。文章への興味の度合いが、文章の難易度以上に、そこから生徒が学ぶものを決めるのである（ついでながら、興味と結果との関係は大人にも見られる。教師と生徒が笑顔になる場面を十分に持てなければ、優れた教師を採用し、長く働いてもらうことはできないだろう）。

　しかし以上の点を指摘しつつも、問題をはらんだ前提を受け入れているように見られることに私は不安を感じている。つまり楽しさは、学力向上という目的のための手段として意味があるという考えである。しかし私はそのように思ってはいない。楽しさはそれ自体が目的である。しかも単なる目的ではなく、この上なく重要な目的である。興味を刺激するような授業を経験した人は、そのときの様子を詳細に記憶しておいて、今何が失われてしまったのかを理解するための拠り所とすべきである。例えば、6歳の子どもが熱中して息を殺してお話に耳を傾けたり、若者がある活動にのめり込んで格好良くすることを気にするのを忘れたり、何かを理解したことで喜びがはじけたりするような場面である。

　未来の歴史家は、基準が常に高められ、教育がますます画一化している今の時代を、アメリカの教育の暗黒時代として振り返るだろう。歴史家は、この時代の人間が何を考えていたのかを問い、首をかしげるだろう。子どもが深い満足を感じ、笑いが絶えない場所で過ごす権利をないがしろにしていたのである。どうしてこのようなことを許したのか。

　子どもがテスト準備にもっと時間を割くようにするために、学校教育から何が奪われたかを扱ったニュースの中で、ある大規模な学校区の広報担当者が、そのような政策は上から指示されたものであると弁解していた。担当者は「私たちは数年間休暇を取っていません。それがあるべき姿であると言われ、私たちは『やむを得ない』と思っています」と認めていた。

　学校が喜びの場所でないのはどうしてか。大多数の教育関係者が、とんでもない指示に「やむを得ない」と答えているからである。

13 「競争力」批判

(Education Week　2007 年 9 月 19 日)

　以下の言葉は、一定の教育政策を推進するために使われる場合、私たちを安心させるものであろう。「学びへの強い関心」「意味のある問いへの思考の深化」「社会・情緒的技能の発達の促進」「民主的な社会」。

　そして次の言葉は、警戒をして、次第に遠ざけるべきものである。それは「21 世紀の国際経済の中での競争力」である。

　長年、試験による振り分けや教育内容の義務的な基準を主導する人は、将来の労働者の技能を高め、その延長上としてアメリカの企業の収益も高めることが必要であると主張してきた。しかし今や、そのような政策に**反対する人**も、同じ議論を展開するようになっている。ここ数か月の間、「どの子も置き去りにしない法」についての 2 人の著名な批判者が、別々の論文で、この法律が教育に与える影響は、有能な労働者を育てるために必要なこととは合致しないと主張したのである。

　この 2 人が正しいことは確かだと考える。しかし教育に関する取り組みを、経済的な理由で支持したり批判したりすることはすべきではないのである。それはちょうど、ある教育課程が素晴らしいと認めるとき、それが標準テストの得点を上げるからであると主張すべきではないのと同様である。そう主張すべきでない理由は第一に、そのようなテストは最も意味のない部分しか評価しないものであり、第二に、そのような主張は、標準テストに正統性を与える結果となるからである。

　様々な種類のデータが一致して示すのは、学校が将来の働き手をどのくらい効果的に育てているかによって、国の経済状況が決まるという主張には根拠がないということである。個々の生徒にとっては、学校での成績は、将来の職場での業績と非常に弱い関係しか持たない。そして国にとっても、テストの平均点と経済力との相関関係はほとんどない。

　企業の収益が失われたり、経済全体が停滞したりするとき、とりあえず学校教育が悪いとされてしまう。しかし個々の労働者の教育歴は、その生産性を決める多くの要素の1つにすぎず、同時に、労働者の生産性は企業の収益性を決める多くの要素の1つであるにすぎない。さらに企業の収益性は、国の経済の状態、とりわけ雇用状況を決定する多数の要素の1つでしかない。例えば、アメリカの企業が何百万人の単位でメキシコやアジア諸国に労働力を求めているのは、これらの国の教育がアメリカよりも優れているからであると本気で信じる人はいないだろう。

　同時に、事実問題だけではなく価値判断についても考えてみよう。学校の主要な使命は、子どもを生産性の高い労働者に育てて、将来の雇い主である企業の利益を高めることに貢献させることにあるのだろうか。教育が「投資」として語られ、学校が「国際経済」の文脈で議論される場合、常に警戒することが必要である。学校に関する問題に対して経済的な観点からの解答を与えることが、倫理的そして現実的にどのような意味合いを持つのかを考えるべきなのである。ジョナサン・コゾルが最近述べたように、優れた教師は「生徒のことを、アメリカ経済にとっての小型の負債あるいは財産として、教師が『付加価値』をつけなければならない対象であるとは考えない」。

　教育を単に経済的観点から考えることに加えてさらに害をもたらすものは、「競争力」という単語を使うことである。これは、教育の目的が、良くできることではなく、他者に勝つという点から考えられるべきであることを意味している。国際化が語られるとき、競争が不可避であると広く見なされている。ある企業（あるいは国）が成功するためには、他の企業や国は失敗しなければならないということである。しかし、これが正しいとしても──そして経済学者のポール・クルーグマンとデイヴィッド・ゴードンは、おそらくそれは正しくないだろうと主張しているのであるが──学習についても同様のゼロ・サム思考を受け入れなければならない理由が本当にあるのだろうか。

　標準テストの得点について、アメリカを他国と競わせるスポーツというも

のを考えてみよう。テストの得点が経済的成功を約束するという神話を一度捨てるならば、そのような点数で決められる序列を気にする理由はなくなるであろう。またアメリカの生徒が参加国の中でトップである、あるいは 10 位であると言っても、アメリカの生徒がどのくらい知識を持っているのか、そしてアメリカの学校がどのくらい優れているのかについて、有用な情報は得られない。仮にすべての国がかなり高い点数を取っていれば、最下位であっても恥じることはない（そしておそらく統計的に有効な差異もない）。反対にすべての国の得点が低ければ、トップであっても名誉なことではない。「私たち」の学校が「彼らの」学校と比べてどうであるかという熱狂的な見出しが示すのは、私たちの関心が教育の質にではなく、「自分たちが一番だ！」と言えるかどうかにあるということである。

　〔*Education Week* 誌に〕昨年掲載された記事は、アメリカの生徒は、以前の世代の生徒よりも数学の成績が良いと伝えていた。この著者はそれに感動して、嬉しさ、あるいは少なくとも安堵感を示したのであろうか。実際には逆であり、現状は「憂慮すべき」であると書いていたのである。それは他国の子どももよくできており、それは定義上悪い知らせと見なされるためである。

　同様にニューヨーク・タイムズ紙は 1990 年代終わりに、「アメリカの高校卒業率は、数世代にわたって世界最高であったが、ほとんどの先進国よりも低くなっている」と警告を発した。実際には、アメリカは学校を卒業した大人の割合では、ほとんどの面で過去最高を記録していたのである。しかしここでもまた、他国でも状況の進展が見られ、アメリカが頂点にいないことを理由に、心配するよう促されるのである。

　他国の生徒のことは単に無視したらどうだろうか。それは友好的な態度であるとは言えないだろうが、少なくとも他国の子どもの前進を、困った展開であるとは見なくなるだろう。さらに、学校を終えた生徒が「競争する」のを支援するとされる政策であれば何でも支持するのではなく、生徒が効果的に **協働する** よう促すものは何かという基準で意思決定をすることになるだろう。教師もまた、他国の教師とともに働き、彼らから学ぶことを考えるだろう。

　反射的に競争という面から考えることを克服するのは、倫理的に正しいと

言える。しかし、ミシガン州立大学のジャネット・スウェンソンはさらに進んで、「地球上のすべての子どもに最良の教育を提供することで、私たちはみな恩恵を受ける」と指摘する。そして「癌の治療法を見出すのが、自分の国の子どもではなくてアフリカの子どもだとしても、それを気にかける人がいるだろうか」と問うている。

　現在の「より高い基準」の動きの中核にあるのが、〔競争に勝つことだけが価値を持ち、それは一部の人しか獲得することができないと見なす〕人為的な希少性という考えを特徴とする世界観と、学校教育は最終的には経済的成功を目的とするという想定であることに私が気づくのに、少し時間がかかった。もっと理に適っていて人間的な視点を得るのが難しいのは、私たちは競争しなければならないと言われるからである。そしてその競争に終わりがないとすれば、批判的に考えることができる見通しはほとんどない。

　さらに残念なのは、同じように競争的な態度は、学校区、学校、生徒の各々のレベルで見られることである。数年前、北東部の州のある教育長は、自分の市のテストの得点が、州で「二度と最下位にならない」ようにしたいと宣言した。他の多くの人と同様に教育長も、より高い得点と、より良い学びとを混同していたのである。しかしこの驚くべき発言は、自らの生徒の成績が必ずしも向上しなくてもよいことも示唆している。他の市の子どもの得点がもっと低ければ、この教育長は満足するのである。このような立場は知的な意味で支持できない（相対的な成績だけを考えている）だけではなく、倫理的にも破綻している（他の地域の子どもの状況に無関心である）。

　今の社会ではある政策がいかに有害であっても、「競争力」という名目で、どのようなものも正当化することが可能になっているように思われる。それを推し進めるのは政治家、企業経営者、あるいは世界を平板にしか描けないが、それ以上に自らの想像力が平板であるジャーナリストである。しかし教師はもっと高みを目指すべきである。何と言っても教師が大切にすべきは、企業ではなく子どもである。そして教師の中心的関心——もしそう言いたければ「最終的な収支」——は、特定の子どもが勝つことではなく、すべての子どもが学ぶことなのである。

14 　「21 世紀型学校教育」では物足りないと思うならば……　あるささやかな提案

(*District Administration*　2009 年 2 月)

　多くの教育行政担当者や、教育関係者ではないが教育の分野を改善する方法について助言をしたいという善意を持っている人は、「21 世紀型技能」を教える「21 世紀型学校」の必要性を強調する。しかしこれで本当に十分であろうか。私たちの競争相手（つまり他国の人々）も同じように考えているかもしれないのである。残念ながら十分ではないということになる。そのため、すぐさま着手して、22 世紀型教育の実現を始めなければならない。

　これは何を意味するのだろうか。それほどの未来にどのような技能が必要になるかを、どうやって知ることができるのだろうか。懐疑的な人からのそのような反論は予期できるものである。同じ人は、「脳科学に基づいた教育」のような別の最先端の考えに対しても答えに窮するような疑問を投げかけるであろう。しかし私たちが自信を持って、21 世紀を通してのあるべき教育——つまり今後約 90 年の間に必要な教育——を描くことができるとすれば、その先の数十年間を考えることは、それほど大きな飛躍ではない。

　基本的には、自分がたまたま気に入っている教育目的や教授方法を採用することができる。そして未来の一定期間を指定するラベルをつけさえすれば、その考え（そしてそれを主張している自分自身）に、新しく重要なものであるという雰囲気を与えられる。さらに有効なのは、自分を批判する人は進歩への妨げであると直ちに宣言することである。もしこの方法が「21 世紀」という修飾語についても有効であれば、それをさらに 100 年先に延ばしても十分通用することは予想できる。

　しかしながら学校教育に「22 世紀」をつける場合は、何らかの具体的な内容を提案することになる。第一には、競争力の強調である。21 世紀の学校について論じる人でさえも、「国際経済の中での競争に勝ち抜く必要」に関係させて、常に競争力という言葉を用いている。その目的は優秀さではな

い。目的は勝利なのだ。教育では何よりも先ず、一番になることが重要なのである。そのため、さらに遠い将来を予測することによって、21世紀に生きる人々よりも先に進むことが必要なのである。

　教育についての競争の概念が、標準テストの得点を基にして生徒を絶えず序列化することと関係していることに、読者は気づいているであろう。この方法は望みをもたらす出発点ではあるが、今は十分であるとはとても言えない。22世紀型学校教育では、すべてのことが、誰が誰に勝つのかという観点で評価されなければならないのである。そのため新聞記事には、次のような見出しがつけられるだろう。「アメリカの学校は監視者〔hall monitor　廊下やホールなどで生徒の監督・指導する職員〕の数で現在4位」とか「ゲイツ財団が500億ドル拠出　世界一の食堂のトレイ制作のため」。基準が何であれ、アメリカに住んでいない人間が、常にアメリカ人よりも劣った存在であるようにすることが、私たちの課題なのである。

　このように、一番でなければならないという要求から理解できるのは、私たちはもはや「子どもを人間全体として教育する」ことだけに満足できないということである。問題なのは、何かの全体であれば、その1つしか対象とできないことである。そのためこれからは、「1人と半分の子ども」の教育をテーマとした会議を開かなければならないのである。それ以下のことは、22世紀の国際的 —— さらには惑星横断的 —— 経済の中では意味を持たない。教師が教育についての古くさい書物に代えて読むことになるベストセラーの書名を挙げるならば、『フラット化する太陽系』である。〔訳者註　これは政治評論家のトマス・フリードマンの *The World Is Flat: A Brief History of the Twenty-first Century*（2005年　邦訳は『フラット化する世界』）のパロディーである。〕

　競争力に加えて、自らの目標を設定して世紀全体を特徴づける人は、子どもにとって何が良いのかをめぐる懸念には、まったく動じないようである。「アメリカの**企業**が必要とするのは何か」と問い、そこから逆算するのである。子どもが学校に通う一番の理由を忘れてはならない。つまりそれは、子どもに技能を与えて、将来の雇用者の利益を最大化することである。実際の

ところすでに、教育についての議論の軸を移動させることには大きな進展があった。もはや職場で何が役に立つかという観点から考えられ、「民主主義」（これば 18 世紀の概念であろう）を維持するものは何か、本来の価値を持つものとしての子どもの自己成長（これは数千年前までに遡る概念であって、古くさくなっている）を促すものは何かについての議論に時間を浪費することはしない。

　企業のための学校教育に向けての取り組みをさらに強化するにはどうすればよいか。必要であれば、学習の一部はアジアの生徒に任せればいい。彼らはより多くの知識を暗記し、より低い評価で満足するだろう。そして、すでに考え方としては提起されているが、大学の学部を、ビジネススクールの付属施設にしてしまうことができる。より一般的に言えば、生徒や学生の学びへの「興味」についての無意味な議論は止めて、企業の営業収支に貢献できる技能のことだけを考えるべきである。この場面でもまた喜ばしいことに、そのような議論の転換はすでに起こっており、それは 21 世紀型学校教育の重要性を主張し続ける人のおかげである。

　しかし自己満足に陥る時間はない。まだすべての人の意見が一致しているわけではない。つまり、頑固に非効率的な教育方法に固執していて、これからのアメリカ経済発展の力を削いでしまうような教師は一掃しなければならないのである。学校からチームでの行動をしようとしない教師をどうやれば取り除けるだろうか。例えば授業の進め方はすべて、州の基準に厳格に従うようにすべきであると主張することができる。これは非常に効果的な方法である。というのは、そのような基準となる資料の多くを作成するのは、企業のあり方、経営方式そして思考方法に深く馴染んだ人だからである。また能力給を導入して、新しい規則に従わない教師に罰を与えることで、服従を引き出すこともできる（考えて見ればここでも、私たちはすでに 22 世紀型の授業を十分に創出しつつあるのである）。

　22 世紀に向けての教育を特徴づける最後の要素は、数学と科学技術に対する崇拝的姿勢である。これは「あることが数値化できなかったり、数で入力できなかったりしたら、それは無用なものである」という立場である。も

ちろん、理数系の教科に予算や人を注ぎ続ける（そして文学や芸術は減らす）のは、そもそも理数系教科がより重要であるからではなく、単に経済的観点から見たときに、より役に立つからである。そしてこの視点こそ、22世紀型に相応しい精神を備えた学校教育にとって意味を持つ唯一のものである。

　最後にもう1つ。これからも「批判的思考」の力を育成する教育の必要性については、真剣に議論し続けることは当然である。ここでの「批判的思考」は企業経営者に受け入れられるような特定の技能の習熟を意味する。しかし、生徒の側の**本当の**批判的思考は、注意深く阻止する必要があると認識するべきである。なぜならそれは、私たちの取り組みすべてと、それが拠って立つ思想に対して、不都合な問題提起をすることになるからである。将来の競争の激しい国際経済の中で、そのような**問題提起**の必要がないことは明らかである。そして現在についても同様である。

　アルフィー・コーンは最近『罪と罰』という本を読み終えた。またすぐに別の本を読み始める予定である。

15 | 教育課程の国家的基準の嘘を暴く

（Education Week　2010 年 1 月 14 日）

　あることがそれ以上は悪くなることはないとずっと思ってきて、実際にはさらに悪くなることがある。1990 年代を通して、州は競って規範となるべき教育課程の基準を採用してきた。それは頻繁に行われる標準テストによって事実上強制されるものとなり、そのテストによる振り分けもしばしば行われた。上意下達式で、より難しい内容にしようという動きは、教育的観点以上に政治的な判断によって推し進められているのであるが、その動きは「説明責任」を現場に押しつけ、授業から生気を奪い始めている。そして最貧困地域に最大の害を与えているのである。

　20 世紀が終わるまでに、私たちの多くはそのような動向は底を打ったと考えた。しかし実際には床が崩れ落ち、今は、その存在すら知らなかった地下室にいるのである。私が念頭に置いているのは言うまでもなく、「多くの子どもを置き去りにする法（Many Children Left Behind Act）」とでも呼ぶべき法律〔訳註　実際に制定されたのはどの子も置き去りにしない法（No Child Left Behind Act（2002 年））〕のことである。この法律は各州が毎年すべての子どもに試験を行うことを義務づけ、もっぱらそのテストの得点によって子どもと学校を判定し、最も支援を必要とする学校に害を与えるのである。ばかげているほど非現実的な習熟度の高い目標を見ると、この法律が公教育を改善するのではなく、実は破壊することを目指しているのではないかと思われる。

　現在私たちはその悲惨な結果を調べている。有能な教師は、テスト準備のための名ばかりの技術者に転換させられて退職した。低所得層の若者は、厳しい卒業試験のために高校中退を余儀なくされた。無数の創意工夫をこらした学習活動は姿を消し、生徒に何も考えなくさせるくらい詳細に内容を定めた州の規準に準拠する出来合いの授業が登場した。

　そして今本当に必要とされていると言われるのは、何と、全国でこの取り組みを画一的に行うことなのである。〔訳註　以下で述べられるのは、2010年から始められた「各州共通基礎スタンダード（The Common Core State Standards Initiative）」についてである。〕

　私たちは正気を失ったのか。現在子どもの精神が失われつつあることは確かだからである。

　政治家や企業経営者、そして標準テストを作成・販売する会社にとっては、この処方は合理的なものであろう（これらの人こそ、国家的基準への取り組みを主導してきた立役者なのである）。しかし実際の教室で生身の子どもと数日でも過ごしてみれば、これらの子ども ── そして公立学校教育という制度 ── が説明責任という流行の中で、あとどのくらい生き延びられるかを考えてしまうであろう。

　最近の動きを確認しておこう。第一に、教育界に売り込もうとされているのは教育課程の国家的基準である。この取り組みが連邦政府によって進められているのではないと主張することは、政治的には好都合であろうが、実際にはすべて、あるいは事実上すべての州が最終的にはこの方針を採用しているのであって、その区別はあまり意味がない。

　第二に、この中核となる基準には、必ず国レベルでの標準テストが伴っているのである。全米知事協会のデーン・リン（この取り組みの中心的人物の1人）は、オンラインで開かれた会見で、これが本当かどうかと尋ねられて、否定しなかった。リンは「基準だけでは教育や学習を進めることはできません」と答えたのである。ここでの教育や学習が、知事協会などが求めるような特定の型のものであることは言うまでもない。連邦教育局長であった故ハロルド・ホウ二世の助言を受け入れて、基準を「できるだけ曖昧なもの」にするとしても、国家的なテストは事実上の国家的教育課程を生むことになる。そのテストに重要な意味が与えられるときには特にそうである。

　第三に、基準やテスト問題や教育課程を作成するのは比較的少数の専門家グループになる見込みで、良い教育とは何かについての個人的な見解に基づ

くものを、すべての国民に強制するのである。各州基礎共通スタンダードの
公式サイトはこれを否定しようとして、すべての教師が教えなければならな
い項目は、「何が重要かについての個人的考え」ではなく「データに基づく」
ものになるだろうと述べている。この主張を正直ではないとだけ評するなら
ば、それは甘いであろう。データが示すことができるのは、ある方法が、あ
る目標を達成するために効果的であるかどうか、――例えば、ある基準に従
う指導法が、あるテストの得点にどのように影響するのか――である。しか
し目標それ自体――アメリカの子どもに何が教えられ、何がテストされるべ
きなのか――の決定には、不可避的に価値観や思想が反映される。ある数人
のグループの価値観や思想によって、全国のすべての公立学校で何が行われ
るべきかが決められるべきだろうか。

　国家的基準の推進者は、すべての生徒（これはアメリカの生徒だけであ
る）が、（アメリカの中の）どこに住んでいようと、優秀になってほしいと
思っていると言う。問題は優秀であることが、まったく別の特質と混同され
ていることである。例えば、画一性、厳格さ、具体性、そして勝利である。
これらを順に見ていこう。

　すべての子どもに、優れた教育を受ける権利があるのか。もちろんそうで
ある。しかしだからといって、すべての子どもが**同一**の教育を受けるべきだ
ということにはならない。高い水準は、必ずしも共通の基準を必要としな
い。画一性は優秀さ、あるいは公正さと同じではない（むしろ、すべての人
に同一でなければならないという要求は公正であるかのような幻想を与える
が、本当の公正の原則を損なう）。この単純な真実を認めることで、国家的
基準――あるいは画一的な州の基準――を支える根拠は崩れてしまい、知性
が破壊されて瓦礫の山となるのを見ることができる。

　確かに優秀さと画一性は、理論的には別のものであるとしても、実際上は
関係しているのかもしれない。しかし、アメリカと同様に多様であって、同
時に国家的な基準や教育課程を持つ国の生徒が、並外れて深く考えたり、学
ぶことに対して特に関心を持ったりするという証拠を私は知らない。例え
ば、国際数学・理科教育動向調査（TIMSS：Trends in International

Mathematics and Science Study）のような標準テストの結果も、国家的基準の推進者を支持するものではない。8 年生の数学と理科のテストで、上位 10 か国には、中央集権的な教育制度がある。しかし数学で下位 10 か国中 9 か国、理科で同じく下位 10 か国中 8 か国も、同様の教育制度を持っているのである。

　そうだとすれば、生徒にとって画一性はメリットがないとすれば、誰にとってメリットがあるのだろうか。おそらく教材やテストを販売する会社は、1 種類だけですべてに合うのであれば、コストを下げられるだろう。そして政策立案者は、優秀さを他人に勝つことと混同している。生徒や学校を**相対的な**観点で評価することにすれば、皆が同じことをしている方が便利である。しかし学ぶことを互いに競わせるスポーツに変えたいと思うのはどうしてだろうか。

　国家的な基準が不必要であるという事実は置いておくとしても、その中心的な前提とされているのは、シカゴ大学のザルマン・ウシスキンが述べたように、「自国の教師を信用せず自分の学校にとって最良の教育課程は何かを決めることはできないと考えている」という判断である。さらに画一性は、単にそれ自体で存在し、維持されるものではない。すべての人が同じ基準に従うようにするためには、上意下達式の統制が必要である。そうであれば、上から命令に納得しないことがある教師、教育内容は別々の教科に分けて教えなければならないとする考えに同意しない教師、あるいは国家的基準それ自体に反対する教師はどうなるであろうか。デボラ・マイヤーが「思想を支配する中央集権的権力」と呼んだものに基づく制度を受け入れることは何を意味するのだろうか。

　私はまた別の誤謬について論じたことがある。つまり、より難しいことをより良いことと同じであるとみなし、「厳格な」要求や、本当に難しいことだけが主たる利点（それが利点であればであるが）であるようなテストが重要であるとひたすら考えることである。国家的基準についての説明文書をどれか選んで読んでみれば、この混同が多くなされていることが分かるだろう。そのセールスポイントの中心は、自分たちは「基準を上げている」とい

うことである。しかしながら、ヴォルテールが述べているように、「単に難しいものは、結局何も喜びを与えない」のである。そして学習の質を高めることもないのである。

　次に、質の高さを具体性と混同する問題である。子どもや人の集団が互いに異なっているときに、同一の基準を無理なくあてはめることのできる唯一の方法は、基準をかなり抽象的にすることである。例えば「すべての生徒が効果的に意思疎通できるようにする」といったものである（曖昧にしておくというホウの知恵が今でも通用する）。基準が具体的になるほど、それをすべての生徒に強制することに問題が出てくる。そしてとりわけ、新しい基準が学年毎に設定されるようになれば、すぐに正当な理由もなく、ある子どもを落ちこぼれだとみなすようになるだろう。

　具体的であるのがよいという発想を補強するために用いられる、もっともらしく聞こえる修飾語——「焦点化されている」「首尾一貫している」「正確な」「明確な」——には用心すべきである。もし基準が限定的に定められた知識や技能から成っていれば、教師は問題をはらむような教育の形を受け入れることになる。つまり、大量の知識を生徒に一方的に伝える形であるが、そのような知識は最もできる生徒であっても、憶えたり、関心を持ったり、活用したりできないものである。

　すでに各州の基準はまさにこのような状態になっており、国家的な基準が目指す方向でもある（もっとも理論的にはそうではない形もあり得るが）。具体性は、経済界や新聞の論説委員が求めるものであり、「基礎的知識」を声高に主張する人が、良い教え方と同じ意味で用いるものである。具体性はまた、*Education Week* 誌や、トマス・B・フォーダム研究所などの保守的なシンクタンクが、基準の内容を評価するときの１つの指標である。いずれにしても、〔国家的基準を推進している〕Achieve, Inc. や全米知事協会を説得しようとしてもあまり意味はないだろう。間違いなく具体的な内容を提示するであろうからである。

　最後に、すべての州のすべての学校のすべての子どもに、同じ学年で同じ

ことができるようにならなければならないと要求し、教師には手本となる教育課程と標準テストに「合致した」指導をするように圧力をかけることの**目的**は何であろうか。

　私は以前に「酒合戦」を想像したことがある。企業グループや政治家が書いた教育改革についての文章を数編読み上げて、「厳格な」「測定可能な」「説明責任を果たす」「競争的な」「世界水準の」「(より)高い要求」あるいは「基準を上げる」といった言葉を聞く毎に、一杯飲むのである。数分もすれば、みな酔っ払ってしまって、学校教育についての議論が、このような傲慢で企業経営に関係する流行語で散りばめられていなかった時代を思い起こすことができなくなるのである。

　しかししばらくして、これらの業界用語のすべてが無意味ではないことに気づいた。これらの言葉は、授業がどのようなものであるべきか、そして教育の目的が何か(そして何ではないか)について、非常に実際的な意味合いを持っているのである。企業や政治家の考える教育の目的は明らかに、子どもの好奇心を高め、読むことや考えることを愛するよう促し、批判的に考える能力と態度を養い、民主社会を守っていくことではないのである。そうではなくて、画一的で、具体的で、厳格な基準という提案がなされるのは、アメリカの経済を活性化させ、アメリカ人が他国民に打ち勝つようにすることにもっぱら関心を持つ人のためなのである。

　各州共通基礎スタンダードのHPの「よくある質問」を読む際に、「探究」「内発的動機づけ」「発達面での適切さ」そして「民主主義」といった言葉を探そうとしてはいけない。最初の文に登場するのは「国際経済の中での成功」であり、その直後には「アメリカの競争上の優位性」が出てくる。

　このような国家的基準は、デジタル化によって装いを新たにしてはいるが、その目的が教育的側面ではなく経済的側面にあり、学ぶよりも競争に勝つことを重視し、子どもが求めるものに答えるよりも経済界の利益に奉仕するためのものであれば、21世紀の教育の枠組みを、単に労働者訓練の場としての学校という、古めかしくて魅力のない型の中で描いていることになる。そのような認識を正そうとする人は、それを体現している国家的基準の

提案を押し止めるために、あらゆることをすべきである。私たちはすべての子どもにとっての優れた教育と学習を望んでいる。とはいえ、重視すべきは**「総体としての生徒の学力」**（つまり「テストの得点」）ではなく**「個々の生徒の達成状況」**である。基準の一覧を受け取ったら、各項目を細かに点検するだけではなく、誰が、何の目的でそれを作ったのかを問うべきである。私たちが何をどのように教えるのか、そして生徒の出来を判断するときの規準がどのくらい実際の場面で使えるものなのかについて、（専門家だけではなく一般の教師なども）議論したり異議を申し立てたりする余地があるのか。それとも「従うか、さもなければ……」ということで、テストによって基準が強制されるのか。

　残念ながら、教育内容の質向上・共通化の動きはずっと昔に、〔画一的な教育課程と試験を強制する〕標準化推進の動きに変質してしまった。これ以上同じことを繰り返すべきではないのである。

第 5 部

学校を越えて 心理的課題と家庭教育

16 スーパーナニーからの破滅的助言

（*The Nation*　2005年5月23日）

独裁者は反乱を歓迎する。混乱状態になれば、平静を取り戻すために自由を制限する口実になる。選択肢は2つしかないのだ。混乱か統制かである。〔スパイコメディーのテレビ番組である〕「それ行けスマート」の制作者もそれを理解していた。

そして「スーパーナニー」や「ナニー911」の制作陣もそうである〔訳註　前者は2004年から英国で放送された子育て相談の番組。ABC放送によるアメリカ版は2005年から始まった。後者はアメリカのFOX放送で放送された同種の番組。いずれも問題のある家庭に教育係となる専門家が出向き、子育てついて親に教えるというリアリティー番組〕。毎週郊外の問題を抱える家庭にカメラを持ち込むが、元気一杯な子どもとイライラしている親が登場する。親は不満をぶちまけ、子どもを怒鳴り、叩く。子どもも負けてはいない。「でも待って。見上げれば鳥だ！いや、地味な身なりのいかめしいイギリス人の教育係だ」。親が子どもを思い通りに動かす昔ながらの方法を書いた処方箋を手にして降りてくる。何をすればよいのか分からなかったアメリカの親はたちどころに、再び自信を持って子どもに対峙し、子どもはおとなしく、言うことを聞くようになる。みんな感謝の念に浸るのである。ここで甘ったるい音楽が流れ、抱き合う姿がスローモーションで映され、次週登場するもっと救いようのない家族の予告編が出される。

このような番組では、視聴者を操作することが芸術的な域にまで達している。第一に、並外れて反抗的な子どもを選ぶことで、視聴者は自己満足感を得ることができる。少なくとも自分の子ども——そして自分の親としての技量——は、これほど悪くはないと思えるのである。それ以上に重要なのは、このような混乱状態にある家族を見ることで、全体主義的な解決を求めるように仕向けることである。子どもの反抗を止めるものであれば、何でもいい

というわけである。

　ここでは、番組の撮影クルーが生活の場に入ることで、親子のやり取りに影響が出るのではないかのように考えること、そして、登場する家族は自らの恥をテレビで放送することを許した家族なのだと語られていることは無視することが求められている。また家族が数日間ですっかり変わってしまうと信じ、番組の最後の救済は、教育係の並外れた能力を示しているものであって、編集担当者の力ではないと考えるよう期待されている。今まで多くのテレビドラマや、連続コメディーであっても、作為的なハッピーエンドは避けられてきた。患者が亡くなることもあり、犯罪者が検察官を出し抜くこともあり、困った人間も更生しないことがある。しかしここでは、ノンフィクション番組の分野でありながら、番組が終わる前に、上手い解決策を見つけなければならないのである。おそらくこれは、現実から最も離れたリアリティー番組なのであろう。

　私たちはこのような番組を非現実的であるとして、単に笑いとばすこともできよう。しかし、現実の子どもの育て方を、何百万人という現実の親に教えていることは確かである。子育てについて、この番組がまがい物を売っているという点で無視はできない。

　ABC 放送の「スーパーナニー」を考えてみよう（FOX 放送の「ナニー911」が違うのは、交代で登場する教育係が、主役の座を分け合っている点である）。この番組は構成がはっきりと決まっている。主役の教育係で、現在はベストセラー作家でもあるジョー・フロストが、家庭を訪問し、家族を観察し、険しい表情を見せた後、至極当然のことを言い、最後に親子間のきまりと罰則を決めて、これからのやり方を指示する。親は戸惑うが、次第にフロストの方針の要点を理解する。そして全員が満足するのである。

　しかしながら、この番組の限界よりも、フロストの限界の方が問題をはらんでいる。家族の危機に対するフロストの対処法は、驚くほど単純である。テレビ番組であるための制約だけではなく、手持ちの解決方法が少ないことで、重要な問題が問われないままになるのである。フロストが問わないのは、例えば、仕事と育児は、質が高く手頃な料金で利用できる保育施設があ

れば、もっとスムーズに両立できるのではないかということである。またフロストは心理的な課題を考えようとさえしない。親の要求は、子どもの年齢に相応しいのか。親がどうしてあるやり方で子どもに対処するのか、あるいはあるやり方では対処できないのかは、子育ての手法を知らないことではなく、もっと深い問題によるのではないのか。そして**親自身**はどのように育てられたのか。

　フロストは外に現れたもの以上に深く探ろうとは決してしない。そしてどの家族についての分析も同じである。問題は常に、親が十分に厳しくなく、子どもをコントロールできないということである。力の行使についても、大人だけが力を持っている限り、留保条件はつけない。子どもは征服すべき敵なのである（「ナニー911」の冒頭では、ナレーターが声高に「家を乗っ取っている」幼児がいると注意を発する）。親は子どもに**すぐに**昼寝をさせる方法を身につける。子どもが疲れているかどうかは関係ないのだ。

　スーパーナニーのお気に入りの言葉は「手法」と「一貫性」である。第一に、予定が示される。例えばナニーの指示により家族全員で6時に食事をすることになる。また子どもには、基本的なきまりのリストが渡される。肝心なのは強制と命令であって、教えたり振り返ったりすることではない。そのため、自分が他人を攻撃することでどんなことになるかを子どもに考えさせるのではなく、単に叩くことは「許されない」と伝えるのである。理由を考えることや道徳的に判断することは決して求められない。次に子どもは「部屋の隅に行くよう」に命じられる。その後、ナニーは父親に指示を出して、子どもが謝るように命じさせる。そして子どもは強制されて、期待される言葉をつぶやき、親は満足げな表情をするのである。

　バランスを取るために、子どもは罰だけではなく報酬によっても統制を受ける。親の望むものを（あるいは望むときに、あるいは望む量を）食べていない子どもが、少しでも望み通りにすると、一口食べる毎に「良い子ね！」と褒め言葉がたっぷり与えられるのである。確かに子どもは若干多くを食べるかもしれない。しかし親に受容されることを熱望している子どもは、本当は無条件の愛情を求めているのであるが、その代わりに、望まれるように振

る舞うことで得られる承認で我慢しているのである。

　ある家庭の小さな女の子は、寝るときに母親に添い寝してもらう習慣があった。しかしスーパーナニーは、もうそれは忘れなさいと宣言し、その習慣は予告も説明もなく終わってしまった。女の子が泣き叫んでも、それはその子がわがままであるに過ぎないと見なされる。後に母親は「子どもを虐待しているのに近いのではと感じていました」と告白するが、ナニーは「負けないで」と励ます。そして不安はすぐに「うまく行っている。子どもが静かになっている」という安心に変わるのである。しかしこの子は実際には、母親に寄り添ってほしいという願いを抱くのを諦めたのである。

　別の回では、男の子が庭でホースを使って遊んでいると、母親が突然「もう終わり」と言う。男の子は抵抗する（「庭掃除だよ！」）が、母親は水を止めてしまう。男の子は怒ってワゴンをひっくり返す。スーパーナニーは驚いた様子を見せる。「母親が水を止めただけでこんなに怒るなんて」。ここには、母親が一方的に子どもを尊重しないやり方をしたことで、子どもが怒ったことについての言及はない。しかし考えてみれば、一方的で子どもを尊重しない子育ての手法は、ナニーの常套手段なのである。

　スーパーナニーの考えが表面的であるのは偶然ではなく、思想的なものである。この番組が売り込んでいるのは行動主義なのである。その目的は子どもを育てることではなく、個々の行動を促したり抑制したりすることである。それで十分だと言えるのは、行動主義心理学者であった故 B.F. スキナーと現存の後継者と同様に、個々の行動以外に意味を持つものはないと考えるためである。

　行動主義は非常にアメリカ的なものであって、子どもにアップルパイのご褒美をあげるのと同程度である。自分たちアメリカ人はお金を稼いだり、西部開拓をしたりするのに忙しく、理論や複雑な背景を考える暇はない。使えるテクニックだけで十分だ。数千人の従業員を解雇することで会社の株価を上げることに成功するならば、あらかじめ決められたつまらない教育内容が生徒のテストの得点を上げることに成功するならば、またご褒美と脅しで子どもを従わせることに成功するならば、「でもそれはどのくらい長く効果を

持つのか。そしてどのようなデメリットがあるのか」と問う必要はないのである。

Unconditional Parenting の執筆にあたって研究の調査をしていたとき、「部屋の隅に行かせる」（「タイム・アウト」がもっとなじみのある言葉であるが）ような方法が、子どもに害を与える結果となるという研究結果を見つけて、不安を感じたことがある。この方法は基本的に愛情の撤回である。また他の研究データでは、過度に子どもを統制しようとはせず、それに代わって温かく接し道理を説明する親の子どもは、親から言われたことにより良く従い、責任を持ち、共感力のある健康な大人に成長することが示されている。

教育係が登場する番組を最後まで見続けることに耐えられるのであれば、このような番組は、子育てで何をしては**いけない**かについて、かなり信頼できる手本となる。また通俗的な行動主義的考えや、手近な解決方法を求める姿勢について、考え直す機会ともなる。スーパーナニーはある両親に対して、「親が首尾一貫した態度を取れば、子どもも同じメッセージを受け取ることを請け合います」と、真面目な口調で話すが、これは同義反復であろう。

そしてこれは確かにそうかもしれないが、子どもが受け取るのは一体どのようなメッセージなのであろうか。

17　条件つきの親の愛情

(*New York Times* 2009 年 9 月 15 日)

　50 年以上前に、カール・ロジャースは、精神療法が成功するためには、3 つの基本的要素が必要であると提唱した。セラピストは第一に、専門家の鎧に隠れるのではなく自分自身をさらけ出さなければならない。第二に、クライエントの感情を正確に理解しなければならない。そして第三に、自らの判断は脇に置いて、支援を求めている相手に「無条件で肯定的な眼差し」を注がなければならない。

　この第三の要素は非常に重要である。それは大変難しいだけでなく、無条件性が必要であるという考えが、子育てについて示唆を与えるからである。ロジャースが考えたのは、セラピストは条件なしにクライエントを受け入れる必要があり、そのことによってクライエントは自らを受け入れられるようになるということである。そして、他者を全面的に受け入れる姿勢を、多くの人が否定したり押さえつけたりするのは、親が子どもを育てるときに「条件つきの価値」を示すためである。おまえを愛しているよ。でもそれはおまえが良い子にしている（学校の成績が良い、他の人に認められる、おとなしくしている、痩せている、親を敬っている、可愛らしく振る舞っている）ときだけだ。

　以上のことが意味しているのは、子どもを愛するだけでは十分ではなく、無条件に愛さなければならないということである。つまり、その子が何をするかによってではなく、その子が存在すること自体を愛するのである。

　私は 1 人の父親として、これが非常に難しいことであると理解している。しかも現在は一層困難になっているのである。それは親に与えられる非常に多くの助言が、まさにこれとは正反対のものであるからである。実際には**条件つき**の子育てのやり方を教えられるのである。これには 2 つの面があり、1 つは子どもが良い子であるとき愛情を示すこと、もう 1 つはそうでなけれ

ば愛情を見せないことである。

　「ドクター・フィル」というテレビのトーク番組の司会者であるフィル・マグローは、*Family First*（『家族が第一』）という自著で次のように書いている。子どもが求めるものや楽しむものは条件つきで与えられるべきである。それを褒美として、「親の期待に添って振る舞う」ように、少しずつ与えたりまったく与えなかったりするべきである。そして「子どもにとって最も強い影響力を持つ褒美の1つは、親の受容と承認である」とつけ加える。

　同様に、「スーパーナニー」という番組のジョー・フロスト〔第16章「スーパーナニーからの破滅的助言」を参照〕も、番組と同じタイトルの本の中で「最良の褒美は、子どもへの関心、褒め言葉、愛情」であって、「子どもが悪いことをしたら……ごめんなさいと言うまでは」それらは保留され、「ごめんなさい」という言葉で再び愛情が与えられると述べている。

　ここで留意すべきは、条件つきの子育ては、伝統的な権威主義者だけが主張するものではないということである。子どもを叩くことなど夢にも考えない人でも、幼い子どもを、通常「タイム・アウト」〔第4章訳者補足を参照〕というやり方で強制的に隔離して、罰を与えることもある。反対に、「正の強化」という考えが子どもに伝えるのは、何であっても、大人が「良いこと」だと考えることをする限りにおいて、自分たちは愛される —— あるいは愛される存在になる —— ということである。

　だとすれば褒めることの問題は、間違った方法で褒めたり、社会的保守主義者が主張するように安易に褒めたりすることにあるのではない、という興味深い可能性が出てくる。つまり褒めることはまさに統制の1つの方法であって、罰と同じような効果を持つのである。すべての形の条件つき子育てが示しているのは何よりも、子どもは親の愛情を努力して**獲得**しなければならないということである。ロジャースが警告しているのは、これが日常的になれば、子どもは無条件の受容を必要としているときにそれが与えられないために、最終的には、セラピストにそれを求めることになるということである。

　しかしロジャースは正しいだろうか。条件つき子育てという広く受け入れ

られている考え方を否定する前に、何らかの証拠を持っておくことが良いと
思われるので、それを見ていこう。

　2004 年にアヴィ・アソールとガイ・ロスという 2 人のイスラエルの研究
者が、動機づけの心理学でアメリカの代表的専門家のエドワード・デシととも
もに、100 人以上の大学生にアンケートを取った。その内容は、親から受け
取った愛情は、学校の成績が良かったかどうか、スポーツの練習を熱心にし
たかどうか、人に対して思いやりを持っていたかどうか、怒りや恐怖などの
感情を抑えたかどうか次第だったか、というものだった。

　その結果、条件つきの愛情を受けてきた子どもは、親の望むように行動す
ることが、そうでない子どもに比べてやや多いということが分かった。しか
し親に従うことに伴う代償は大きかった。第一に、そのような子どもは親に
反抗し、親を嫌う傾向にある。第二に、自分の行動を決めるのは「自分で選
んでいるという本当の感覚」ではなくて、「内面の強い圧力」であると答え
る傾向にある。さらに、何かがうまく行った後に得られる満足感は、多くの
場合すぐに消えてしまい、罪や恥の意識を感じていることが多い。

　アソールらは、これと関連する研究で、成人した子どもを持つ母親の聞き
取り調査を行った。この世代にとっても、条件つき子育ては有害であった。
自分が子どものとき、親の期待に応えなければ愛されないと感じていた母親
は、大人になってからも自分に価値があるとあまり感じられていなかった。
しかしこのような否定的な影響があるにもかかわらず、自分自身の子どもに
は同じように、条件つきの愛情で接することが多かった。

　アソールらは 2009 年に、ロチェスター大学のデシの 2 人の同僚とともに、
2004 年の研究を再現した研究と、それを拡張した研究を 2 本発表した。こ
ちらの対象者は 9 年生の子どもであって、子どもが親の望むように行ったと
きにより関心と愛情を与えることと、子どもがそうしなかったときにあまり
関心や愛情を与えないこととを、注意深く区別していた。

　この調査で明らかになったのは、条件つき子育ては、肯定的であれ否定的
であれ有害であるが、少し現れ方が違うということである。肯定的な方法
は、子どもが学業課題により熱心に取り組むことに成功することもあるが、

「内面からの衝動」という不健全な感覚を伴う。他方で否定的な方法は、短期的に見てもうまくいかない。単に親に対するマイナスの感情を増大させるだけであった。

　これらの研究やその他の研究から言えるのは、もし私たちが研究の意味するところを理解できるとすれば、何か良いことをしたことで子どもを褒めるのは、悪いことをしたときに無視したり罰を与えたりすることに対する代替策としてはあまり意味がないということである。どちらも条件つきの愛情の一面であり、いずれも非生産的なのである。

　児童心理学者のブルーノ・ベッテルハイムは、タイム・アウトと呼ばれる否定的な条件つき子育ての方法が、「深刻な不安の感情」を引き起こすことがあると十分に理解していたが、それにもかかわらず、まさにその理由で、タイム・アウトを支持していた。「言葉では十分でなければ、親の愛情や思いやりを与えないと脅すことが、子どもに対して親の要求に従わなければならないと分からせる、唯一の健全な方法である」と述べているのである。

　しかしデータが示すところでは、愛情の撤回が子どもの服従を得るのに非常に有効であることはなく、ましてや子どもの道徳的発達も促すことはない。そしてたとえ、正の強化という方法を使ったりして、子どもを親に従わせることに成功しても、子どもの服従は、長期的な心理的傷という危険を冒すだけの価値のあるものだろうか。親の愛情は、子どもを統制するための道具として用いられるべきだろうか。

　また、無条件の愛情に対する別の観点からの批判を見ると、より深い問題があることが分かる。アルバート・バンデューラは、心理学の一領域である社会的学習理論の創始者であるが、無条件の愛情は「子どもに進むべき方向を見失わせ、全然愛されない存在にしてしまう」と述べている。しかしこれは実証的研究によっては、まったく証明されない主張である。自分の存在自体を受け入れられている子どもが、方向感覚や魅力を持たないという考え方が示しているのは、そのような警告を発する人が持っている、人間の本性についての悲観的な見解である。

　実際問題としては、デシらによって収集された大量のデータによれば、親

や教師による無条件の受容は「自律への支援」を伴うべきなのである。つまり、親の要求の理由を説明すること、子どもが意思決定に参加する機会を最大限確保すること、子どもを操ることなく励ますこと、そして子どもの視点から物事がどのように見えるのかを積極的に想像することである。

　この最後の点は、無条件の子育てそれ自体にかかわることとして重要である。親の多くは、自分たちが何の条件もなく子どもを愛していることに間違いないと反論するかもしれない。しかし重要なのは、子どもの視点からどう見えるのか、言うことを聞かなかったり期待に沿えなかったりしたときでも、同じように愛されていると子ども自身が感じるかどうかなのである。

　カール・ロジャースはそのように言ってはいないが、より多くの人が無条件の受容を経験して大人へと成長していくようになって、力量のあるセラピストの負担が軽減されれば、きっと嬉しく思ったに違いない。

18 自己規律が過大評価される理由 内部からの統制についての（問題のある）理論と実践

（*Phi Delta Kappan* 2008年11月）

　伝統主義的教師からも進歩主義的教師からも、そのメリットが支持される人格特性が1つあるとすれば、それは自己規律かもしれない。ほとんどすべての教師は、生徒が非建設的な衝動を克服し、誘惑に抵抗し、すべきことをするようになってほしいと思っている。確かに、このような資質を特別の熱意を持って強調するのは、子どもの自尊心について少しでも肯定的に語ることを軽蔑し、現代は若者に求める水準が低くなっているとして、社会を批判するような人である。しかし自らを保守主義者であると見なしていない人も、子どもに規律を強制する（子どもの行為を改めさせるため、あるいは子どもがその規律を自らに適用して勉強に取り組むため）よりも、子ども自身が自らを律する方が望ましいことに同意するだろう。教師 —— 実際には誰かに対する権力を持つ立場にある人すべて —— にとって、自分の権力の下にいる人間が、しなければならないことを自ら進んでするというのは、魅力的なことである。残る問題は、どうすればそれが実現できるかである。

　自己規律（self-discipline）は、望ましいと見なされることを達成するように意思の力を発揮することであるのに対して、**自己統制**（self-control）は、同じ種類の意思の力を、望ましく**ない**と思われることを避けたり、満足を先延ばしにしたりするように用いることである。実際には、これらは**自己制御**（self-regulation）という同じ機制の2つの側面として機能することが多い。そのためこの2つの用語をほぼ同じ意味で使用する。これらの用語を、刊行されている書籍の索引、学術論文、ネットのサイトで探してみると、その価値について否定的な言葉、あるいは鋭い疑問を見つけることがほとんどないことがすぐに分かるであろう。

　価値のある課題を行うときに忍耐力を持って取り組むことができるのは良いことであり、この能力に欠ける生徒もいるということを私は進んで認める

一方で、この考え方は、3つの面から見て問題をはらむことを指摘したい。自己規律の考え方の背後にあるものを調べることは、動機づけや人格について重大な誤った認識、人間の本性についての議論の余地がある想定、そして教室や社会の現状がもたらす、問題をはらんだ帰結を明らかにすることである。ここではこれらの課題をそれぞれ、**心理的**、**哲学的**、そして**政治的**と呼ぶことにする。三者とも自己規律一般にあてはまるが、特に学校で起こることと関係しているのである。

Ⅰ. 心 理 的 諸 問 題 : 重 要 な 区 別

　生徒に示す教育の目的が、単に自分に与えられたどんな課題でも完成させ、どんなきまりにも従うようにさせることであれば、自己規律は間違いなく有用な資質である。しかし人間としての子ども全体を考えるならば、——例えば生徒が心理的に健康であってほしいと思うならば——自己規律が、他の資質と比べて特別に重要なものかどうかは、まったくはっきりしなくなってしまう。状況によっては、全然望ましくないかもしれないのである。

　数十年前に、著名な心理学者のジャック・ブロックは、人々を「自我の統制」のレベルという観点から捉えた。つまり、衝動や感情が表出されたり抑圧されたりする程度である。統制が十分でない人は衝動的で気が散りやすいが、反対に統制が強すぎる人は、強迫的で、あまり人生を楽しめない。教師は統制が十分でないことに苛立ちを感じ、これが問題であると見なしやすいが、それは、統制が強すぎることが問題でないことを意味するのではない。ブロックは「抑制できない衝動に従うのではなく、全面的で広範な、厳格な衝動の統制を行うこと」に対して警告を発しているのである。自己統制は常に良いことではないというだけではない。自己統制の**欠如**も必ずしも悪くはないのである。その欠如が「自発性、柔軟性、対人関係での暖かさの表現、経験を受け入れること、そして創造性な認識の基盤となる」ことがあるからである。そうであればこのことは「自己統制が広く称賛されている」私たちの社会について何を示しているだろうか。自己統制は「不適応を引き起こ

し、人生を経験し味わうことを妨げる」ことがあるかもしれないのである[1]。

　いずれにしても極端であることは望ましくないと考えることには、とりわけ問題はないだろう。しかし健全ではない自己統制があり得るという考えをはっきりと否定して、自己規律を推奨する研究者がいるのである[2]。さらに、このテーマについての多くの出版物は、自己規律の問題についての重要な警告を認めようとはしない。そのような書物では何の留保もなく「自己規律を身につけさせることは、すべての学校の重要な目標の1つである」「自己規律を生徒に教えることは、すべての教師が努力しなければならないことだ」と述べられることが多い[3]。

　このような見方は、「規律を持ち方向が定められた行動は、ある状況では有利であるが、……別の状況では不利である場合もある」ことを示している研究と一致しない[4]。「衝動的行動の結果は必ずしも否定的ではない」[5]ことに加えて、高いレベルの自己統制は、自発性の低下を伴い、生活が感情面で起伏の乏しいものになり[6]、場合によっては、より深刻な心理的問題につながることもある[7]。「過剰に自己統制する人は、薬物は決して使用しない傾向にあるが、自己統制のレベルが低く、一時的に薬物に手を出すような人に比べて、上手く社会に適応していない。他方で、「過度の統制の傾向があると、若い女性（男性はそうではないが）には抑うつ状態が進行する危険がある」[8]。自己統制にこだわることは拒食症の特徴の一つでもある[9]。

　例えば、いつも家に帰ってすぐに宿題を始める生徒を考えてみよう。自己規律の素晴らしい現れのように見えるこの行為は、この生徒に他にしたいことがあるとすれば、実際には、何事についても、しないままにしておくことへの強い不快感の反映なのもしれない。この生徒は、不安を払いのけるために宿題を片づけてしまいたい——むしろより正確には片づける**必要がある**——のである（ある課題を終わらせるために、自己規律のようなものを必要とする場合、そこから何らかの知的な成果を引き出す可能性は少ないであろう。何と言っても意味のある学習が成り立つかどうかは、生徒が何をするかによってではなく、自分がすることをどのようなものと見なし、解釈するか

によるのである[10]。そうではないと考えるのは、ずっと以前に主立った研究者によって否定された粗雑な行動主義に逆戻りすることである)。

より一般的には、自己規律は健康的な状態というよりも、傷つきやすさの現れかもしれない。外からの力、あるいは自分自身の欲望に圧倒されるのではないかという不安を、絶え間ない努力で封じ込めなければならないことを示しているのかもしれない。つまり、そのような個人は、統制できないことへの不安に悩まされていると言えよう。心理学者のデイビッド・シャピロは、古典的研究である *Neurotic Styles*(『神経症の諸類型』)で、人がどのようにして自らの監視人となって、何をすべきか、あるいはすべきではないかについてだけではなく、何を欲しがるべきか、感じるべきか、さらに考えるべきかについての命令、指示、合図、警告、忠告を自らに対して発するようになることがあるのかを描いた[11]。安定して健康な人は遊び心があり、柔軟で、新しい経験や自己発見を受け入れ、いつも結果だけを考えるのではなく、過程から満足を引き出すことができる。対照的に非常に自己統制の強い生徒は、読書や問題解決を純粋に、高いテストの得点や良い成績という目的のための手段と見なす。シャピロは、これをより一般的に定式化して、そのような人は「それを行うこと自体による喜びでは満足できず、それを超えた目標や目的を持たないような活動を心地よく感じない。そして生活を満足できるものと感じられるには、常に目的と努力の意識を持っていなければならないと考える」と述べている[12]。

この分析からいくつかの興味深い逆説が導かれる。一つは、自己規律は意思の行使、そしてその結果としての自由選択を予想させるが、そのような人の多くは心理的に見て、まったく自由ではないのである。自分自身を律しようというよりも、規律を持たない自らを許すことができないのである。同じことは満足の先延ばしにも当てはまると、ある研究者は見ている。利益を得るのを先延ばしにした人は、「自己統制を『するのが上手い』というだけではなく、ある意味で、それをしない選択ができないように思われた」[13]。

第二の逆説は、見事な自己規律はそれ自体を解体させる種を含むことがあることである。それは爆発的とも言える統制の失敗で、心理学者が「脱抑

制」と呼ぶものである。一つの不健康な極端な状態（必ずしもそのようなものとして認識されていないとしても）から、正反対の極端な状態に突然移行することがある。例えば、従順な生徒が突如驚くような仕方で反抗したり、信仰深い禁酒主義者が危険な一気飲みをしたり、絶対的な禁欲家が向こう見ずで無防備な性行動に走ったりすることである[14]。さらに、望ましくないことになるかもしれない行動をしないようにする努力は、別の否定的結果をもたらすことがある。ある調査で、自分の感情や行動を抑えようとするあらゆる種類の試みに関する研究を詳細に分析した結果、自己統制の結果にはしばしば、「否定的な影響（不快感や苦痛）」そして「認知的混乱（集中できないことや、前もって定められた行動が頭から離れず、強迫的に考えてしまうことなど）」が見られることが明らかになった[15]。

　要するに、子どもたちが強い自己規律を発揮していると知っても、いつも安心してよいということにはならないのである。同じことは、満足を先延ばしにする傾向にある子どもについても言える。先延ばしにする子は「いくぶん過剰に統制され、不必要に抑制されていることがある」[16]からである。さらに、上手くいかないときでさえも、常にある課題を追求している子どもにも当てはまる。この傾向は、持続力すなわち「やり抜く力」として広く美化されているが、実際には「止めることを拒絶する心理」の反映であって、これは、続けることが意味を持たないことがはっきりしていても、それをやり続けなければならないという、不健全で、多くの場合非生産的は欲求に基づいているのである[17]。

　もちろん、自己規律などを示す子どものすべてが、憂慮すべき形でそうしているのではない。そうだとすれば、健康で適応力のある子どもの特徴は何であろうか。おそらく適度であることと、同時に柔軟性を持っていることであろう。ブロックはこれを「適応的に反応できる変動性」と呼んでいる[18]。重要なのは、耐えること、自己統制をすること、楽しみを先に延ばすことをするかどうか、するとしたらどのような場合にするのかを選択できる能力であって、単にこれらをする傾向性ではない。自己規律や自己統制自体ではなく、このような選択能力を獲得することこそ、子どもにとって有益なものに

なる。しかしこのように整理することは、教育の分野だけでなく、アメリカ社会全体の中に見られる、自己規律の無条件の賛美とは、大変異なるものなのである。

　自己規律について問題となるのは、単にどのくらいの程度かだけではなく、どのような種類のものであるのかが、次第に明らかになっている。この点を考えるための最も実りの多い見解は、心理学者のエドワード・デシとリチャード・ライアンの研究から導かれる。先ず2人は、動機づけを量的に測ることのできる単一の物質であるかのように扱う、一般的な考え方を再検討した。私たちは子どもにそれを多く持って欲しいと思うため、子どもを「動機づけ」ようとする。その際には報酬と罰を用いるという戦術を伴うだろう。

　しかし実は動機づけには異なるタイプがあって、どのタイプであるかの方が、どの程度あるかよりも重要である。**内発的**動機づけは、物事をそれ自体のためにしたいと思うことである。例えば読書をしたいのは、ただ物語に没頭することが楽しいからである。それに対して、**外発的**動機づけは、何をするかは実際には問題にならないときに現れる。読書をするのは、ご褒美をもらうためであったり、人から褒めてもらったりするためである。この2つのタイプは単に異なるだけではなく、しばしば反対の関係にある。多くの研究が明らかにしているのは、人が何かをしたことで報酬を与えるとき、その人は、報酬を得るためにしなければならないことが何であれ、そのもの自体への関心を失う傾向にあるのである。子どもが他人を助けたり、思いやりを持って行動したりすることに対して「正の強化」を与えると、そのような態度が逆にあまり見られなくなることや、生徒に良い成績を取るよう促すことで、学ぶことへの関心を低下させることは、研究者が繰り返し確認していることである[19]。

　しかし子どもは、外発的な報酬がない場合であっても、内発的に魅力を感じないことをすることがある。この状況は、子どもがそれに取り組む姿勢を**内面化**していると言えるであろう。ここで自己規律という考えに舞い戻ることになる（そして「自己」という部分が強調される）。実際のところ、これ

がまさに親や教育者が頼みの綱としているものである。つまり私たちは、自分たちがそばにいなくても、褒美や罰を用意していなくても、子どもたちがすべきことに励むことを望んでいる。そして誰も見ていなくても、責任のある行動を取ってほしいと思っているのである。

　しかしデシとライアンはここに留まらず、さらに難題を提示した。異なった種類の動機づけ（動機づけの種類によって、望ましさには違いがある）があることを示した上で、さらに内面化にも異なった種類があると主張したのである（これも同様に、内面化の種類によって望ましさに違いがある）。これはほとんど誰も考えたことがなかった可能性である。内発的動機づけと外発的動機づけを区別できていた教師でさえも、子どもが「優れた価値観（あるいは行動）を内面化する」のを助けるべきだと主張し、そこに留まっていたのである。しかし、内面化の性質は正確にはどのようなものであろうか。一方で、他人の規則や基準がまるごと飲み込まれる内面化、つまり「取り込まれる」内面化があり、それが子どもを内側から統制する。つまり「行動がなされるのは、人がそれをする**べき**であるからである、あるいはそれをしないことが、不安、罪悪感、自尊心の喪失をもたらすからである」。他方で、より本当の意味で起こる内面化があり、行動が「自発的で自らによって決定される」ものとして経験される。その人の価値体系の中に完全に統合され、選ばれたものと感じられるのである。

　例えば、ある生徒が勉強をするのは、自分がすることになっている（そして、勉強しなければ自分のことを嫌に思う）からであるかもしれないし〔取り込み的内面化〕、あるいは勉強することの利益を理解していて、必ずしも楽しいものではなくてもやり遂げようとするのかもしれない〔統合的内面化〕[20]。内面化の2つの形の間の基本的違いは、学業だけでなく、スポーツ、愛情、思いやり、政治参加、そして宗教にも当てはまる。各々の場面についての研究があり、統合的な内面化が、取り込み的内面化よりもよりよい結果につながることを明らかにしている。特に教育の分野では、教師がより望ましい統合的内面化を促進し、「外部から強制される評価、目標、報酬そして圧力を最小化して、生徒の自律感覚の育成を積極的に支援する」ことが可能

である[21]。

　以上のことから言えるのは、動機づけが内面的であるからと言って、それた理想的であるのではないということである。子どもが、自己の内部からであっても、統制されていると感じるならば、葛藤を感じ、不満を持ち、(少なくとも意味のある規準に照らしてみれば) 何をしてもあまり成功しないことが多い。義務感の強い生徒は、精神分析家のカレン・ホーナイが「しなければならないことの圧政」と呼んだものに苦しみ、結果として、自分が本当に何を望んでいるのか、自分が何者であるのかが、もはや分からなくなっているのである。10 代の若者が、将来のために現在の生活を犠牲にするのも同様である。こつこつ勉強をし、過度に耐え忍び、最大限のストレスを感じているのである。高校は単に大学への準備機関となっており、大学は何であれその後に来るものへの資格を取得する場になっている。今あるものにはそれ自体では何の価値もなく、何の満足も与えない。そのような生徒は受験の達人、点取り虫、満足先延ばしの名手かもしれないが、私たちは、生徒の姿を見て、自己規律の持つ意味がいかに複雑であるかを自覚しなければならない。

II. 哲学的諸問題：背後にある考え方

　以上のように、自己規律や自己統制には注意しなければならない理由があるにもかかわらず、私たちはどうしてそれを全面的に支持するのだろうか。その答えは、アメリカ社会を支配している基本的価値観にあるのかもしれない。そこで別の問いを立ててみよう。自己規律が、価値のあることをするために必要なものであるとすれば、子ども、そして人々一般について、何が言えなければならないだろうか。

　保守的な新聞コラムニストであるデイビッド・ブルックスが最近述べた考えを見てみよう。

　　　リンカーンの時代は、成熟することは自己の征服に成功することであった。

人は罪を背負って生まれ、暗い情熱や悪魔的な誘惑で曲げられている。成人への移行はそれらを統制することである。19世紀から20世紀初頭の卒業式の式辞を読むと、話し手が内なる野獣とそれを飼い慣らす鉄の人格の必要性について語っているものがある。学校の教科書は自己規律を強調していた。全体的な人格形成のモデルは罪を中心としたものであった[22]。

　ブルックスが言うことは正しいが、1つだけ重要な留意点がある。自己規律を強調することは、単に歴史的な遺産ではないということである。現代では昔のような飾り立てた激励調の表現はしないかもしれないが、ネットを数分間見ていれば、これらの考えが現在のアメリカでも大変人気のあることが分かる。グーグル検索で「自己規律」は300万件もヒットする（これはまた、人格教育の運動の中心的テーマでもある[23]）。ブルックスは、自己規律という福音が、罪の意識を中核とする思い込みを（今でも）拠り所にしていることに気づかせてくれる。それは有益であると同時に、当惑させるものである。というのは、私たちが自由に選ぶことは価値を持たず、欲望は恥ずべきものであると見なされるために、それらに打ち勝つよう努めなければならないとされるからである。その論理的帰結は、人間の生活は自らを抑え、自らを超越しようとする絶え間ない闘いと見なされるということになる。道徳性とは、精神が身体に、理性が欲望に、意思が欲求に打ち勝つことなのである[24]。

　ここで興味深いのは、多くの世俗の組織やリベラルな個人も——子どもが自己中心的な小さな野獣で、飼い慣らされることが必要であるという考えには強力に反対するであろうが——まさにこの発想から導かれるある考え方を受け入れていることである。強制や罰を拒否し、より温和な方法を支持する場合もある[25]。しかしいずれにしても、子どもが私たちの価値観を内面化する——つまり各々の子どもの内部に警察官を配置する——ようにしようとするならば、それは、子どもが自分なりの価値観を培うのを促すものではないと認めるべきである。そして子どもが自分自身で考えられるようになるのを支援するという目標とは正反対のものである。内部からの統制が本来的に、

外部からの統制よりも人間的であるわけではない。とりわけ心理的な影響が
それほど違わないのであればそう言えるが、実際にもそれほど違ってはいな
いのである。

　このような人間の本性をどう見るかのレベルを超えても、自己規律への支
持は、私たちが暗黙のうちに哲学的保守主義を信奉していることを示してい
るのである。そしてこの保守主義は、私たちの社会——そして若者——が、
勤勉さ、義務感の重要性、個人的責任を引き受ける必要性などを忘れてし
まっていると批判するのは予想通りである（何世紀も前から、年長の世代
が、だらしない若者と「今の時代」を非難していることは無視するのであ
る[26]）。そしてこの批判には多くの場合、「あるべき姿」が伴うが、それは自
己否定を推奨し、自己探求や自尊心についての議論を皮肉な目で退けるので
ある。

　言語学者で社会評論家であったジョージ・レイコフは *Moral Politics*『比
喩によるモラルと政治——米国によるモラルと政治』（邦訳は1998年に木鐸
社から）という素晴らしい本の中で、自己規律は、保守的な世界観の中で非
常に重要な役割を持つと述べている[27]。権威への服従が、自己規律を生み出
すのであり[28]、自己規律は何事かを成し遂げるために必要なのである。自己
規律がないことは放縦、そして道徳的な弱さの現れと見なされる。そのため
に子どもが、大人からの承認などの何か望ましいことを自力で獲得すること
なく手に入れるならば、そして競争がなくなる（他人に勝たなくても成功す
ることができる）ならば、さらに子どもが過度に手助けされたり、甘やかさ
れて育てられたりするならば、大人は「放任主義的」で「わがままを認める」
存在になっており、「現実世界」に子どもを備えさせていないのである。興
味深いのは、この種の保守主義が、ラジオのトーク番組や共和党大会での演
説で見られるだけではないことである。自己規律について客観的に研究する
だけでなく、その重要性を熱心に説く研究者の著作にも見られるのである[29]。

　もちろん道徳性と人間の本性についての根本的問題は、一編の文章で解く
ことはできない。議論の出発点は、人によって大きく異なるだろう。しかし
子どもに自己規律を教える必要があると深く考えることもなく言う教育者

は、その概念の哲学的基礎を考究し、もしその基礎に少しでも疑念があれば、考え直すのがよいであろう。

III. 政治的諸問題：政治的な帰結

　私たちが、ある環境 —— 例えば教室 —— の中で行われていることを理解したいならば、その方針や規範、その他の構造的な特徴を調べるとよいことが多い。しかし残念ながら多くの人は、場の力学の作用の働き方を見ず、その場にいる諸個人の人格を重視しすぎる傾向がある。社会心理学者はこれを「基本的帰属錯誤」と名付けている[30]。つまり、私たちは自己統制を、単にそれを持っている個人の人格であると見なすのである。しかしながら実際には「個人の特性としてではなく、状況に左右されるもの」と考える方が、より正確であろう。「個人は、異なった状況では、異なったレベルの自己統制を見せる」のである。満足を先延ばしにすることについても、まったく同じことが言える[31]。

　環境ではなく個人に意識を集中させることは、単に私たちの理解を妨げるだけではない。それは現実的な意味合いも持つのである。特に、自己規律に欠けると他人を非難し、その人に衝動的行動を抑える能力を身につけさせようと努力をするほど、その人の行動を生み出す（政治的・経済的・教育的）背景を問わなくなるのである。個々の人間が自分で意欲を持ち努力をするだけでよいと考えるならば、社会変革を行う必要はない。つまり、自己規律に着目することは、その前提において哲学的な保守主義であるだけではなく、その帰結において政治的な保守主義でもあるのだ。

　社会にはその実例はいくらでもある。消費者が借金にあえいでいるとき、問題を自己統制の欠如と捉えることは、金融界を挙げて、できるだけ人生の早い時期から借金をする習慣を人々につけさせようと企てていることの問題から注意を逸らすことになる[32]。あるいは1950年代に行われた「アメリカをきれいにしよう」を考えてみよう。これはポイ捨てを止めるよう促すキャンペーンだが、これはアメリカン・キャン社や他の企業が出資していた。その

結果、責任を個々の消費者に押しつけ、使い捨ての商品や包装を生産することで誰が利益を得るのかという問題は提起されなくなる[33]。

　さて、教室にいる生徒の問題に戻ろう。「生徒が答えを勝手に言ってしまうのではなく、挙手をして呼ばれるのを待てるようにするにはどうすべきか」は問われても、「教室で大半の言葉を発し、誰がいつ話すのかを最終的に決めるのが教師であるのはなぜか」は問われ**ない**。また、「生徒が自分の仕事をするように、自己規律を教える最良の方法は何か」は問われても、「『作業』のように思えるこれらの課題は[34]、本当にする価値があるのか。深い思考や学びへの関心を促すのか。課題は単に事実を暗記し、機械的に練習するだけのものではないのか」は問われ**ない**。換言すれば、**自己規律のないことが唯一の問題であると見なすことは、子どもを現状に適応させる努力だけをすることであって、現状は見直されず変わらないのである**。さらに各々の子どもの内部には「組み込まれた監督者」がいるのである。これは子どもにとっての最善の利益にはならないが、「単に統制されるだけではなく、自分で統制を行う」市民や労働者を育てるには、非常に便利である[35]。

　ここまで検討してきた反論や証拠のすべてが、自己規律のすべての事例に適用できるわけではない。しかし自己規律について詳細に調べ、それが学校でどのように利用されているのかを知ることには意味がある。その哲学的土台と政治的影響の他にも、過剰な統制を生み出す可能性を持つことについて疑問を持つべき理由がある。大人の理想を体現しているような熱心な生徒が実際には、好奇心のようなものではなく、自分をもっと好きになりたいという絶え間ない欲求によって、不安を抱き、常に急かされ、動かされているのかもしれないのである。つまり、仕事中毒者の予備軍なのである。

［補遺］マシュマロ実験とジェンダーによる違い　　　　自己規律の研究再読

　40年ほど前に、スタンフォード大学のウォルター・ミシェルという心理学者の実験室で、就学前の子どもたちが一人で部屋に取り残されていた。子

どもたちは、実験者を呼ぶために、いつでもベルを鳴らせば、ちょっとした
ご褒美（例えば1つのマシュマロ）がもらえるが、実験者が戻って来るまで
待っていたら、多くのご褒美（例えば2つのマシュマロ）もらえると言われ
ていたのである。この実験の結果は普通、次のように要約される。追加のご
褒美を待つことができた子どもたちは、約10年後により高い水準の認知的・
社会的能力を示し、より高いSAT〔米国の大学の共通入学試験〕のスコア
を得た。保守的な評論家が語るところによれば、この教訓は単純である。つ
まり「私たちは教育を改善したり貧困を減らしたりするためには、『構造改
革』を行うよりも、個人の持つ特性、とりわけ昔から言われてきた自己統制
を行使する能力に注目すべきである」[36]。

　しかしながら、この研究の本当の話は、はるかに込み入っているのであ
る。第一に、ミシェルも認めているように、因果関係がまったく明らかでな
い。満足を先延ばしする能力が、10年後に見られた素晴らしい資質の原因
かもしれないが、両者が、家庭環境という1つの原因の結果であることも考
えられる[37]。

　第二に、ミシェルが最も関心を持っていたのは、子どもがより多くのご褒
美を待てるかどうか（ちなみにほとんどの子どもが待てたのであるが[38]）、
そして、待つことのできた子どもが待てなかった子どもよりも、その後の人
生でより成功したかどうかではなかった。実際に調べられたのは、子どもが
どのようにして待とうとし、そしてどのような戦略が有効であったかであっ
た。例えば、子どもがおもちゃに気を取られていると、より長く待つことが
できた。最も効果的であったのは、「自己否定や断固とした決意」ではなく、
自己統制の必要がまったくないように、待っているときに何か楽しいことを
することであった[39]。

　第三に、結果を予測するにあたっては、具体的な状況のあり方——つまり
各々の実験の設計——の方が、子どもの性格以上に重要であった[40]。これは
この研究から導かれるとされる普通の結論とは正反対である。一般的には、
自己統制は個人の資質であって、これを高めていくべきであると考えられて
いるのである。

　第四に、ミシェルが個々の子どもの安定的な性格について考える場合においても、彼の主な関心は「認知的諸能力」——すなわち、魅力的なことについてどう考えるか（あるいは考えないようにするか）についての戦略——であり、そして、これらの能力が後年に測定される他の技能とどのように関係しているかであった。実際、後年測定された技能は、満足を先延ばしにする能力がそれ自体とは結びついておらず、単に、実験者によって気晴らしになるものが与えられないときに、自分自身で気を紛らわせる能力とだけ関わっていた[41]。さらに、気を紛らわせるものを創り出す能力は、昔ながらの知能と高い相関関係があることが分かった[42]。

　最後に、この実験を引用する人のほとんどは、目前の小さな利益よりも、後から得られる大きな利益を選ぶ方がよいということを当然視している。しかし本当にそうであろうか。ミシェル自身はそう考えていない。「先延ばしにするかしないかの決定の一部は、個人の価値意識や、個別の結果についての期待度により異なる。そのため、ある状況で満足を得るのを延ばすことが賢明で適応性のある選択であるときもあれば、そうでないときもある。」とミシェルらは述べているのである[43]。

　ミシェルの研究についての保守的な立場からの説明の大部分は、それを別の人が（誤って）解釈したためであるとしても、最近の研究についてはそのような誤解があるとは言えない。近年は研究者自身が、成績の悪いことは「自己規律が発揮できないこと」のためであると熱心に主張するのである。例えばアンジェラ・ダックワースとマーティン・セリグマンが、2005年と2006年に発表した実験はかなりの注目を集めた（*Education Week* 誌、ニューヨーク・タイムズ紙などなど）。2人の研究は、自己規律が学業的成功をもたらすものであり、研究の対象となった女子の方が男子よりも学校の成績が良いことは、この特性によって理由が説明できると主張したのである[44]。

　ここでもまた、より研究を詳細に見ると、結論は疑わしくなる。一つには、この研究の対象となった子どもはすべて、入学が難しいエリート校のマ

グネット・スクール〔特別な教育課程を持つ公立学校。広い範囲から生徒を引きつけるため、こう呼ばれる〕の8年生であり、この結果が他の階層や年齢の子どもに一般化できるどうか明らかでない。また、自己規律は、生徒の自己申告か、教師や親による判断であって、生徒の客観的な行動に基づいてはいない。唯一の行動上の指標──今日1ドルをもらうか、1週間先に2ドルをもらうかを選ばせる──は、他の指標とあまり関係しておらず、性による違いも最小であった。

　しかし最も示唆的であるのは、自己規律の唯一のプラスの影響として示されたものが、より良い成績だけであったことである。教師が多くAという良い成績を与えるのは、例えば、宿題を終えるまでは、自分の楽しみになることはしないような生徒である。教師の言うことすべてに頷いて、微笑む生徒が、より良い成績を得るとしよう。そのことで、生徒にもっと頷き微笑むように教えるべきと言えるだろうか。それとも、自己規律の意味を評価する基準としての成績の妥当性を疑うべきだろうか。あるいは大人の自己規律が、職場の上司によるより高い評価と結びついていることが分かったとしよう。そのことから、上司が望むことであれば、それが自分にとって満足できるものであったり、意味があったりするかどうかにかかわらず何でもする社員が、同じ上司から有利な評定を受けたと結論づけるだろう。しかしそれに何の意味があるのだろうか。

　すでに見たように、成績は生徒の能力の指標としては、低い妥当性と信頼性しか持たないばかりか、成績のことだけ考える生徒は、学んでいる内容への興味を低下させ、表面的にしか考えず（そして知識を短期間しか保持できず）、できるだけ簡単な課題を選ぶようになる[45]。自己規律をより発揮できる生徒が良い成績を得るという事実が、自己規律の意義を保証するものであると考えるのは、成績が、意味のある教育的な資質をほとんど判断できないものであることを理解していない人だけである。そして私たちの社会で、女子が自らの衝動性を抑え、言われた通りにするように社会化されているとすれば、良い成績をもらうに十分なほど、その規律を内面化しているというのは、本当に良いことなのだろうか。

【原註】

1)　Jack Block, *Personality as an Affect-Processing System: Toward an Integrative Theory* (Mahway, NJ: Erlbaum, 2002), pp. 195, 8-9. あるいは別の心理学者は次のように言う。「ある人の自己統制の欠如が、別の人にとって人生を良い方向に変えることの動因となる」(Laura A. King, "Who Is Regulating What and Why?" *Psychological Inquiry* 7 [1996]: 58)。

2)　「私たちは、過度の自己統制を行うことに実質的な不利益はないと考える」と、Christopher Peterson and Martin Seligman は、*Character Strengths and Virtues* (New York: Oxford University Press, 2004), p. 515 で書いている。June Tangney, Roy Baumeister, and Angie Luzio Boone も同様に、「自己統制は、強ければ強いほどメリットがあり、適応力を高める。強い自己統制に関係する心理的問題があるという証拠はない」と宣言している(Tangney et al., "High Self-Control Predicts Good Adjustment, Less Pathology, Better Grades, and Interpersonal Success," *Journal of Personality* 72 [2004]: 296)。この結論は、学部学生を対象としたアンケートの回答に基づいているが、間違いではないとしても、やや誤解を招くものである。第一に、Tangney らは、自己統制と否定的な感情の間の負の相関関係を見出している。しかし、自己統制と**肯定的な**感情との間の負の相関関係を見出している研究者もいる。(例えば、Darya L. Zabelina et al., "The Psychological Tradeoffs of Self-Control" *Personality and Individual Differences* 43 [2007]: 463-73)。自己統制の強い人がいつも不幸ではないとしても、特に幸せであるということもない。そのような人の精神生活は全体として起伏が少ないのである。第二に、Tangney らの用いた自己統制のアンケートには「適切なレベルの自己統制と、自己統制のないことについての項目はあるが、過剰な統制についてはない。そのため、項目の尺度の相関関係を調べても、非常に高いレベルの自己統制の結果としての不適応が示されないのは驚くことではない」(Tera D. Letzring et al., "Ego-control and Ego-resiliency," *Journal of Research in Personality* 39 [2005]: 3)。言い換えれば、Tangney らが自己統制に与えた「保証書」は、研究の設計の仕方によって事実上既定のものだったのである。

論文の最後で Tangney らは、厳しく過度な自己統制をする人もいることを認めてはいるが、すぐにその存在を消そうとしている。「そのような過度な自己統制をする人は、自分の自己統制自体を統制する能力に欠けているのであろう」(Tangney et all., "High Self-Control Predicts Good Adjustment," p.314)。

3) 最初の文は、Joseph F. Rogus, "Promoting Self-Discipline: A Comprehensive Approach,"*Theory Into Practice* 24 (1985): 271, 次の文は the University of Illinois Urbana-Champaign 校の the Curriculum, Technology, and Education Reform program のサイト (http://wik.ed.uiuc.edu/index.php/Self-Discipline) からである。 Rogus の論文は自己統制について特集を組んだ *Theory into Practice* 誌の特別号に掲載されている。この号には、非常に人間中心主義的な志向を持つ人を含めて広範囲な教育理論家が寄稿しているが、自己統制の重要性を疑う人はいない。

4) Letzring et al., "Ego-Control and Ego-Resiliency,"p. 3.

5) Scott J. Dickman, "Functional and Dysfunctional Impulsivity," *Journal of Personality and Social Psychology* 58 (1990): 95.

6) Zabelina et al., "The Psychological Tradeoffs of Self-Control".

7) Daniel A. Weinberger and Gary E. Schwartz, "Distress and Restraint as Superordinate Dimensions of Self-Reported Adjustment" *Journal of Personality* 58 (1990): 381-417.

8) David C. Funder, "On the Pros and Cons of Delay of Gratification," *Psychological Inquiry* 9 (1998): 211. ここで言及されている研究は、各々、Jonathan Shedler and Jack Block, "Adolescent Drug Use and Psychological Health," *American Psychologist* 45 (1990): 612-30 と、Jack H. Block, Per E. Gjerde, and Jeanne H. Block, "Personality Antecedents of Depressive Tendencies in 18-Year-Olds," *Journal of Personality and Social Psychology* 60 (1991): 726-38.

9) 例えば、Christine Halse, Anne Honey, and Desiree Boughtwood, "The Paradox of Virtue: (Re)thinking Deviance, Anorexia, and Schooling,"

Gender and Education 19（2007）: 219–35 を参照。

10)　おそらくこのことが、データでは宿題を課すことの学業面でのメリットが多くの場合に示されないことの理由であろう。ほどんどの子どもは宿題を嫌っており、特に小中学生はそうである（Alfie Kohn, *The Homework Myth* [Cambridge, MA: Da Capo Press, 2006] を参照)。注目すべきは、多くの人は生徒が早く終えてしまいたいと思うような課題に取り組むことが、何らかの形で有益であると見なしていることである。生徒の課題の捉え方や目標は、結果とは関係ないと思っているのである。

11)　David Shapiro, *Neurotic Styles*（New York: Basic Books, 1965), p. 34.

12)　同上、p. 44。

13)　Funder, "On the Pros and Cons," p. 211.

14)　「脱抑制が過度に統制された性格の特徴として現れる」メカニズムについては、Block, *Personality*, p. 187 を参照。

15)　Janet Polivy, "The Effects of Behavioral Inhibition," *Psychological Inquiry* 9（1998): 183. Polivy は、次のように続ける。「これは、人の自然の反応を決して抑制すべきではないということではない。例えば、怒りで他人を傷つけたくなったり、依存症でたばこを吸いたくなったりする場合である」（同上）。それよりも、個々の場合に応じて、抑制することのメリットとデメリットを比べてみるべきである。これは、すべての場面での自己統制に価値があるとする、私たちの社会の傾向とは鋭く対立する、中庸の立場である。

16)　Funder, "On the Pros and Cons," p. 211. いわゆる「マシュマロ」実験を行った Walter Mischel（[補遺] を参照）は次のように言う。満足を先延ばしできないことは確かに問題かもしれない。しかし「その対極にあるもの──満足の先延ばしをし過ぎること──も、生きていく上で損失を与え、不利になることもある。……特定の選択場面において、満足の先延ばしや『意思の力の発揮』をすべきかどうかは、多くの場合決して自明なことではない」（"From Good Intentions to Willpower," *The Psychology of Action: Linking Cognition and Motivation to Behavior*, eds. Peter M. Gollwitzer and John A. Bargh [New York: Guilford, 1996], p. 198)。

17)　Angela Duckworth らが主張したような、無条件で忍耐力の価値を認めるこ
とに疑問を提示するデータについては、例えば、King, "Who Is Regulating
What and Why?": Alina Tugend, "Winners Never Quit? Well, Yes, They
Do," *New York Times*, August 16, 2008, p. B-5 を参照。Duckworth らは「教
師や親として、私たちは子どもが何かに取り組むときに、集中力だけでなく
持久力も必要であることを教えるべきである」と述べている。この助言は、
忍耐力が高い成績や、スペリング・ビーでの良い結果に結びついているとい
う、自らの研究に基づいている（Angela L. Duckworth et al., "Grit:
Perseverance and Passion for Long-Term Goals," *Journal of Personality and
Social Psychology* 92［2007］. 引用は p. 1100 から）。しかしこのような統計
的な関連づけは、それらの結果の指標や「やり抜く力」自体の限界を際立た
せるものである。「やり抜く力」という考えは、動機づけに関わる要素（つ
まり、**なぜ**人は耐えるのか）を無視しており、自らの能力を証明したいとい
う絶望的な欲求や、必要に応じて方向を変えられる能力の欠如などを、課題
に対して本当に情熱を持つことであると見誤っているのである。

18)　Block, *Personality*, p. 130.

19)　例えば、私の *Punished by Rewards: The Trouble with Gold Stars,
Incentive Plans, A's, Praise, and Other Bribes*, rev. ed.（Boston: Houghton
Mifflin, 1999）; Edward L. Deci et al., "A Meta-Analytic Review of
Experiments Examining the Effects of Extrinsic Rewards on Intrinsic
Motivation," *Psychological Bulletin* 125（1999）: 627-68 を参照。

20)　Richard M. Ryan, Scott Rigby, and Kristi King, "Two Types of Religious
Internalization and Their Relations to Religious Orientations and Mental
Health," *Journal of Personality and Social Psychology* 65（1993）: 587. この基
本的な区別は、Ryan, Deci, Robert J. Vallerand, James P. Connell, Richard
Koestner, Luc Pelletier らによる、他の多くの著作で解説され、精緻化され
ている。最近、これに言及されていたのは、Roy Baumeister の主張に対す
る反論においてであった。Baumeister は、自己統制の能力は「筋肉のよう
なもの」であって、エネルギーを必要とし、涸れてしまうこともあると述べ

たのである。つまりある誘惑に抵抗をすると、少なくとも一時的には、他の誘惑に抵抗する力が弱まるというのである。この理論の難点は、「自己規制(つまり、自律的な規制)と自己統制(つまり、統制された制御)」との区別ができていないことにある。自己の涸渇は後者については起こるかもしれないが、前者は逆に「エネルギーや活力を維持し高める」(Richard M. Ryan and Edward L. Deci, "From Ego Depletion to Vitality," *Social and Personality Psychology Compass* 2 [2008]: 709, 711)。

21)　例えば、Richard M. Ryan, James P. Connell, and Edward L. Deci, "A Motivational Analysis of Self-determination and Self-regulation in Education," *Research on Motivation in Education*, vol.2, eds. Carole Ames and Russell Ames (Orlando, FL: Academic Press, 1985); Richard M. Ryan and Jerome Stiller, "The Social Contexts of Internalization: Parent and Teacher Influences on Autonomy, Motivation, and Learning," *Advances in Motivation and Achievement* 7 (1991): 115-49 を参照。引用は後者 p. 143 からである。

22)　David Brooks, "The Art of Growing Up," *New York Times*, June 6, 2008, p. A-23.

23)　Alfie Kohn, "How Not to Teach Values: A Critical Look at Character Education," *Phi Delta Kappan*, February 1997, pp. 429-39 を参照。

24)　ある教師は自己規律の必要性を擁護する根拠として「互いに戦い合う状況を生み出してしまう、人間の生まれ持つ利己主義」を挙げた。あたかも、Thomas Hobbes の、人類に対する悲観的見解が普遍的に受け入れられるものであるかのように。そしてさらに驚くべき主張が続く。「社会の階級格差は、満足を先延ばしにする能力の違いによるところが大きい」。さらに「低い階級の人間を、自己規律の役割モデルを示すことのできる中産階級の人間とつなげる」よう提案するのである (Louis Goldman, "Mind, Character, and the Deferral of Gratification," *Educational Forum* 60 [1996]: 136-137, 139)。この文章が発表されたのは 1996 年であって、1896 年ではないことに注意してほしい。

25)　内面化や自己規律はどの程度が望ましいかについて、このより穏健な考え方——特に、子どもの自律を促し、大人の統制を最小化すること——がより効果的であることは、一貫して示されている。(私は、*Unconditional Parenting*［New York: Atria, 2005］の第 3 章を中心として、いくつかの証拠を示した。皮肉なことに、自己統制の価値を主張する伝統主義者の多くが、同時に子育てや教育で、より権威主義的な方法を支持するのである。いずれにしても、ここで私が言いたいのは、単に方法だけではなく、目標も考え直す必要があるということである。

26)　「年長の世代は、若い世代が自分を統制できないと、何世紀ではないとしても、何十年の間非難してきた。きっとヴァイキングの年長者は、若い世代が軟弱になって、昔のような献身的態度でレイプや略奪をしなくなったと嘆いたであろう」(C. Peter Herman, "Thoughts of a Veteran of Self-Regulation Failure," *Psychological Inquiry* 7［1996］: 46)。また例えば、以下の不満の言葉は、2700 年前のギリシャの詩人ヘシオドスのものであると広く考えられているものである。「私が若い頃は、年長者に対してへりくだり、尊敬の念を持つように教えられた。しかし今の若者は度を超して無礼であり、縛られることに我慢できない」。同様に、成績が甘くなっていくことも、求められる水準が下がっていることを示すものだとされているが、文字による成績評価が導入された直後である 1894 年には、ハーバード大学で批判されているのである。

27)　George Lakoff, *Moral Politics: How Liberals and Conservatives Think*, 2nd ed. (Chicago: University of Chicago Press, 2002).

28)　服従と自己統制の関係に関わる議論については、Block, *Personality*, 特に pp. 195-96 を参照。

29)　ここで私が特に思い浮かべるのは、Roy Baumeister と協力者の Tangney、また Martin Seligman や Angela Duckworth である。さらに他の学問領域である犯罪学の Michael R. Gottfredson や Travis Hirsch は、犯罪は主に犯人の側の自己統制の欠如によると主張する (この理論への批判としては、*Out of Control: Assessing the General Theory of Crime*, ed. Erich Goode

[Stanford, CA: Stanford University Press, 2008]、特に Gilbert Geis による "Self-Control: A Hypercritical Assessment" と題する章を参照)。

30）　私は「基本的帰属錯誤」を、試験の不正行為についての文章で扱った。不正行為は普通、倫理に欠けることの表れ（自己統制の欠如がその背景にあるとされることが多い）だと考えられているが、研究では、一定の教育環境の中では想定できる行動であることが明らかになっている。本書第 5 章「誰が誰をだましているのか」を参照。

31）　Per-Olof H. Wikstrom and Kyle Treiber, "The Role of Self-Control in Crime Causation," *European Journal of Criminology* 4（2007）: 243, 251. 満足の先延ばしについては Walter Mischel et al., "Cognitive and Attentional Mechanisms in Delay of Gratification," *Journal of Personality and Social Psychology* 21（1972）: 204-18 を参照。

32）　例えば、CBS News, "Meet 'Generation Plastic,'" May 17, 2007 を参照（www.cbsnews.com/stories/2007/05/17/eveningnews/main2821916.shtml.)。

33）　Heather Rogers, *Gone Tomorrow: The Hidden Life of Garbage*（New York: New Press, 2005）を参照。

34）　Alfie Kohn, "Students Don't 'Work,' They Learn: Our Use of Workplace Metaphors May Compromise the Essence of Schooling," *Education Week*, September 3, 1997, pp. 60, 43 を参照。

35）　Samuel Bowles and Herbert Gintis, *Schooling in Capitalist America*（New York: Basic Books, 1976）, p. 39. おそらく保守的立場の *National Review* 誌が宿題を強く支持する文章を掲載したことは驚くことではないであろう。宿題は「個人的責任と自己規律」を教えるものであり「宿題は人生の練習」だからである（John D. Gartner, "Training for Life," January 22, 2001）。しかし人生のどのような側面であろうか。この議論が明らかに無視しているのは、子どもが意味のある意思決定をするようになること、民主社会の一員となること、批判的に考えるようになるということである。ここで提案されているのは、命じられた通りにするための練習である。

36）　例えば、David Brooks, "Marshmallows and Public Policy," *New York*

Times, May 7, 2006, p. A-13 を参照。

37）　Mischel, "From Good Intentions," p. 212.

38）　満足の先延ばしの諸研究、少なくとも待つことでより大きな報酬が得られるようにデザインされた研究での「注目すべき一貫した結果」は、「ほとんどの子どもや若者はどうにか待てる」ことである。そのような実験の一つでは「104人中83人は最も多い回数待つことができた」（David C. Funder and Jack Block, "The Role of Ego-Control, Ego-Resiliency, and IQ in Delay of Gratification in Adolescence," *Journal of Personality and Social Psychology* 57［1989］: 1048）。これが示すのは、現代の若者の快楽主義や自堕落さへの非難は、誇張されているか、あるいはこれらの自己統制の研究において、結果の**すべて**が現実社会との関係性が疑わしいものとなるように組み立てられているかである。

39）　Mischel, "From Good Intentions," p. 209.

40）　同上、p. 212。また、Walter Mischel, Yuichi Shoda, and Philip K. Peake, "The Nature of Adolescent Competencies Predicted by Preschool Delay of Gratification," *Journal of Personality and Social Psychology* 54（1988）: 694 も参照。

41）　Mischel, "From Good Intentions," p. 211.

42）　同上、p. 214。この発見が興味深いのは、他の論者は、自己規律と知能とをまったく別の特性と見なしているからである（例えば原註44）の最初の論文を参照）。

43）　Yuichi Shoda, Walter Mischel, and Philip K. Peake, "Predicting Adolescent Cognitive and Self-Regulatory Competencies from Preschool Delay of Gratification," *Developmental Psychology* 26（1990）: 985. 著者はさらに、待つことを我慢する**能力**を持ち、その選択ができるようになることには価値があると述べているが、これは当然ながら、自己統制を行うこと自体が有益であると主張することとは異なる。

44）　Angela L. Duckworth and Martin E. P. Seligman, "Self-Discipline Outdoes IQ in Predicting Academic Performance of Adolescents," *Psychological*

Science 16（2005）: 939-44; そして Angela Lee Duckworth and Martin E. P. Seligman, "Self-Discipline Gives Girls the Edge," *Journal of Educational Psychology* 98（2006）: 198-208.

45）　私は成績に関する証拠については、*Punished by Rewards*（Boston: Houghton Mifflin, 1993）や、*The Schools Our Children Deserve*（Boston: Houghton Mifflin, 1999）で検討した。

46）　自己規律が学業成績を予測する要素であることを示すために、Duckworth と Seligman によって挙げられている研究の1つを考えてみよう。高い学業成績は「知的能力と同時に、細かい部分や学びの方法に注意を払う能力の結果であるように思われる。成績の良い生徒は、学んでいる内容や文化的・芸術的活動自体にはたいして関心がない。また特に寛容であったり、共感的であったりもしない。しかしそのような生徒は、安定感があり、現実的で、〔満足度や人間関係よりも〕課題達成を重視し、社会の規則や慣行に従って生きている。そして普通の生徒と比べると、高い成績を得る生徒は、ある意味で型にはまり、独創的ではない」（Robert Hogan and Daniel S. Weiss, "Personality Correlates of Superior Academic Achievement," *Journal of Counseling Psychology* 21 [1974]: 148）。

19　現金による動機づけでは健康にならない

（USA TODAY　2009年5月21日）

　医療改革の最初の試みとして、連邦議会の下院は2つのことを行うための立法措置を検討していると伝えられている。雇用者が健康維持の計画を立てることを支援することと、健康な生活を送ることを促す報奨金を出すことである。

　前者は素晴らしい（terrific）が、後者はまったくダメである（terrible）。

　減量や禁煙をする従業員に報奨を与えるプログラムは、すでにかなり広く行われている。健康に関する全米企業団体（NBGH：National Business Group on Health）ある調査では、現在では企業の30～40％がそのような報奨を提供している。

　これを、企業が従業員の個人的生活に立ち入るものであると批判する人もいる。しかしもっと根本的な問題がある。それは、健康になるためにお金を払うことは、端的に言って効果がないのである。少なくとも長期的にはそうである。目標が生活の質を高めるものであれ、支出を抑えるものであれ、報奨はほとんどの場合効果を持たないばかりか、逆効果の場合もある。

　予算・政策優先度決定センター（Center on Budget and Policy Priorities）の2007年の報告は「刊行されている研究では、報奨金が禁煙をすることに効果があるという見解は支持されていない」と述べている。2008年に出された、公表されているデータの学術的分析も同じ立場であった。「喫煙者は、禁煙をするための報奨を受けている……間はたばこを止めるが、報奨がなくなるとすぐに、自力で禁煙をした人の割合と同等の結果となる」

　同様に、2007年にNBGHが行った減量についての調査の概要の結論は、報奨の約束はプログラムへの参加を促すが、実際に痩せるという点では「持続的な効果はない」であった。

　それでも報道で伝えられるように、最近の研究は、報奨の効果を認めてい

るのだろうか。昨年 12 月、報奨金が与えられた場合に、より減量が行われることを確認した研究者がいると伝えられた。しかしそれは小規模で、設計がずさんな調査であって、最終的な体重について、統計的に優位な差は見られなかった。今年になって発表された報奨と喫煙に関する研究でも、驚かせるようなニュースの表現と、とりたてて内容のない実際の結果とのずれが見られた。

　これとは対照的に、3 件の適切に設計された実験——そこでは禁煙のために、様々な訓練と支援が提供された——が見出したのは、そのような働きかけの効果が、禁煙のための報奨が与えられた場合には、**減少する**ことであった。場合によっては、あるプログラムで現金を約束された人が実際には、まったく約束されなかった人よりも悪い結果になったこともあった（以上の研究の詳細については、本章の「付録」を参照のこと）。

　もしこのような結果が驚くべきものとして見えるとすれば、それは動機づけについての考え方と関係しているのである。つまり、お金、A という成績、あるいは「よくやった」という褒め言葉があれば、動機は高まると考えるからである。しかし心理学者が現在明らかにしているのは、動機づけには異なる種類があり、どの種類を持っているかの方が、動機の程度よりも意味を持つということである。

　つまり、「外発的」動機づけ（報酬を得るために、あるいは罰を避けるために何かを行う）は、「内発的」動機づけ（それ自体のために、何かに積極的に取り組む）より、効果が大幅に小さいのである。さらに、両者は逆の関係にあることが多い。多くの研究が確認しているのは、仕事・学校・家庭で、何かをしたことで報酬が与えられるのならば、その報酬を得るためにすること自体への興味を失いやすいということである。

　そして、2008 年の *Developmental Psychology* 誌に掲載された研究は、それに先行する 2 件の実験と同様に、人を助けたり、人と物を分け合ったりすることで報酬を得た子どもは、次第にそのように**振る舞わなくなる**ことを示した。同様に生徒は、良い成績を取ることだけを考えるようにさせられるほ

ど、学習それ自体に対する興味を失っていった。そして、そのような生徒には、成績をつけられなかった生徒に比べて、深く考えなくなる傾向があった。

　報奨の規模、形、与えるタイミングなどを変えても効果はない。問題は、すべての報酬が拠って立つ、時代遅れの動機づけの理論にあるからである。残念ながら、この心理学理論は、現在でも多くの経済学者——例えば、最近流行っている行動経済学に関わる人——には受け入れられており、経済学者は公共政策に影響を与えている。

　確かに、賄賂とも言える報酬と、脅しとしての罰は、一時的には期待される結果を生み出すかもしれない。大人がジムに行ったり、子どもが本を選んだりすることに報酬を与えれば、少なくとも当面は効果があるだろう。しかし、外部からの報酬によって動機づけられていると考えるようになると、報酬がなくなれば続ける理由はなくなる。実際に結局のところ、以前よりも運動や読書への興味をなくすことになるかもしれないのである。

　報酬は「砂糖にくるまれた統制」と言われている。お金やお菓子や褒め言葉は欲しいが、それによって操られることには抵抗するのである。また報酬は、外から見える行動だけに基づいて与えられる。安心したいために食べ物やたばこに手を出す**理由**は無視するのである。

　「喫煙、飲酒、過食、運動不足は、その背後にある何らかの苦しみに対処するための方策であることが多い」と健康教育の専門家であるジョナサン・ロビンソン博士は述べる。報奨プログラムは、そのような問題を考えないだけでなく、「失敗の連続サイクル」を形成する。

　報奨よりも望ましい対応は、第一に、単に人の行動を変えようとするのではなく、動機や内部の不安に対処することである。第二に、人が自分の生活を少しでもコントロールできるようにすることである。そして最後に、その人と他者との関係を基にして、変化をもたらすようにすることである。夫婦や友人同士であれば、1人でするよりもより効果的に減量できる。

　健康は売るのが難しいであろう。しかし報奨で買うことができないのは明らかなのである。

付 録

　報奨と健康増進　データが本当に語ることは何か。

　私は *Punished by Rewards*（『報酬主義をこえて』）で、多くの研究を検討
したが、それらは、報奨が（それをすることで報酬を得られるもの）への人
の関心を減退させると同時に、取り組みの質も悪くすることを明らかにして
いた。しかしこの本の刊行後に、かなり多くの、健康増進についての研究
——とりわけ、禁煙と減量に対する報酬の影響についての研究——が行われ
た。そこで私は、2009 年の *American Journal of Health Promotion*（『米国
健康増進雑誌』）が主催する年次大会で講演をするように依頼されたとき、
手に入る研究を集めて検討しようと考えた。そのようなことをしている人
は、私の知る限りいなかったためでもある。以下に、そのような研究につい
ての追加情報を掲げる。

【喫煙】

［研究結果の概観］

1．Dyann M. Matson et al., "The Impact of Incentives and Competitions
on Participation and Quit Rates in Worksite Smoking Cessation Programs,"
American Journal of Health Promotion 7（1993）: 270-80, 295.

・1960 年代から 1990 代初頭までの、すべての刊行された研究を調べてい
　る。
・ほとんどの研究は、非常に質の低いものである。30 本のうち 8 本しか
　「報奨と競争の影響を、その他の要素を区別することができるような適
　切な比較群」を持っていない。そして開始から 12 か月以降の結果を調
　べているのは 3 本のみである。
・適切な比較群を持つ 8 本の研究の中で、報奨が与えられた結果として、
　より多くの人が禁煙プログラムに**参加**したことを示しているのは 3 本だ
　けである。そして「報奨と競争が、6 か月を過ぎてからの長期的な禁煙

率を高めることを示した研究はない」。

2．Pat Redmond et al., "Can Incentives for Healthy Behavior Improve Health and Hold Down Medicaid Costs?" Center on Budget & Policy Priorities, June 2007.

　・「刊行された研究は、報奨金が禁煙をするために有効であるという見方を支持していない。報奨金によって、自学用の資料を使ったり、短期間たばこを止めたりするようになるかもしれないが、報奨金が禁煙に完全に成功した人の数の増加につながったことを示す研究はない」。

3．K. Cahill and R. Perera, "Competitions and Incentives for Smoking Cessation," *Cochrane Database of Systematic Reviews*, issue 3（2008）.

　・厳密に統制された研究を探し、17本を得た。
　・「いずれの研究も、報奨が与えられた群が統制群に比べて、6か月を超えてより高い禁煙率となったことは示していない。……喫煙者は、禁煙をするための競争に参加していたり、報奨を受けたりしている間はたばこを止めるが、報奨がなくなるとすぐに、自力で禁煙をした人の割合と同じような結果となる」

［最近の研究結果］

　フィラデルフィア退役軍人局の調査（Kevin G. Volpp et al., "A Randomized Controlled Trial of Financial Incentives for Smoking Cessation," *New England Journal of Medicine* 360 [February 12, 2009]: 699-709）についての報道では、報奨の肯定的影響がついに見出されたと伝えていた。

　しかし研究自体を詳細に読むと、以下のことが明らかになる。

　・この研究では、報奨の与えられない働きかけについては何も評価していない。参加者は、禁煙のための報奨を受け取るか、何も働きかけを受けない統制群にいるかである。

・効果を判断する「主な終了時点」は 12 か月であって、その時点でもまだ報酬は与えられていた（重要なのは、報酬がなくなってからどうするかである）。
・15 か月あるいは 18 か月の時点で、報奨を受けていた群の禁煙率は、統制群よりも高かったが、絶対的な数値で見ればその差は非常に少なく、差は 10% 以下であった。
・報奨が与えられた群にいて、9 か月から 12 か月で禁煙できた人の約 3 分の 1 は、その後の 6 か月でまたたばこを吸い始めた。この再発率は実に、統制群よりも高かった。

[より良い研究]
　禁煙のための様々な形の働きかけを行い、報奨の効果を、それ以外の禁煙プログラムと比較して評価できるようにした研究については、どうであろうか。

1．Dyann Matson Koffman et al., "The Impact of Including Incentives and Competition in a Workplace Smoking Cessation Program on Quit Rates," *American Journal of Health Promotion* 13 (1998): 105-11.
・これは 3 か所の職場での非常に大規模な研究であって、様々な要素からなるプログラム（自学用の資料＋小集団での支援＋毎月の電話相談）を、報奨ある場合とない場合で調べたものである。これの報奨は「他の統制実験に比べて、非常に多く、そしてより長い期間にわたって提供された」。同時にどの群の禁煙率が最も高いかを見るために、グループ間の競争も評価された。
・結果は、(a) 報奨は統計的に意味のある効果を持たない。(b) 個別事例を見ると、競争は非常に非生産的である。そして、(c) 有効な取り組みが何かを議論する中で、「カウンセラーは、自己統制と自信の形成によって、参加者が報奨などの外的要因によって禁煙をしようとは思わないと考えることの重要性を強調した」。つまり、報酬を与えることの否

定的な影響に対抗するための努力をしなければならないということであ
る。

2．Richard A. Windsor et al., "The Effectiveness of a Worksite Self-Help
Smoking Cessation Program: A Randomized Trial," *Journal of Behavioral
Medicine* 11（1988）: 407-21.
- ・4つの方法──自学用のマニュアル・技能訓練・「社会的高め合い」
〔social enhancement　他者との交流を通して動機づけを与えること〕・
報奨──を無作為に割り当て、異なった働きかけを様々に組み合わせた。
- ・結果は、報奨が有効でないだけでなく、他の方法の有効性を損なうもの
となった。

3．Susan J. Curry et al., "Evaluation of Intrinsic and Extrinsic Motivation
Interventions with a Self-Help Smoking Cessation Program," *Journal of
Consulting and Clinical Psychology* 59（1991）: 318-24.
- ・4つの条件を設定した。個別の情報提供（参加者のアンケート結果に基
づいて禁煙の内発的理由に注目する）・報奨・情報提供と報奨・何もし
ない（統制群）。
- ・報奨を受け取った人は、最初の進捗状況の報告書を出す割合が高い結果
となった。しかし、報奨なしで情報提供を受け取った人に比べて、長期
間での結果は悪くなった。また統制群と比べても悪かった。報奨を受け
取った人は、情報提供だけの群と統制群**の双方**に比べて、再発率が高
く、禁煙をしたと嘘をつく割合も2倍であった。

【減量】

［研究結果の概観］
National Business Group on Health's Institute on the Costs and Health
Effects of Obesity, "Financial Incentives──Summary of the Current

Evidence Base: What（and How）Incentives Work," 2007.

・この調査は明らかに報奨の有効性を確認しようとする意図を持っていた
（報告書の目的とされているのは、企業がどのように報奨計画を設計す
るかであって、報奨計画を作るかどうかではない）が、著者は不本意な
思いを示しながら、報酬はせいぜい計画への参加率を高め、短期的な取
り組みを増やすだけであって、減量（あるいは禁煙）への「長期的な効
果」を示す証拠はないとしている。

［初期の研究］

1．Richard A. Dienstbier and Gary K. Leak, "Overjustification and Weight
Loss: The Effects of Monetary Reward,"American Psychological
Association（アメリカ心理学学会）の年次大会に提出された研究, 1976 年.

・これは非常に小規模な研究で、被験者は週に 2 回体重を量る。条件は、
報奨ありの群と統制群の 2 つだけである。

・報奨を受け取った人は、最初は統制群よりも効果を見せるが、報奨がな
くなった後は、統制群は平均 1.6kg 減ったのに対して、報奨群は平均
2.8 kg **増えた**。

2．F. Matthew Kramer et al., "Maintenance of Successful Weight Loss
Over 1 Year," *Behavior Therapy* 17（1986）: 295-301.

・12 か月間の追跡調査が行われた。「報奨金を得る代わりに、技能訓練の
集まりに出席したり、減量後の体重を維持したりするという約束をした
被験者は、体重維持のための支援を受けなかった被験者に比べて、減量
に成功してから 1 年後の体重維持に成功するだろう、という中心的仮説
は確認できなかった」。

・ただ 1 つ有意差があったのは、報奨を受け取った人の多くが、最後の体
重測定に現れなかったことであった。

［最新の研究］

　先に挙げた、フィラデルフィア退役軍人局の別の調査（Kevin G. Volpp et al., "Financial Incentive-Based Approaches for Weight Loss," *Journal of the American Medical Association* 300 [December 10, 2008]: 2631-37）は、禁煙の調査と同様に、報奨の効果を示したものであると言われている。しかしながら、

・これは非常に小規模であって（各々の群に19名しかおらず、ほとんどすべてが男性である）、やはり報奨を与えない場合は評価していない。参加者は報奨を受けるか、何も働きかけをされないかである。

・報酬を受け取った参加者だけが毎日体重を量った。そのため、そこで見られたプラスの効果は、報酬によるものではなく、体重を量られることへの意識による可能性も十分にある。

・ニュース記事は、報奨を受け取った人に効果があったとする、早い時期での結果に言及していたが、最終結果には触れていない。最後の追跡調査では、報酬は意味のある効果は持たなかったのである。

訳者解説

1　本書について

　本書はアルフィ・コーン　*Feel-Bad Education … and Other Contrarian Essays on Children and Schooling*（Beacon Press, 2011 年）の全訳である。

　本書はコーンの単行本全 14 冊の 12 冊目である。コーンの単行本には、特定のテーマについて書かれているものと、それまでに発表された雑誌やブログの記事などをまとめたものがある。後者は本書を含めて以下の 4 冊である。

What to Look for in a Classroom … and Other Essays（刊行年：1999 年　収録されている文章の発表年：1991 〜 1998 年　以下同じ）
What Does It Mean to Be Well Educated? … and Other Essays（2004 年　1999 〜 2003 年）
Feel-Bad Education … and Other Contrarian Essays on Children and Schooling（2011 年　2004 〜 2010 年）
Schooling Beyond Measure … and Other Unorthodox Essays About Education（2015 年　2010 〜 2014 年）

　コーンの HP（https://www.alfiekohn.org/）によると、雑誌記事は 1976 〜 2022 年 10 月現在まで 171 本、ブログ記事は 2005 年から現在まで 101 本ある。このうち本書では 2004 〜 2010 年の雑誌記事 19 本（この時期の雑誌記事の総数は 34 本）が収録されている。収録されていない記事の多くは宿題に関するものであり、これらの内容は本書に先立って刊行された *The Homework Myth: Why Our Kids Get Too Much of a Bad Thing*（2006 年）に含まれているため、本書では採られていない。また「序章」は本書のための書き下ろしであり、その後 *American School Board Journal*（2011 年 4 月）に要約版が掲載された。そしてこれらはすべてコーンの HP に掲載されている。

　以上のことから、本書に収められている各文章については、

①元の掲載誌（紙）に出された文章

②本書に収録されている文章

③コーンの HP で掲載されている文章

の３つの版があることになる。互いに細かい表現・字句の変更や註の削除・追加などが見られる場合があるが、内容に変更はない。この訳書は②を基にしている（ただし註などでの HP の URL の記載については、必要に応じて、2022 年 10 月時点で有効なものに修正した）。

2　本書の背景

文章に収められた文章が発表された 2000 年代半ばから後半は、アメリカでは、ジョージ・ウォーカー・ブッシュ大統領（2001 ～ 2009 年）の共和党政権の時期にほぼ相当する。そして 2009 年 1 月に、民主党のバラク・オバマ大統領が就任した

アメリカでは 2001 年 9 月に同時多発テロ事件が起こり、その首謀者をかくまっているとしてアフガニスタン攻撃が開始された。その後 2003 年にはイラク軍事侵攻が始まった。さらに 2008 年には「リーマンショック」が起こり、世界的規模の金融危機が拡がった。

教育の面では、「どの子も置き去りにしない法（NCLB：No Child Left Behind Act）」が 2002 年 1 月に制定された。これは 1965 年に制定された「初等中等教育法（Elementary and Secondary Education Act」の「再授権法」（修正版）にあたる。この法律は、すべての子どもの学力の向上と学力格差の縮小を目的としており、「結果についての説明責任」「科学的な研究に基づき、効果が期待されることの実施」「親の関与とオプションの拡大」「地域の裁量と柔軟性拡大」の 4 原則が提示されている。これが実際にどのようなものであったのかについては、賛否両論の立場から様々な指摘があるが、その概要については吉良直「どの子も置き去りにしない（NCLB）法に関する研究 —— 米国連邦教育法の制定背景と特殊性に着目して」（『教育総合研究 日本教育大学院大学紀要』2009 年）を参照されたい。

この法とこれに関連する政策についてコーンは本書でも何度か触れている

が、その他に、"Test Today, Privatize Tomorrow　Using Accountability to 'Reform' Public Schools to Death"（*Phi Delta Kappan*　2004 年 4 月）や "What 'No Child Left Behind' Left Behind"（ブログ記事　2015 年 12 月 18 日）などがある。

　さて、ブッシュ政権を引き継いだオバマ政権は、2009 年 7 月に「頂点への競争（RTTT：Race to the Top）」と呼ばれる「競争と結果」を重視する教育政策を示した。2010 年には「各州共通基礎スタンダード」（The Common Core State Standards Initiative）が始められた。これは英語（日本流に言えば「国語」）と「算数・数学」について、幼稚園から高校までの各学年での「到達目標」を設定するものである。教育課程の「国家基準」に準じる役割を果たすと言える。主導したのは州教育長協議会（Council of Chief State School Officers）と全米知事協会（National Governors Association）であって、連邦政府は関わっていない。これに参加するかどうかは州の判断であり、当初は 41 の州が参加していたが、その後離脱した州もある。標準テストや「遠くの権威から強制される教育内容」についても本書で繰り返し言及されているが、このような動向の中で広く受け入れられるものとなっていたのである。

　また企業や巨大財団（例えば Bill & Melinda Gates Foundation や Walton Family Foundation）による「教育改革」も推し進められたが、それは「競争」「選択」「規制緩和」「報奨金」や「その他の市場に基礎をおいたアプローチ」によるものであった（北野秋男「米国の巨大企業財団と教育改革の歴史」（『日本大学文理学部人文科学研究所研究紀要　第 90 号』2015 年）。このような「改革」の問題を指摘したものに、Sarah Reckhow *Follow the Money: How Foundation Dollars Change Public School Politics*（2012 年）や Dale Russakoff *The Prize: Who's in Charge of America's Schools?*（2015 年）などがある。

3　標準テストについて

　ここでは本書で何度も言及される標準テストについて補足をしておく。標

準テスト（standardized test）は（1）すべての受験者に同一の設問、あるいは共通の群から選択された設問に、同じ方法で解答することを求め、（2）「標準化された」つまり一貫した方法で採点され、個々の生徒や生徒集団の相対的な成績が比較できるようにされている、試験の総称である。つまり国や地域全体の子どもの能力を測定するために行われる共通試験であって、入学や卒業の際に用いられる場合や、学校の「教育成果」を確認する場合など、その目的は様々である。

　アメリカで代表的なものは全米学力調査（NAEP：National Assessment of Educational Progress）である。1969 年から実施されており、この結果は「The Nation's Report Card（国家の成績通知表）」と呼ばれ、教育政策立案の重要な情報源となっている。また大学進学の際の標準テストとしては SAT（元来は Scholastic Aptitude Test〔大学適性試験〕の略語であったが、1990 年に Scholastic Assessment Test と改称され、現在では略語とはされていない）と ACT（これも元来は American College Testing の略語であった）が代表的である。また先に触れた各州共通基礎スタンダードでは、小学校から高校までの教育水準の向上・統一が図られ、これによる共通テストも実施されている。1980 年代以降、アメリカの公教育の「危機」が叫ばれ、NCLB（No Child Left Behind Act 2001 年）とその後継の ESSA（Every Student Succeeds Act 2015 年）により「学力向上」が目指されている中で、標準テストについて多くの議論が交わされてきているのである。

　例えば NCLB では、Adequate Yearly Progress（AYP　「年間の学力向上の目標」「教育改善指標」）が設定され、これが達成できない場合一定の改善策を取ることが義務づけられていた。これに対しては困難な状況にある学校に「ペナルティー」を与え、そのような学校を「チャータースクール化」することで公教育を解体するものであるという批判も提起された。

4　コーンの主張

　コーンは以前から、競争や成績を含む報酬によって人を統制しようとすることがいかに有害であるかを主張していた。そしてその観点から標準テスト

や様々な評価方法を批判してきた。しかし現実には、標準テストを活用した「教育改革」が、上意下達式に行われている。そのような「教育改革」に対して、コーンはすでに様々な場面で指摘してきた論点を挙げて批判する。例えば、競争や報酬・罰によって教育を向上させようとすることへの批判は、コーンが当初から論じてきたことである。また連邦政府や財団が画一的な方針を押しつけることは、「一方的にする（do to）」ものであると批判する。そして教育は本来「ともにする（work with）」ものであるべきだということも、コーンのメインテーマの1つである。財団による「改革」に対しても、「教育とは何かを知らない外部の人間からの強制」と述べている。

　本書は5部で構成され、「進歩主義的教育」「学ぶこと」「学校」「教育政策」「家庭教育」という内容に沿って文章が整理されている。内容の重複も見られるのは本書の性格上やむを得ないが、むしろ繰り返し主張される内容から、コーンが本当に強調したいことを知ることができる。

　各章はそれほど長いものではなく、どこからでも読むことができるため、本書は、コーンを知るための入門書として最適である。本書を手がかりとして、関心のある問題について、コーンの他の本や文章にあたっていただければと思う。

訳者あとがき

　私がコーンの名前を知ったのは、エリオット・アロンソンの著作を通して
であった。アロンソンの本の翻訳を『ジグソー法ってなに？――みんなが協
同する授業』として2016年8月に出版した。コーンの名前はその中で一度
だけ言及されていたのである。そして9月に、当時刊行されて間もなかった
Schooling Beyond Measure And Other Unorthodox Essays About Education
（Heinemann, 2015年）を読んでみた。教育改革や学習評価などの現在の課
題に関するものに加え、「褒めること」や、その頃話題となっていた「やり
ぬく力（grit）」を批判的に検討する文章など、非常に新鮮な思いを持った。
そしてコーンの考えをもっと知りたいと思い、次に本書の原著にあたってみ
た。そしてその後読んだのが2016年3月にペーパーバック版が刊行された
*The Myth of the Spoiled Child: Coddled Kids, Helicopter Parents, and Other
Phony Crises* であった（元のハードカバー版は2014年3月）。これは家庭
教育の本であったが、非常に興味深く感じ、勤務する大学の4年生の学生た
ちにも声をかけて訳したのが『甘やかされた子どもたちの真実―家庭教育の
常識をくつがえす』である。

　これに続いてコーンのもう1冊の家庭教育論である *Unconditional
Parenting :Moving from Rewards and Punishments to Love and Reason*
（2005年）を『無条件の愛情―自主性を育む家庭教育』（2020年）として訳
した。こちらの原著の刊行は10年以上前であったが、この2冊は、コーン
の家庭教育論の「理論編」と「実践編」とでも言えるものである。

　その後、今度は家庭と学校の両方に関わる著作である *The Homework
Myth: Why Our Kids Get Too Much of a Bad Thing*（2006年）を『宿題を
めぐる神話―教育改革への知恵と勇気を持つために』（2021年）として訳出
した。

　以上、翻訳をした3冊はいずれも書き下ろしである。

　それに対して本書は、雑誌論文をまとめた評論集である。内容的にはこれ
まで訳した本との重複もあるが、そのことでコーンが主張したいことがより

はっきりと理解できるようになった。また文章の性格上時事的なものが多く、現実の動きと同時進行的な感覚を持つことができた。

　実は『宿題をめぐる神話』の刊行の少し前から、*Schooling Beyond Measure* の翻訳作業を始めていた。そして 2022 年 3 月にはすべての原稿を揃え、表紙や扉の挿絵の原案と合わせて出版社に提出した。ところが版権をめぐって、原著を刊行する出版社との交渉が難航し、いろいろと手を打ったのにもかかわらず、結局翻訳出版は断念することになったのである。

　しかし評論集は、コーンの考え方や問題意識を知る上で重要なものであり、同時にコーンの入門書の役割を果たすことから、評論集としては、*Schooling Beyond Measure* の一つ前に出た本書を訳出することを考えた次第である。

　なおコーンの評論集の刊行周期を考えると、2015 年以降の雑誌・ブログ記事を収録した次の著作が近く出版されると思われる。できれば是非これも紹介したいと考えている。

　共訳者の 1 人の飯牟禮光里さんとは、ジグソー法以来共同作業を続けてきた。またこれまで翻訳書の表紙の原案も作っていただいた。教師をされながら、また 2 人の子どもの母親として多忙な生活の中、一緒に翻訳を続けてくださったことを大変嬉しく思う。

　今回新たに加わっていただいた根岸香衣弥さんは、2019 年に昭和女子大学国際学部英語コミュニケーション学科に入学され、1 年生の時から一緒に勉強会をしていた。コロナ禍での中断もあったが、2021 年夏から、翻訳作業をともにしてきた。内容についての確認や細かい文章表現の修正などを丹念に行ってくださったことで、より分かりやすいものとなった。2023 年 4 月から社会人となられるが、これからのご活躍を期待している。

　お二人に心から感謝する。

友野清文

　中学校・高等学校の教師の仕事に就いてから 10 年目を迎えようとしている。「子どもが好きだから」という理由で教師を志す人も多いが、私はその逆であり、特に乳幼児と遊ぶことが苦手だ。中高生くらいになると大人と同様の会話をすることができるが、小さい子どもは行動も言動も予想外のことが返ってくる。時間や気持ちに余裕がないときはこの予想外のことが苦痛でしかなかった。しかし、この予想外のことが新たな発見であり、子どもが成長している瞬間だと気づくことができたのはコーンの本と出会ってからである。

　「この子のことは私が一番理解している。私が母親なのだから。」確かに我が子の異変に気付きやすいのは親であるが、思い込みで我が子の現状を把握しようとしないでほしい。生まれてきた時点で一人の人間であり、その子の考えや行動に移すまでのやり方がある。せっかちな性格の私は、見ていられずについつい手を出してしまうが、ここはぐっと我慢する。こちらの我慢が困難に直面したときに乗り越える力となり、その子にとってまた一つ成長することに繋がる。誰かに助けを求めることも時には必要であるが、適切な自己解決能力がなければ大人になってから辛い思いをするのは本人である。寂しさがあるが、親はずっとそばにはいられない。

　最近、生徒と話していて気になることがある。それは自分のことが嫌いだと言う子どもがとても多いことだ。まわりと違っていると不安になり、どんどん自分を失くしていき、最終的に何かに染まろうとする。また、自分がどういう人間なのかをよく知ろうとせず、「あなたはこういう人なのだ」という他者からの意見を鵜呑みにする。成長して習得した語彙が増えているにもかかわらず、自分を上手く表現することができない。これは周りの人に影響されているだけでなく、環境も大きく関係していると考える。

　大人に都合がよい子どもが模範生であるという概念がなくなり、自尊心を高く持ち、自分の意思をきちんと他者に伝えることができる場所がある。そういう環境を常に子どもに与えられる教師であり、母になりたいと思う。最後にこれまでの翻訳作業に声をかけて下さり、いつも温かい心遣いで私を励まして下さる友野清文先生に深く感謝を申し上げる。

飯牟禮光里

　友野先生には、大学一年生の時から教職課程の講義や勉強会で大変お世話になっている。今回も先生からのお声がけにより、本書の翻訳に携わらせていただいた。本の翻訳活動には以前から興味があり、今回のお誘いをとても光栄に感じたことを今でも覚えている。また、子どもの教育について関心を持っていたため、原書の内容も非常に興味深いものだった。特に、成績等による報酬についてのコーンの意見は熟考する必要があると感じた。私は今まで成績がつけられることに対して特に疑問を持たず、当たり前のものだと考えていた。しかし、改めてその意義について問われると、その必要性や効果を断言できないと気がついた。自身の経験を振り返ってみても、勉強の目的が良い成績をとるためのように考えてしまったことがある。授業の内容よりも、テストの点数を上げることばかりに焦点を当ててしまった。このようにコーンの学校教育への意見はどれも核心を突いており、はっと気づかされる瞬間が多々あった。コーンの意見により、当たり前に行われていることでも常に疑問を持ち、一度立ち止まって検証することが教育をより良くするための第一歩だと考えた。

　また、「英語が好きだから」「興味があるから」という理由だけでいつか洋書を翻訳してみたいと考えていたが、実際に携わってみてその難しさを痛感した。原文を伝わりやすい日本語に訳す過程で何度もつまずいた。しかし、今回友野先生からのお誘いがなければ、この気づきを得ることもできなかっただろう。私がお力添えできた場面は少ないだろうが、翻訳に少しでも携わることができた喜びはとても大きい。さらに、幼い頃から絵を描くことが好きであったため、いつか何かのパッケージや商品のデザインをしてみたいというささやかな夢を持っていた。今回、表紙の原案デザインの担当をさせていただき、思いがけず夢を実現することができた。このような貴重な機会にお声をかけてくださった友野先生には、この場をお借りして心から感謝申し上げたい。

　　　　　　　　　　　　　　　　　　　根岸香衣弥

索　　引

原著裏表紙

　今のアメリカの学校は「厳しさの崇拝」に支配されている。「難しいもの」が「良いもの」と混同されて、教室から楽しい学びも意味のある知的な探究も失われようとしている。アルフィー・コーンはこのように考えて、何が大切なのか、どのようにすべきなのかを考え直すための、刺激的な提案を行う。

　多岐にわたる評論を収録した本書は、この分野で最も鋭い理論家としての著者の地位をさらに高めるものである。著者は、教育や人間の行動についての議論で、当然視されている前提を疑っていく。

　著者は、本書に収められた 19 本の評論と、内容の濃い序章の中で、常識についてもっと深く考えてみるように繰り返し読者を促す。「自己規律はいつも望ましいのか」について、そうではないとする意外な証拠を提示する。そして「テストでの不正行為は、常に道徳的欠落の表れなのか」「教室の壁によく貼ってあるやる気を高めるポスター（星を目指せ！）が前提とする子ども観は、問題をはらんでいるのではないか」「生徒の学習評価のためにルーブリックを用いることには、悪い影響があるのではないか」などと問う。

　単に将来子どもに求められるものだからと言って、宿題を課したり、成績をつけたり、標準テストを受けさせたりすることは、著者にとっては、モンティ・パイソンの「頭を叩かれる練習」と同じなのである。また非常に辛辣な皮肉を込めて、今すぐに 22 世紀スキルを教え始めなければならないと宣言をする。
　著者が進歩主義的教育についての誤解を晴らしたり、健康な生活のための報奨がなぜ逆効果になるのかを説明したり、教育改革は経済的競争力の観点から進められるべきだという考えを否定したり、「スーパーナニー」の本性

を暴いたりするのに接するとき、読者はワシントン・ポスト紙が、「コーン氏と彼の考えに出会った教師と親は、非常に感銘を受けて学校を変えようと考える」と評した理由を知るだろう。

これまでの著者の 11 冊の書籍の中には、*Punished by Rewards, The Homework Myth, Unconditional Parenting, What Does It Mean To Be Well Educated?* などがある。また、教師や親を対象とした講演も広く行っている。自宅は Boston 近郊である。

[訳者紹介]

友野清文（ともの きよふみ）

昭和女子大学全学共通教育センター（教職課程）教授

岡山市出身。財団法人日本私学教育研究所専任研究員などを経て、2009 年 10 月から昭和女子大学総合教育センター（教職課程）准教授。2014 年 4 月から現職

主な著書に、『ジグソー法を考える』（丸善プラネット　2016 年）、『現代の家庭教育政策と家庭教育論―これからの子育てと親のあり方』（丸善プラネット　2019 年）など。

飯牟禮光里（いいむれ みつり）

神奈川県私立中学校高等学校教諭

横浜市出身。神奈川県私立高等学校教諭、東京都私立中学高等学校教諭を経て、2022 年 4 月から現職。1 男 1 女の母。

主な論文に、「初級英語教材に用いられる語彙・単語連鎖に関する基礎調査」（共著『昭和女子大学現代教育研究所紀要』第 1 号　2016 年）、「体験的私学教育論―若手私学教師が考える学校と教育―」（共著　『昭和女子大学現代教育研究所紀要』第 1 号 2016 年）、「体験的私学教育論（2）―若手私学教師が考える学校と教育―」（共著　『昭和女子大学現代教育研究所紀要』第 6 号　2021 年）など。

根岸香衣弥（ねぎし かいや）

昭和女子大学国際学部英語コミュニケーション学科 4 年生

群馬県伊勢崎市出身。私立本庄東高等学校卒業。大学では手話サークルに所属。

英米文学・文化を専攻し、卒業論文はチャールズ・ディケンズの『クリスマス・キャロル』について執筆。

著者略歴

アルフィー・コーン

　アルフィー・コーンは 1957 年にフロリダ州のマイアミ・ビーチに生まれ、1979 年にブラウン大学を卒業し、翌 80 年にシカゴ大学で社会科学の修士号を得た。高校教員を経て、1980 年代から文筆活動に入り、1986 年に最初の単行本として *No Contest: The Case Against Competition* を刊行した。その後フリーの研究者として活動を続けており、社会的にも広く知られている。執筆活動などの概要は https://www.alfiekohn.org/ で知ることができる。

何のための学校教育か
「反逆者」を育てるために

2023 年 1 月 20 日　発　行

著作者　アルフィー・コーン

訳　者　友野清文，飯牟禮光里，根岸香衣弥
イラスト　根岸香衣弥

発行所　丸善プラネット株式会社
　　　　〒 101-0051　東京都千代田区神田神保町 2-17
　　　　電話（03）3512-8516
　　　　http://maruzenplanet.hondana.jp/
発売所　丸善出版株式会社
　　　　〒 101-0051　東京都千代田区神田神保町 2-17
　　　　電話（03）3512-3256
　　　　https://www.maruzen-publishing.co.jp/

組版　株式会社ホンマ電文社／印刷・製本　富士美術印刷株式会社

ISBN 978-4-86345-540-5 C3037